미루는 습관을
이기는 힘

일러두기

- 영화는 〈 〉로, 단행본은 《 》로 묶었습니다.
- 도서, 영화 등 국내에 개봉되거나 출간된 작품의 경우 한국어판 제목으로 표기했습니다. 그 외에는 원제와 번역 제목을 함께 적었습니다.
- 본문에 있는 괄호는 모두 저자의 말이며, 옮긴이 말은 하단에 각주로 표기했습니다.

당신의 뇌를 리셋하고 목표를 달성하는 법

미루는 습관을 이기는 힘

줄리아 라베이 지음

김문주 옮김

BRAINTENANCE

RHK
알에이치코리아

모이라 라베이, 마이크 라베이,
그리고 시실리아 왓킨스에게 바친다.

여는 말

당신의 뇌는 당신을 안전지대^{Comfort Zone} 안에 안전하게 붙들어 놓길 좋아한다. 그리고 그렇게 당신의 발목을 잡는다.

평생의 야망, 가장 큰 목표, 그리고 허황된 꿈에 대해 생각할 때 우리는 거의 아무런 문제 없이 자신이 원하는 모습을 마음속에 그려낸다. 바닷가의 집, 더 건강한 라이프스타일, 나를 응원해 주는 파트너, 창조적인 커리어. 두 눈을 감고 당신이 가장 욕망하는 것을 성취한다고 생각할 때 몸이 가벼워지고 뼛속 깊숙이 흥분으로 설레오는 것을 느낄 수도 있다. 자기 신념^{self-belief}은 강해지고, 목표를 현실로 만들겠다는 동기도 높아진다. 내일, 월요일, 혹은 다음 달, 다음 해에 자신의 사명을 완수하기 위해 어떻게 행동해야 할지 생각하기 시작한다. 얼마나 힘들게 노력해야 하는지는 상관없다. 작전에 동의하고 상상 속 조약도 맺는다. 이 순간 느껴지는 모든 에너지를 바탕으로, 이번만큼은 다르다고 믿는다. 그 무엇도 당신 앞을 가로막지 못하리라.

모든 문제는 우리가 생각을 멈추고 행동하기 시작할 때 나타나는 듯하다.

새로운 삶에 충성을 맹세한 뒤 처음 며칠 또는 몇 주 동안은 매우 순탄하게 흘러갈 것이다. 당신은 살아 있음을 느끼면서 순조롭게 나아가고, 자신이 꿈꾸는 상황을 구체적으로 실현해 줄 과제들을 만족스럽게 확인한다. 하지만 그 후 뭔가가 바뀐다. 행동이 느려지기 시작하고, 피곤해진다. 하루 정도는 농땡이를 치면서 해야 할 일이 많다거나 그냥 오늘은 그럴 기분이 아니라는 식으로 정당화한다. 게다가, 한 번쯤 스케줄을 지키지 않는다고 해서 발전을 저해하지는 않을 테니까, 그렇지? 안타깝게도, 농땡이 친 하루는 이틀이 되고, 사흘이 되고, 나흘이 되다가, 어느 날 갑자기 당신이 쌓아 올리기 시작한 루틴이 과거의 삶을 지배했던 기존의 루틴으로 교체된다. '포기'와 연관된 중압감과 죄책감은 당신이 또 다른 시도를 하지 못하게 가로막는다. 또는 새로운 노력에서 아무런 성과를 얻지 못한다면 당신의 계획은 끽 소리를 내며 멈춰버릴 수도 있다. 혹은 '인생은 마음먹은 대로 안 풀려'라며 현재 맡은 책임 이외의 것에 투자할 시간쯤은 낼 수 있다고 생각한 자기 자신을 질책한다. 당신은 꿈을 다시금 고이 접어 머리 한구석에 넣어두고, 때가 되면 다시 그 꿈을 펼칠 거라 약속한다.

위의 상황은 내가 내 루틴을 구성하는 요소들을 바꾸려고 노력하던 과정에서 반복적으로 겪었던 일들을 정확하게 묘사한 것이다. 나는 내 목표를 이루리라 기대하며 과하게 흥분했지만, 그 후 행동으로 옮기려고 할 때 정신적으로 어려움을 겪었다. 내가 미처 장대한 계획에 포함시키지 못한 그 불편한 감각과 노력은 언제나 자신감을 갉아먹었고, 저항에 못 이겨 삶이 흘러가는 대로 몸을 맡기게 될 때까지 끌려갔다. 나는 커리어를 구축하려 애를 쓰면서 그제야 내가 '목표 지향'에서 '목표 회피'로 바뀌는 행동을 반복하고 있다는 사실을 진지하게 되돌아보게 됐다. 나는 내가 현재 가고 있는 방향, 즉 온갖 내적 반발을 불러일으키는 그 방향과는 완전히 다른 역할을 맡아 일하는 모습을 그려보았다. 하지만 이번만큼은 변화의 거센 바람을 이겨내야만 한다는 것을 알았다. 그리고 앞에 놓인 장애물들에 맞서기 위해 나는 내가 가진 가장 강력한 기술로 중무장했다. 바로 신경과학이었다.

나는 열아홉 살에 뇌를 공부하기 시작했고, 몇 년이 지난 지금 신경과학 박사 학위를 끝마쳤으며, 여전히 이 기관이 움직이는 방식에 감탄한다. 과학자로서 나는 무슨 일이 어떻게 벌어지는지 알아내기 위해 흥미를 가지고 문제점들과 씨름하는 역할을 맡고 있다. 알츠하이머 질환을 앓을 때 무엇 때문에 뇌세포가 죽는가? 왜 우리 뇌는 노랫말은 기억하지만 시험에 필요한 내용들은 잊는가? 왜 그 실험은 또 실패했는가? 나는 스스로 목표를 가지고 끈질기게 나아갈 능력이 없다는 것을 깨달은 후, 이 과학적 사고방식을 개인적인 상황에 적용해 보기로 결심했다. 내가 안전지대의 경계를 뛰어넘으려 노력할 때마다 무너지는 이유는 무엇인가? 상황이 내 뜻대로 되지 않을 때 나는 왜 숨어버리는가? 내가 정말로 원하는 것들을 손에 넣으려 애쓸 때 솟아나는 이 저항감은 무엇인가?

　나는 뇌가 작동하는 방식에 대한 기본적인 개념들을 훑어보고 새로운 신경과학과 심리학 기반 연구들을 검토해 보았다. 그리고 그동안 겪었던 좌절의 잠재적인 원인을 알아가기 시작했다. 눈이 번쩍 뜨이는 깨달음이었다. 과학을 통해 나는 이 질문들을 이해할 수 있었을 뿐 아니라 계속 전진할 방법에 대한 아이디어를 얻었다. 나는 지금까지 뇌와 우리의 행동 방식에 대해 알려진 정보를 활용해서 목표를 더 쉽게 달성할 방법들을 고안하고 적용했다. 이 방법들은 내가 과거에는 닿을 수 없을 것처럼 느꼈던 목표를 향해 성큼성큼 나아갈 수 있게 도와주었다. 이 책에서 바로 이 방법들을 당신과 나누려고 한다.

　현재 당신의 머릿속에는 목표를 두고 서로 상충하는 생각들이 존재할 가능성이 높다. 한편으로는 당신이 얼마나 유능한지 속삭이는 작은 목소리가 들릴 것이고, 다른 한편으론 현재의 안정된 상태를 깨뜨리지 않겠다는 깊은 저항감을 느낄 것이다. 이는 변하고 싶다는 바람 대對 뿌리 깊은 루틴과 습관적인 행동 사이의 끊임없는 줄다리기와 같다. 그리고 열에 아홉은 강력하고 뿌리 깊은 초기설정값들이 승리를 거둔다. 건강한 음식만 먹겠다고 약속한 뒤 피자를 주문한다거나, 매일 아침 운동을 하겠다고 다짐한 뒤 아침 7시 기상 알람을 꺼버리고 헬스장에 가지 않는다거나, 꾸준히 올리겠다고 약속한 콘텐츠 제작을 중단하거나, 아니면 주변의 사랑하는 사람들에게 온전히 관심을 쏟겠다고 선언했음에도 이들과 함께 있을 때 SNS를 뒤적인다거나 하는 식이다. 우리가 변화를 원하지 않는다는 의미는 아니다. 그저 우리가 시간을 보내는 방식에 관여하는 뇌의 의지가 가진 영향력을 과소평가했을 뿐이다.

매일 우리는 개별적으로 맞춤화된 뇌의 네트워크를 통해 세상에서 벌어지는 일들을 해석하고 의미를 부여한다. 우리의 유전자와 삶의 경험들로 형성된 이 네트워크는 우리가 마주하는 상황에 어떻게 대응하고 반응할 것인지 선택지를 제공한다. 그리고 반응을 바꾸기 위해서는 가끔 의식적인 재설정이 필요하다.

뇌가 구성된 방식은 우리가 어떤 상황에 부닥치던 '신선한 관점'으로 접근할 가능성이 거의 없다는 의미다. 우리는 새로운 정보를 과거의 지식이 쌓인 저장고를 통해 처리하면서 과거에 비슷한 상황에서 도움이 되었던 적당한 반응이나 감정을 찾아낸다. 그리고 이는 반복적인 행동 패턴과 생각, 정서 반응으로 이어진다. 뇌는 우리가 마주하는 문제들을 해결하기 위해 이미 저장되어 있던 방법을 활용하려고 하기 때문이다. 우리는 행동 방식을 완전히 통제하고 싶어 하지만, 거의 자동으로 신속하게 튀어나오는 초기설정값들이 결과에 영향을 미친다. 이 강력하면서도 침묵에 가까운 지시들은 우리의 변화 능력에 어마어마한 방해가 된다.

변화에 있어서 우리 뇌는 위선자다. 겉으로는 시험공부를 하나도 안 했다고 주장하지만 사실은 문을 꼭 닫고 부지런히 공부하는 그 아이처럼, 뇌는 변화를 싫어하는 양 행동할지 몰라도 끊임없이 진화하는 중이다. 우리 뇌의 내부 회로는 고정되어 있지 않으며, 매일의 경험과 사건, 상호작용이 그 연결선들을 바꿔놓는다. 하지만 라이프스타일이나 행동의 중대한 변화를 도모하려 할 때, 뇌는 저항하는 것처럼 보이고 마치 그 방식을 실제로 바꾸는 게 불가능한 것처럼 행동한다. 끈기와 열정으로 그 표면을 뚫고 지나갈 수도 있다. 단, 우리가 제대로 조준했을 때만이다.

목표를 추구하는 과정에서 우리 대다수가 저지르는 실수는 너무 많은 것을, 너무 빨리 바꾸려고 하는 것이다. 변화를 추구하는 초기 단계에 동반되는 동기부여의 파도를 맨 꼭대기에서 타면서 모든 것을 해낼 수 있다고 생각한다. 아침 알람을 두 시간 일찍 맞추고, 일주일 동안 서른 가지 과일과 채소를 먹고, 좋아서 하는 부업에 오십 시간을 쏟아붓거나, 공부를 하려고 저녁 시간을 포기하기도 한다. 그것도 한꺼번에. 단 한 번에 뇌가 본래의 기준에서 훌쩍 벗어나도록 만드는 일은 너무 어려운 과제다. 목표를 추구하는 일이 어린 아이에게 채소를 먹이려고 애쓰는 것이라고 치면, 아이들 앞에 채소가 그득 담긴 커다란 접시를 밀어두고, 그 외에 다른 메뉴는 다 치워버린 뒤에 아이들이 즐겁게 식사하기를 기대하는 셈이다. 이 상황에서 아이가 어떻게 반응하리라 생각하는가? 분명 발버둥을 치고, 소리를 지르고, 던지고, 울어서 결국 자기네가 원하는 음식을 당신이 떠먹여 줄 수밖에 없게 만들 것이다. 한꺼번에 대대적인 변화를 꾀하는 것은 실패의 지름길이다.

　우리 뇌 앞에 익숙지 않고 잘 모르는 것들로 가득 찬 접시를 내놓는 대신, 접시를 깨끗이 비우는 더 효과적인 방법은 '조금씩, 더 자주' 접근하는 것이다. 아이가 채소를 더 먹길 바란다면, 약간의 속임수를 써보는 게 좋다. 적은 양에서 시작해서 시간이 지남에 따라 맛에 노출되는 정도를 늘려가는 것이다. 파스타 소스에 잘게 다진 브로콜리를 넣고, 스튜에는 부드럽게 익힌 당근을 넣고, 으깬 감자에는 완두콩 몇 개를 섞어주자. 시간이 지나면 접시 한쪽에 채소를 몇 조각 더 놓아줄 수도 있고, 결국에는 아이들 건강에 도움이 될 만큼 많은 양을 수북하게 담아 줄 수 있다. 아이의 내성을 점차 늘려가다 보면 투정은 훨씬 더 줄어들고 마침내 원하는 결과를 얻게 될 것이다. 우리의 목표를 달성하려면 뇌 역시 같은 방식으로 다뤄야 한다. 큰 갈등을 일으키지 않고 행동 변화를 끌어내도록 먼저 한입 크기로, 소화하기 쉬운 행동을 주라는 이야기다. 이 책은 큰 목표를 세분화하고, 과장 없이 당신이 원하는 그 변화로 원활하게 전환할 수 있는 방법들을 제시해 줄 것이다.

목표를 추구하는 것은 종종 낭만적으로 보이지만, 고된 과정이다. 밴을 타고 세계를 여행하는 사람의 인스타그램 피드처럼, 우리는 목표를 향해 가는 여정이 풍경과 모험을 담은 멋진 사진들과 같으리라 상상한다. 하지만 우리가 보지 못한 모습, 즉 길을 잃고, 타이어를 갈고, 지치는 (이동 시간의 상당 부분을 차지하는) 뒷이야기는 고려 사항에서 배제된다. 그림 같은 완벽한 경험을 기대하며 먼 길을 떠나기 때문에 평온함과 여유로움을 느끼지 못하는 순간마다 충격을 받는다.

하지만 여행은 사실 그게 전부다. 목표란 우리가 추구하는 대상이며 이상적인 최종 목적지다. 마침내 최종 목표에 도달했을 때, 당신을 그곳에 이르게 해준 모든 것을 갑자기 그만둔다면 얼마나 지루해질까? 그러니 무엇을 성취하고 싶은지에 대해서만 생각하지 말고, 목표를 달성했을 때 인생에서 무엇을 하고 싶은지 일상적인 루틴에 대해 생각해 보자. 그저 가만히 앉아서 당신이 이룬 바를 바라보는 걸로 만족할 수 있을까? 그럴 리가! 당신은 자신이 사랑하는 일을 계속하고 싶을 것이다. 금메달을 딴 선수는 메달을 땄다고 해서 연습을 멈추지 않는다. 아카데미상을 받은 배우는 그 영예를 얻었다 해서 연기를 그만두지 않는다. 리그에서 우승한 축구팀은 우승컵을 거머쥐었다 해서 경기를 중단하지 않는다. 목표를 성취 그 자체가 아니라 성취를 위해 필요한 라이프스타일의 변화로 생각하는 것이 흥미로운 사고방식의 변화가 된다.

인생에서 원하는 변화를 선택하려면 이상적인 '보통'의 평일이 어떠한지 생각해 보는 것이 도움이 된다. 아침에 일어나는 시간부터 당신이 할 일, 함께 시간을 보낼 사람 등 하루를 구성하는 것들에 대해 명확한 생각을 갖고 있다면, 성취감을 느끼는 방향으로 목표를 세워나갈 수 있다. 이는 목표 수립을 연습하는 데 유용할 뿐만 아니라, 이를 통해 목표에 힘을 실어줄 수도 있다. 이 '이상적인 하루'에는 당신이 이미 행하고 있거나 꽤 쉽게 시작할 수 있는 것들이 있을 것이다. 따라서 몇 가지 목표에 딱 맞는 루틴을 즉시 만들 수 있다. 새롭거나 익숙지 않은 행동들을 실천하려면 더 많은 노력이 들며 계획을 탄탄히 세워야만 한다. 이 책에서 소개하는 연습문제들을 활용하라. 그러면 당신은 라이프스타일의 큰 변화를 한 번에 한 단계씩 완성하기 위한 청사진을 그려내고, 이 변화를 어떻게 구현할지 확신을 가질 수 있을 것이다.

여행을 떠나기 전에 그 여정에서 무엇을 예상해야 하는지 이해하는 시간을 가진다면 더 나은 경로를 선택할 수 있다. 계속 앞으로 나아갈 수 있도록 모든 만일의 상황에 대비하는 것이 바로 역경에 부딪혀도 성공할 수 있는 핵심 기술이다. 군사작전에 앞서 지휘관은 여러 사건들이 작전 중에 벌어질 수 있음을 염두에 두고, 이에 대응할 수 있도록 다양한 시나리오를 접목한 집중훈련을 한다. 잠재적인 문제들을 파악하고 강도 높은 훈련을 할 때 성공할 가능성은 매우 높아진다.

목표를 세울 때 우리는 종종 그저 대략적인 실행 계획만 짜는 경우가 있으며, 대부분은 거기에서 그친다. 우리에겐 목표가 있고,

계획도 있다. 그러니 우리가 할 일은 이를 실행에 옮기는 게 전부다, 그렇지 않은가? 물론 어떤 의미에서는 맞는 말이다. 그러나 많은 사람이 실행과 관련해서 과소평가하는 부분이 있으니, 바로 우리가 안전지대에서 벗어나려고 할 때 두뇌가 내놓는 저항이다. 아무리 빈틈없이 세운 계획이라 할지라도, 목표를 추진할 때 정신적으로 준비되어 있지 않다면, 그 임무를 완전히 망칠 수도 있다. 내가 제안하는 바는 인간의 뇌가 어떻게 작동하는지, 왜 우리가 그렇게 행동하는지, 그리고 뇌가 어떻게 변화하는지 더 자세히 이해한다면 전투에 앞서 어느 정도 정신훈련을 마칠 수 있으리라는 것이다. 신경과학 및 심리학 관점에서 우리 뇌의 내부 작용을 분석하면 우리를 방해하는 쓸모없는 행동 패턴들을 파악하고, 우리의 초기 설정값에 의문을 품으며, 발전하기 위해 필수적인 새로운 루틴을 만들 수 있을 것이다.

행동을 바꾸고자 할 때, 우리가 현재 어느 지점에 있으며 어디로 가고 싶은지를 철저하게 평가해 본다면 목적지에 도달하는 데 필요한 도구들을 얻을 수 있다. 장거리 여행을 떠나기 전에 자동차 점검을 받는 것과 마찬가지다. 차량을 점검하는 사람은 차가 어떻게 작동하는지 알아야만 문제를 파악해서 이를 고치고 도로를 계속 주행할 수 있다. 이 주제에 따라 《미루는 습관을 이기는 힘》은 '우리 뇌의 작동법', '목표를 추진하기 전 점검 사항', '목표를 향해 정주행하는 법', '장애물에 대처하는 법' 총 4부로 나뉜다.

1부에서는 뇌를 구성하는 요소에 대한 기본적인 이해와 함께 어떻게 이 구성 요소들이 상호작용해서 우리의 행동과 변화하는 능력을 생성해 내며, 왜 우리가 더 많은 것을 얻으려 노력하는지를 설명한다. 2부에서는 변화를 방해하는 몇 가지 신념과 행동을 파악하고, 당신이 진정으로 원하는 것이 무엇인지 알아내고, 목표를 추진하는 과정에서 초점을 세밀하게 맞추고, 정체성을 확립할 수 있게 해준다. 3부에서는 목표에 도달하는 방법으로, 프로세스를 바꾸고, 노력에 보상하며, 앞서 계획하고, 자기 신념을 강화하는 방법을 알려준다. 마지막으로 4부에서는 도로 위에서 자동차가 계속 제 기능을 유지하게 해주는 모든 것을 다룬다. 휴식에 우선순위를 두면서도, 꾸물거림, 동기 부족, 또는 반발을 마주했을 때 경로에서 벗어나지 않고 순조롭게 나아갈 방법을 제시한다. 이 책의 내용들은 모두 당신이 뇌를 더 잘 이해할 수 있도록 돕고, 도로에서 문제에 처했을 때 엔진룸 안에서 무슨 일이 일어나고 있는지 파악할 수 있게 해준다. 당신은 차근차근 계속 전진하는 데 필요한 다양한 기술들을 얻게 될 것이다.

1부에서는 과학적인 설명이 곁들여진 비유와 이야기를 통해 신경과학적인 프로세스를 생생하게 그려보고 뇌에 대해 감을 잡을 수 있도록 도와줄 것이다. 2, 3, 4부의 경우, 모든 장章은 개인적인 경험과 더불어 '과학적 근거-실전에 적용하기'로 구성되어 있다. 다시 말해, '주제를 뒷받침하는 과학적 근거'와 '우리가 알고 있는 것을 바탕으로 당신의 삶에 적용할 수 있는 몇 가지 연습문제'라는 의미다. 어쩌면 당신은 개인적인 경험담에 더 관심이 있거나, '과학적 근거'에 혹하거나, 아니면 '실전에 적용하기'를 위해 이 책을 펼친 것일 수도 있다. 그러므로 책 전체에 걸쳐 소제목을 따라 이동하면 당신이 가장 좋아하는 부분들을 쉽게 찾아볼 수 있을 것이다. 연습문제들은 생각해 볼 거리와 취해야 할 행동이 다양한 예시들과 어우러져 있다. 글로 쓰는 것이 더 취향에 맞는다면, 노트와 펜을 준비하고 책을 읽으면서 간단히 메모해도 좋다.

본격적으로 시작하기 전에 강조하고 싶은 한 가지는, 이 책은 당신이 꿈꾸던 삶을 실현해 주겠다는 내용이 아니라는 점이다. 마법이 일어나려면 더 큰 힘을 믿어야 한다거나 이런 식의 전제에 따르지 않는다. 신념의 최전방에서 당신의 배를 끌어가는 게 무엇이든, 다시 말해 당신이 종교적이든 영적이든, 인본주의자, 무신론자, 불가지론자, 혹은 냉담자이든 간에 앞으로 제시될 연습들은 당신의 모험에 도움이 될 것이다. 나의 주된 목표는 당신이 스스로 변화할 수 있음을 알고 이 능력을 깨달음으로써 목표를 향해 노력하도록 힘을 실어주고, 자기 자신을 온전히 믿을 수 있게 돕는 것이다.

애석하게도, 사회적 구조로 인해 어떤 사람은 목표를 추구하는 과정에서 더 가파른 언덕을 올라야 할 수도 있다. 모든 책임을 개인에게 전가하는 것은 몹쓸 짓이다. 그렇지만 이 책은 당신이 할 수 있는 작은 일들을 통제하고 이를 통해 기쁨과 성취감을 느끼는 방향으로 나아가는 데 도움이 될 것이다. 크든 작든 목표를 달성했다면, 하루를 마무리하면서 자기 자신에게 감사하자. 그 일을 해냈기 때문이다. 당신은 스스로를 인정해 주어야 한다.

마지막으로 한마디를 덧붙이자면, 신경과학은 결코 '완전'하지 않으며 이 책은 뇌가 확실히 어떻게 작동하는지 모든 미묘한 차이를 설명하려는 것이 아니다. 여전히 뇌에 관해 이해하지 못하는 것들이 너무 많고, 뇌가 우리 행동에 미치는 영향에 대해서는 사람마다 격차가 크다. 내가 해야 할 일은 특정 프로세스에 관해 알고 있는 개략적인 내용, 이 개념들이 어떻게 연결될 수 있는지에 대한 몇 가지 생각, 그리고 목표 달성에 도움이 될 만한 연습 방법을 제시하는 것이다.

분명히 앞으로 몇 년 안에 우리의 지식은 더 진보할 것이고, 우리가 간절히 바라는 '큰' 해답에 더 가까워질 것이다. 그러나 현재로서는 목표를 더 효과적으로 달성하기 위해 이미 이룩한 진보들을 연구 대상으로 삼아야 한다. 또한 우리 뇌가 어떻게 작동하는지 설명하기 위해 어느 정도 과학적 연구도 언급할 것이다. 일부 연구가 다른 연구들보다 더 강력할 수도 있지만, 이 모든 연구에는 저마다 주의해야 할 부분들이 포함되어 있음을 인지해야 한다. 작은 표본 크기, 자기보고 검사, 출판 편향, 결과에 유리한 데이터 선별, 실험 모델, 모집된 참가자들의 다양성 부족, 정상적인 신경 구조를 가진 집단 선발 등과 같은 요인들이 결론을 약화시킬 수 있다. 이와 관련한 일부 쟁점들은 넌지시 제시했으며, 이 책 이외에도 뇌 연구가 발표되는 대로 발전된 내용들을 지속해서 공유하려 한다.

당신의 뇌는 놀라운 존재다. 그리고 현재 알고 있는 신경과학과 심리학을 활용해 우리의 삶에 실질적인 변화를 만들어 낼 수 있다.

아는 것이 힘이다. 가보자고!

차례

3부 목표를 향해 정주행하는 법

4부 장애물에 대처하는 법

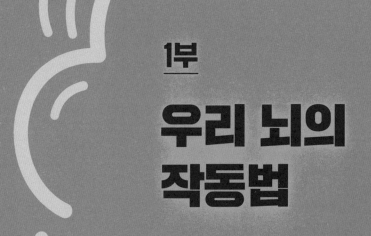

1부

우리 뇌의
작동법

BRAINTENANCE

1장

당신의 정신을
소개합니다

왜 우리가 특정 방식으로 행동하는지, 어떻게 루틴을 만들어 내고 이를 바꾸지 않으려고 저항하는지를 알아보기에 앞서 인간의 뇌를 둘러싼 신비의 베일을 벗겨내 보는 것이 좋겠다.

우리는 종종 두뇌를 전능하고 모든 것을 진두지휘하는 주인으로 생각한다. 그리고 정보를 해석하고, 감정을 처리하고, 행동을 지시하는 등 뇌의 산출물을 통해 자신이 누구인지 규정한다. 모두 다 매우 중요한 일이나, 결국 뇌는 심장, 폐, 신장과 같은 하나의 장기다. 뇌의 산출물이 '우리가 누구인가'를 규정한다고 보는 대신, 제대로 기능하는 뇌를 가진 덕에 나온 결과라고 해보자. 그러면 우리는 우리 행동에 대한 관점을 가질 수 있다. 심장이 혈액을 내보내고, 폐가 산소를 맞바꾸는 것처럼 우리의 뇌는 생각을 한다. 앞으로 우리는 돋보기를 손에 쥐고, 두 가지 목표 아래 뇌가 어떻게 작동하는지 자세히 들여다볼 것이다. 첫째, 우리를 휘두르는 마력의 주인이라는 뇌의 가면을 벗겨낸다. 둘째, 뇌가 얼마나 대단하고 놀라운 장기인지 그 진가를 알아본다.

이 두 가지 목표는 모순적으로 보일 수도 있다. 뇌가 작동하는 방식 이면에 있는 과학을 풀어내는 것이 목적이라는 말은 뇌가 그다지 특별할 것 없는 존재라고 일축해 버리는 것처럼 보이기 때문이다. 그러나 절대로 그렇지 않다. 지금부터 하려는 일은 뇌의 기능에서 나온 산출물에 우리가 부여하는 정서적 의미를 제거하는 한편, 한 걸음 물러서서 뇌의 작동에 감탄하는 것이다. 우리의 심장을 생각해 보면 두 가지 관점을 동시에 지닐 수 있다. 심장은 근육과 조직에 혈액을 공급하기 위해 의식적인 지시 없이 고동치고 움직일 수 있는 동력을 공급하는가 하면, 산소가 빠져나간 혈액을 폐로 다시 보내 연료를 보충한다. 이 모습은 꽤나 경외심을 불러일으킨다. 그와 동시에 우리는 심장이 통제하는 역할을 한다고 생각하지 않는다. 심장이 마땅히 해야 할 일을 하는 것을 이러쿵저러쿵 평가하지 않으며, 심장의 활동이 우리의 가치를 규정하도록 내버려 두지도 않는다. 우리가 뇌에 관해 생각할 때도 이와 같은 관점을 갖춰주길 바란다. 즉 판단하지 않되, 뇌가 하는 일에 감탄하라는 이야기다.

우선, 당신의 뇌를 만나보자

겉으로 보면 뇌는 딱히 대단해 보이지 않을 수 있다. 그저 쭈글쭈글하게 주름진 세포 덩어리일 뿐이니까. 그러나 바로 이 주름진 고랑들에서 인류의 가장 복잡한 국면들이 형성된다. 이를테면 세상을 바꿔놓을 아이디어, 위험한 이데올로기, 환각, 시각화, 사랑을 느끼는 능력, 마음이 찢어지는 깊은 슬픔, 그리고 우리가 이 영원하지 않은 세상을 살아가면서도 마치 시간이 남아도는 양 행동한다는 인식 같은 것들이다. 온 우주에서 가장 복잡할 것 같은 기계가 바로 당신의 양쪽 귀 사이에 존재한다고 생각하면 사뭇 놀랄 수밖에 없다. 뇌를 가장 작은 구성 요소들로 쪼개고 어떻게 작동하는지 가늠해 보면서, 우리는 목표를 세우고 달성하는 방법을 비롯해 인류에 관한 가장 커다란 의문점 중 일부를 풀어낼 수 있을 것이다.

머릿속 뉴런

《행복을 풀다》의 저자 모 가댓^{Mo Gawdat}은 '생각'을 작동하는 뇌의 부산물인 생물학적 물질로 묘사했다. 딱 적절한 은유다. '생각'은 두뇌가 우리의 생존을 돕기 위해 고안해낸 방식이다. 다시 말해, 뇌는 문제를 해결하고, 상황에 적응하고, 위협을 피하며, 미래를 계획해야 한다. 생각은 우리 머릿속에 존재하는 뉴런^{neuron}이라고 불리는 수십억 개의 뇌세포 사이에서 오가는 대화에서 생겨난다. 그리고 그 독특한 특징 덕에 뉴런들은 서로 신속하게 의사소통할 수 있다.

우리 몸의 모든 세포는 정자와 난자가 융합된 후 형성되는 일란성 세포 덩어리로부터 만들어진다. 세포가 뉴런이 되면 극적인 변화를 겪는다. 동그랗고 별 특징 없는 세포는 마치 나무처럼 한쪽 끝에서는 가지가, 다른 쪽 끝에서는 줄기가 돋아난다. 시간이 흐르면서 이렇게 가지가 뻗어나간 망상 조직은 작은 잔가지와 봉오리들이 얽히고설킨 연결망을 형성하면서 점점 더 복잡해진다. 축삭돌기^{axon}라고 하는 줄기 역시 진화하면서, 멀리까지 넓게 뻗어나가는 여러 개의 뿌리를 내린다. 이 가지와 뿌리들이 뉴런의 연결점이 되어 다른 뉴런과 접촉하고 중요한 메시지를 전달할 수 있게 해준다.

뉴런의 가지를 수상돌기^{dendrites}라고 한다. 수상돌기는 중요한 메시지만 통과하도록 들어오는 정보를 걸러내는 기능을 한다. 끊

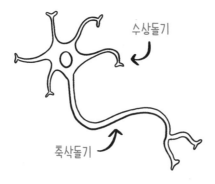

임없는 요청과 질문 세례를 받는 바쁜 CEO처럼, 수상돌기는 뉴런의 개인비서 역할을 하면서 아주 중요한 메시지만 전달한다.

'중요성의 문턱'을 넘은 메시지는 뉴런을 작동시키고, 뉴런은 이 정보를 통신망에 전달한다. 이 과정에서 세포의 축삭돌기가 사용된다. 뉴런의 축삭돌기는 뿌리를 통해 수천 개의 다른 뉴런과 연결될 수 있으며, 신호를 보내는 뉴런과 신호를 받는 뉴런 사이에 시냅스synapse라고 하는 접합부를 형성한다.

수십억 개의 뉴런은 수정 이후 몇 달 안에 생성되며, 한번 만들어지면 그대로 유지된다. 피부나 간에 있는 세포와 달리, 뉴런은 스스로 교체될 수 없다. 또한 한 사람의 일생에서 새로운 뉴런을 기존의 통신망에 추가하는 것은 뇌의 일부 세포 구역에서만 가능하다고 추정된다. 따라서 우리의 뉴런은 매우 소중하다.

뉴런의 소통 방식: 전기적 언어

우리가 누군가와 연락하면서 이모티콘과 이미지로 가득한 문자메시지를 보내는 것과는 달리, 뉴런은 이와는 아주 다른 방식으로 의사소통한다. 뇌를 도시라고 치면, 세포는 빌딩과 같다. 외부로부터 내부 내용물을 보호하기 위해 세포들 사이에는 뚜렷한 장벽이 빽빽하게 채워져 있다. 사무실이 최적의 업무 온도를 유지하듯이, 세포 역시 효율적으로 작동하려면 아주 특별한 내부 조건이 유지되어야 한다.

각 빌딩에는 방을 최적의 온기로 유지할 수 있는 온도조절장치가 있다. 현관이 열려 귀중한 따뜻한 공기가 밖으로 빠져나가면, 온도조절기가 내부 온도를 재빨리 최적의 온도로 재조정해 빌딩의 기능을 유지한다. 뉴런은 온도조절기와 비슷한 방법을 사용해 다양한 분자와 화학물질의 균형이 세포벽 안에서 최적으로 유지되게 한다. 그리고 이 개체들이 자기네 경계 안팎을 넘나드는 움직임이

뉴런이 대화를 나누는 방식이다.

뉴런 간의 대화는 우리 뇌가 어떻게 작동하고 변화할 수 있는지를 이해하는 데 핵심이다. 뉴런은 두 가지 주요 언어로 대화한다. 바로 전기적 언어와 화학적 언어다. 전기주전자에 전력을 공급하고 기기에 배터리를 공급하는 전기와 마찬가지로, 인간 두뇌의 전기적 신호는 하전입자의 움직임에 따라 생성된다. 실제로, 우리 두뇌가 사용하는 전기량은 LED 전구에 전력을 공급할 수 있는 것으로 추정된다(우리는 말 그대로 '머릿속에 전구가 탁 켜지는 순간'을 경험한다).

한 뉴런이 다른 뉴런으로부터 중요한 신호를 받으면, 전화기의 전원을 켤 때처럼 내부로 전하가 흘러들어온다. 들어오는 전하량이 충분히 급증하면 뉴런은 이를 전달하기 위해 축삭돌기를 쿡 찌른다. 전하는 케이블을 타듯 축삭돌기를 타고 내려와 활동전위

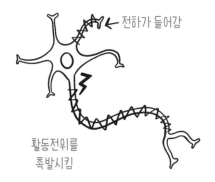

전하가 들어감

활동전위를
촉발시킴

action potential라고 불리는 신호로 메시지를 전파하고, 이 신호가 시냅스에 닿으면 메시지가 전달된다.

뉴런의 소통 방식: 화학적 언어

두 뉴런 사이의 시냅스는 '열쇠와 자물쇠'라는 화학적 시스템을 사용해 통신하는 물리적인 간격이다. 시냅스의 송신 뉴런 쪽에는 신경전달물질이라고 불리는 '열쇠'로 채워진 기포가 있다. 그리고 시냅스의 수신 뉴런 쪽에는 수용체라고 불리는 '자물쇠'가 있다.

송신 뉴런이 메시지를 전달하려면 수신 뉴런의 잠금장치를 풀어야 한다. 활동전위는 열쇠의 방출을 촉발하며, 더 많은 신호를 연달아 보낼수록 더 많은 열쇠가 자물쇠 쪽으로 방출된다. 일반적으로 활동전위가 많을수록 그 신호가 더 중요하다는 의미다. 마치

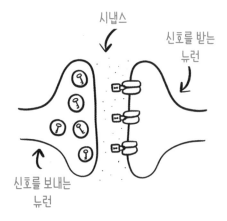

시냅스

신호를 받는
뉴런

신호를 보내는
뉴런

당신의 전화기가 계속 울리는 상황처럼, 이는 당신에게 즉시 알려
줘야 할 사항이 있음을 나타내는 꽤 훌륭한 척도가 된다.

열쇠가 수신 세포 상의 자물쇠에 맞물리면 잠금장치가 열리
고, 좁은 관문을 통해 세포 안으로 전하가 들어간다. 얼마나 많은
전하가 들어가느냐는 세포의 경계에 자물쇠가 얼마나 있는지, 그
중 몇 개의 자물쇠가 열리는지에 따라 달라진다. 관문이 많이 열릴
수록 들어오는 신호가 더 커진다. 개방된 문이 많을수록 더 많은

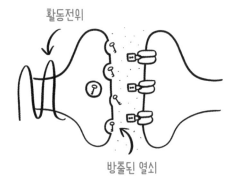

활동전위

방출된 열쇠

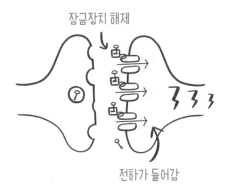

잠금장치 해제

전하가 들어감

사람이 한꺼번에 승강장으로 들어갈 수 있는 기차역의 개찰구와 같다. 많은 양의 신호가 들어오면 수신 뉴런의 축삭돌기에서 활동 전위가 촉발되며, 전 과정이 다시 시작되어 신호가 뇌를 통해 전달된다.

생각나는 대로 말해요

인간의 뇌에는 아주 다양한 종류의 뉴런이 존재한다. 이 뉴런들은 각 형태, 보유한 '열쇠', 내보이는 '자물쇠'의 차이에 따라 구분할 수 있지만, 신호를 보내는 방식은 대체로 비슷하다. 그리고 뉴런의 수다는 우리가 하는 생각들의 기저를 이룬다.

뇌 속의 '생각'이 실제로 무엇인지는 여전히 불분명하나, 우리는 하루에 수천 가지의 생각을 하는 것으로 추정된다. 한 연구에서 영화를 보는 동안 사람들의 뇌 활동 변화를 관찰한 결과, 하루에 생각하는 횟수는 약 6,000회에 달하는 것으로 나타났으며, 이는 오직 깨어 있는 동안에만 계산한 양이다![1] 나는 분명 매일 수천 가지의 생각을 하지만 이를 다 알아채거나 기억하지는 못한다. 가끔은 몇몇 생각에 매달려 이를 실현시키기도 한다. 하루에 수천 가지의 생각을 한다고 인식하면, 이 중 얼마나 많은 생각이 주목받지 못하고 그저 흘러가거나 떠나가는지를 알 수 있다. 이 점에서 생각이란 우리가 상황에 대처하고 세상을 탐색하는 데 도움을 주기 위해 뇌가 만들어 낸 신속한 반응이라고 정의할 수 있다. 그러면 우리의 생각은 훨씬 덜 소모적으로 보일 것이다.

뇌의 복잡한 시스템

연구에 따르면 우리 뇌에서 가장 최근에 형성된 부분은 150만 년 전에서 170만 년 전에 진화했고,[2] 최신 하드웨어 업데이트는 3만 5,000년 전에서 10만 년 전 사이에 이루어졌다.[3] 요컨대, 우리가 원시적인 기계로 세상을 처리하면서 21세기를 살아가고 있다는 뜻이다. 뇌는 두 개의 반구로 이뤄져 있으며, 좌반구와 우반구가 서로 대화하여 신체의 각 반쪽을 조정한다. 이 반구들은 똑같이 생긴 여러 구조를 지닌 거울상에 가깝지만, 몇 가지 개별적인 역할도 맡고 있다. 해부학은 뇌 전체를 구성하는 커다란 구조를 세 부

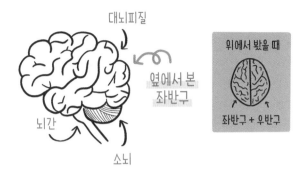

대뇌피질

옆에서 본
좌반구

뇌간

소뇌

위에서 봤을 때

좌반구 + 우반구

분으로 구분한다. 바로 뇌간^{brainstem}, 소뇌^{cerebellum}, 그리고 대뇌피질 cerebral cortex이다.

뇌간은 인간에게 가장 필수적인 기능을 자동으로 조율하는 것으로 알려져 있다. 이 기능에는 호흡, 심박수, 혈압 조절과 같은 과정이 포함된다. 우리의 뇌간과 유사한 구조는 가장 복잡한 포유류에서 가장 단순한 곤충에 이르기까지 생물에서 발견되는데, 이는 뇌간이 생명에 얼마나 필수적인지를 보여준다.

그다음으로는 소뇌가 있다. 호두처럼 생긴 이 부위는 오랫동안 움직임을 조정하는 데 관여해 왔다. 소뇌에 있는 세포들은 뇌와 신체 사이에서 새로운 정보를 제공하며, 이는 우리가 근육의 움직임을 미세하게 조정해 균형을 유지할 수 있게 해준다. 운동 명령을 내리는 소뇌의 역할은 확고하지만, 최근에 이뤄진 연구에 따르면 소뇌가 우리가 생각하고 느끼는 방식에도 영향을 주는 것으로 밝혀졌다.[4]

마지막으로, 인간 두뇌의 주름진 '모자'인 대뇌피질이 있다.

이 영역은 우리를 인간답게 만들어주는 기능들을 지시하는 것으로 보인다. 복잡한 구조와 크기 때문에 이 뇌 부위는 눈에 띄는 경계와 눈에 띄지 않는 경계를 기준으로 네 개의 엽葉으로 한 번 더 나뉘며(오른쪽과 왼쪽은 거울로 비추듯 똑같이 생겼다), 기능에 따라 대략적으로 나뉜다.

먼저, 이마 뒤에 위치한 전두엽frontal lobe이 있다. 전두엽은 우리 몸의 수의근을 움직이도록 지시할 뿐만 아니라, 미래를 계획하고 의사 결정을 내리는 것과 같은 복잡한 행동을 하는 근원이다. 다음으로, 정수리에 자리한 두정엽parietal lobe은 감각 정보가 도착해 해석되는 곳이다. 이어서, 귀 뒤에 있는 측두엽temporal lobe은 기억 형성과 감정 조절을 비롯해 우리가 듣는 내용을 처리하는 데 중요한 구조다. 마지막으로, 머리 뒤쪽에 있는 후두엽occipital lobe은 모순적이게도 우리가 보는 것을 처리하는 부위다. 이 모든 뇌 영역이 뉴런으로 구성되어 있으며, 뉴런의 활동이 이 방대한 기능들을 조정한다.

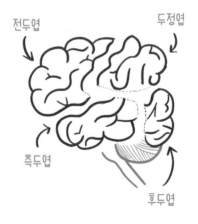

우리는 사고로 인한 손상이나 실험적인 조작, 또는 특정 작업에 대한 반응으로 관찰된 활성화를 통해 뇌의 다양한 기능들을 어느 부위가 담당하는지 발견할 수 있었다. 피니어스 게이지^{Phineas} Gage라는 남자는 1848년에 폭발사고로 철근이 두개골을 관통한 후 전전두엽피질^{prefrontal cortex}(전두엽에서 우리 눈 바로 뒤쪽에 자리한 뇌 부위)이 손상되었는데, 충동성과 억제조절 능력이 일시적으로 변했다는 결과가 보고됐다.[5] 이 부위의 뇌세포가 손상된 특정 유형의 치매 환자는 성격 변화를 경험할 수도 있다. 뇌전증으로 시한부 삶을 살고 있던 헨리 몰레이슨^{Henry Molaison}의 뇌 양쪽에서 해마 ^{hippocampus}(측두엽 깊숙이 묻힌 곡선 모양의 구조) 부근의 뇌 조직을 제거하는 수술을 하자 그는 새로운 장기 기억을 형성하지 못했다.[6] 또한 공포심을 유발하는 실험 환경에 놓인 겁에 질린 참가자들은 편도체^{amygdala}(해마 옆에 있는 아몬드 모양의 구조)라고 부르는 뇌 부위가 지속적으로 활성화됐다.[7] 다양한 상황에 따라 뇌 활동이 어떻

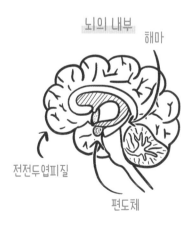

뇌의 내부

해마

전전두엽피질

편도체

게 변화하는지, 그리고 특정 뇌 부위가 온전히 기능하지 않을 때 인간 또는 동물 모델이 어떻게 행동하는지를 기반으로 뇌 기능들을 연결하는 작업은 우리의 두개골 안쪽에 자리한 1,400그램의 쭈글쭈글한 덩어리에 대해 더 폭넓은 시야를 갖게 해주었다.

특정 기능을 특정 뇌 부위와 관련짓는 작업은 어쩐지 구닥다리가 됐고, 그 대신 요즈음 과학자들은 이제 뇌를 상호작용하며 영향을 미치는 중추들의 통신망에 가깝다고 본다. 우리는 보고 듣는 것과 같이 들어온 정보와 관련된 뇌 부위를 쉽게 찾아낼 수 있지만, 정보를 받는 것을 넘어서 해석하려 할 경우 여러 부위가 관여하게 된다. 그리고 '기억이란 무엇인가?', '우리는 어떤 방식으로 선택하는가?'처럼 좀 더 복잡한 질문을 하기 시작하면, 신경과학의 '특정 기능을 제어하는 특정 부위'식 접근법은 실패하고 만다. 편도체와 같은 일부 뇌 영역은 여러 기능에 관여하며, 비교적 단순한

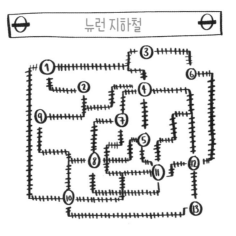

1부 우리 뇌의 작동법

결정을 내리는 것과 같은 기능조차도 여러 영역이 관여하는 것으로 추정된다. 뉴런들은 각각의 뇌 영역에서 대화할 수도 있지만 각 뉴런이 속한 영역을 넘어 다른 영역에 있는 세포들과 대화하기 위해 확장된 연결선을 가질 수도 있다. 마치 기차역 간의 선로처럼 말이다. 이 연결선은 그 강도가 제각기 다르며, 경험에 따라 변화하면서 인간의 뇌 속 통신망을 호그와트 기숙사의 움직이는 계단보다 더 역동적으로 만든다.

피질 주변에서 신호를 휙휙 보내는 수십억 개의 뉴런 외에도, 우리의 뇌에는 교세포glia라고 불리는 다른 세포들이 수십억 개 존재한다. 교세포는 뇌의 관리인이라고 생각하면 된다. 외부에서 들어온 세균과 싸우고, 세포에 좋은 영양분을 공급하며, 뉴런의 혼란을 바로잡는 역할을 하기 때문이다. 교세포는 의심할 여지 없이 뇌

활동의 소란스러움에 영향을 미친다. 자신의 뇌를 상상하고 우리가 일상적으로 어떻게 행동하는지 생각할 때, 뇌가 이토록 복잡하고 역동적이며 상호연결된 세포들의 연결망임을 인식하는 것이 중요하다. 특히 행동을 변화시키려고 노력할 때는 더욱 그렇다. 그 무엇도 간단한 입출력 상황에 속하지 않는다. 모든 것이 이 복잡한 시스템을 통과하며, 때로는 명백하고 때로는 더 미묘한(하지만 그에 못지 않게 중요한) 방식으로 우리의 생각, 감정, 행동에 영향을 미친다.

뇌와 신체는
긴밀하게 연결되어 있다

우리 뇌의 영역들이 서로 연결된 것처럼, 뇌는 또 하나의 중요한 연결에서 큰 영향을 받는다. 바로 신체와의 연결이다. 뇌는 우리를 생존하게 해주는 데 필요한 여러 기관 중 하나일 뿐이다. 그리고 다른 시스템에서 보내는 피드백은 뇌에 우리의 전반적인 상태를 알려주는 중요한 정보다. 본사가 현장의 작업상태를 알고 싶어 하는 것처럼, 뇌는 신체가 보내는 신호를 받아 모든 일이 어떻게 진행되고 있는지 파악하고, 그에 따라 전략을 조정한다.

뇌는 주변의 공간을 참고해서 당신의 몸이 어디 있는지 파악하고 다른 물체나 사람과 충돌하지 않도록 막아준다. 또한 부상을 당하면 뇌가 통증을 유발해 손상 입은 부위를 확실하게 보호한다.

현재 당신의 기분이 어떤지 추론하려면 심장이 얼마나 빠르게 뛰는지 등 내부 신호로 받은 피드백을 분석하면 된다. 정서 상태는 우리가 주어진 과업을 추진하는 능력에 큰 영향을 미치는데, 이는 우리 뇌와 신체 사이의 연결을 보여주는 대표적인 사례다.[8] 예를 들어 발표를 하는 10분 동안 잘못될 수 있는 628가지의 상황을 상상하고 불안해서 신경이 곤두서면, 위가 경련을 일으키거나 손바닥이 땀으로 흥건해지거나 심장이 마구 뛰는 등의 반응을 온몸으로 느낄 수 있다. 이러한 감각을 '긴장했다'라고 해석하면 우리는 더욱 초조해지고 걱정하게 된다.

몸의 상태가 마음의 상태에 영향을 미치는 것은 확실하지만, 정확히 얼마나 영향을 미치는지는 아직 연구 중이다. 또한 우리는 뇌 활동이 우리 몸속에 있는 비非 인간 거주자들로부터 영향을 받을 수 있다는 점도 알고 있다. 즉, 우리 배 속에 살면서 음식을 소화시키는 것 같은 일을 도와주는 어마어마한 숫자의 미생물들로부

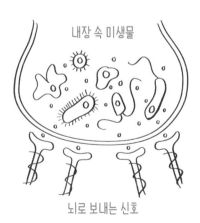

내장 속 미생물

뇌로 보내는 신호

터 말이다. 이 유기체들이 분비하는 화학적 전달물질은 내장 주변의 신경을 활성화시켜 뇌를 자극한다. 그리고 이 활동이 뇌 기능에 어떤 영향을 미칠 수 있는지, 이에 대한 중요성은 이제야 막 인정받기 시작했다.[9]

뇌를 우리가 신체의 나머지 부분을 다루는 방식에 따라 영향을 받는 전체 시스템의 일부로 인지하면, 우리가 느끼는 감정에 영향을 줄 수 있는 확장된 수단을 갖게 된다. 신체 시스템 사이의 연관성은 몸을 건강히 돌보고 필요한 것들을 공급함으로써 뇌 기능에 영향을 미칠 수 있음을 시사하며, 이는 변화를 추구하는 여정에서 우리에게 도움이 될지도 모른다.

왜 이렇게 복잡하게
만들어야만 했는가

우리 두뇌의 구석구석을 소개하자면, 먼저 뇌가 작동하는 방식에 관해 할 말이 아주 많다. 우리는 각 뇌세포와 그 프로세스를 연구하는 데 상당히 능숙해졌고, 그 결과 이 세포들이 어떻게 다른 세포들과 상호작용하는지 이해할 수 있게 됐다. 그러나 한 걸음 물러서서 우리가 어떻게 작동하는지에 대한 중요한 질문에 답하려고 하면 할수록, 이 개별적인 구성단위들이 어떻게 결합하여 살아 숨쉬고 감정을 느끼는 복잡한 인간을 만들어 내는지 정확히 말하기가 더 어려워진다. 이쯤에서 우리는 뇌의 생물학적 기반을 밝히는 것과 관련된 신경과학 분야에서 빠져나와 심리학으로 넘어가는 것이 유용하겠다.

심리학은 우리가 알고 있는 인간 행동의 양상들을 설명한다. 어떻게 그런 행동이 나타나는지 그 근원을 정확히 모르더라도 말이다. 예를 들어, 신속하지만 잘못된 결정을 내리게 만드는 인지 편향cognitive bias과 같은 심리 현상은 분명 존재하지만(우리는 500파운드짜리 물건을 두고 5파운드를 아끼기보다는 5파운드짜리 물건을 두고 1파운드를 아끼려 한다), 어째서 그런 일이 벌어지는지는 여전히 불분명하다. 그렇지만 신경과학과 심리학 기반의 연구를 결합하면 우리는 인간의 뇌와 행동 방식에 대해 좀 더 폭넓게 이해할 수 있을 것이다.

현재 뇌의 복잡성을 충분히 이해하지 못하고 있는 만큼, 우리가 뇌에 관해 이해하는 것과 행동에 대해 아는 것 사이의 간극은 좁혀지지 않고 있다. 우리는 종종 뇌를 인간이 만들어낸 가장 복잡한 형태의 기술인 컴퓨터에 비교하지만, 이 비교는 얼토당토않다. 컴퓨터와 달리 뇌로 들어오는 모든 정보는 스스로 연결을 바꿀 능력이 있기 때문이다(이 내용은 3장에서 더 자세히 다룰 예정이다). 인간의 뇌는 유연한 연결망 기반의 방식으로 설정되어 있어서 정보를 독립적으로 처리할 수 없다. 컴퓨터는 데이터를 객관적으로 분석하고 분류할 수 있지만, 우리가 상호작용하는 모든 것은 우리의 고유한 여과 시스템을 지나야 한다. 그런 탓에 어떤 생각이 완전히 틀렸을 때조차 우리는 이를 옳다고 느낄 수 있다. '진화'라는 정의가 지닌 한계는 우리 뇌가 실제로 작동하는 방식을 이해하지 못하게 가로막는 결정적인 장벽일 수 있다. 이는 목표의 설정과 달성에 도움이 된다고 여겨지는 프로세스를 고려할 때 아직 알려지지 않은 부분이 필연적으로 존재한다는 것을 의미한다. 이 사실에 실망할 수도 있다. 우리는 명확하고 간결한 설명을 원하며, 이는 혼돈의 세계에서 질서를 바라는 우리의 욕망과 관련 있다. 아직 신경과학에서 우리가 바라는 모든 완벽한 답을 얻지 못했지만, 지금까지 우리가 알게 된 정보를 활용하면 목표를 좀 더 효과적으로 추구할 수 있다.

마무리하며

우리는 촘촘히 짜인 '중추'들 안에서 작동하는 동시에 멀리 떨어진 영역의 세포들과 소통하는 수십억 개의 뉴런과 수십조 개의 연결선들을 두고 뇌가 진정으로 어떻게 작동하는지 몰라 그저 겉만 핥고 있다. 우리 주변에서 벌어지는 사건들을 설명하려면, 뇌를 우리의 생각과 감정, 해석과 행동을 생성해 내는 수다쟁이 세포들의 복잡한 연결망이라고 보는 것이 타당할 것이다. 우리의 뇌는 수많은 소음을 만들어 낸다. 그리고 이것이 정상이라고 인식할 때 우리가 이를 해석하는 과정에서 부여하는 일부 의미들을 제거할 수 있다.

2장

행동의
근원을 찾아서

미지의 세계에 들어가다

당신의 뇌가 낯선 외계행성에 뚝 떨어진다면, 살아남기 위해 무엇이 필요할까? 물론 물, 음식, 은신처 같은 모든 기본적인 것들이 필요할 터다. 하지만 뇌는 또 다른 기능, 너무 빠하지는 않으나 생존에 필수적인 뭔가가 필요할 것이다. 바로 자신이 살고 있는 세상이 어떻게 작동하는지 배우는 기능이다.

인간의 뇌가 무질서한 야생의 울타리로 시작한다고 생각해 보자. 모든 울타리는 같은 구성 요소를 갖고 있지만, 모양, 잎꼴, 가

지가 뻗은 구조에서 약간의 차이가 있다. 우리 뇌의 기본적인 토대는 유전자의 지시에 따라 형성된다. 즉, 수백만 년에 걸쳐 내려온 인류의 진화에 부모님으로부터 받은 구체적인 특징이 더해져서 우리가 작동하는 방식에 영향을 미친다.

일단 우리의 뇌가 세상 밖으로 나오면 벌초기가 울타리를 자르기 시작한다. 절단에 영향을 미치는 요소에 따라 울타리는 다양한 형태로 잘리고 가지치기를 당한다. 초기경험과 젊은 시절의 교훈은 가장 강력한 벌초기여서, 우리 주변에서 일어나는 일들을 흡수하고 계속 안전하게 지내기 위해 연관성들을 조정할 수 있게 해준다. 어른이 된 우리는 머릿속에 곰 모양, 용 모양, 백조 모양 등의 울타리를 두고 일상을 살아가며, 그들의 지시에 따라 행동한다. 그리고 이 울타리는 성인이 되어 변화하고 적응할 수 있음에도, 초기에 베어내고 잘라낸 부분에는 영구적인 흔적이 남는다.

신호를 해석해 주는 통역사

뇌는 통역사처럼 주변 환경으로부터 신호, 즉 우리가 보고 듣고 냄새 맡는 것들을 감지하고 여기에 의미를 부여한다. 이 신호들은 눈이나 귀 같은 감각기관을 통해 빛이나 소리와 같은 다양한 형태로 뇌에 입력된다. 들어오는 신호는 뇌의 언어인 전기자극으로 변환되어서 우리가 이를 처리하고 해석할 수 있게 해준다.

뇌가 어떻게 다양한 신호를 감지하는지를 이해하려면 그랜드 피아노를 떠올리면 된다. 들어오는 각 신호는 다양한 조합의 건반을 눌러서 고유한 소리(또는 패턴)를 만들어 낸다. 이 특정한 패턴이 연주되면 우리 뇌가 기존에 습득한 지식과 이 조합에 연결된 과거의 경험이 활성화되고, 무슨 일이 벌어지고 있는지 대략적으로 보여주면서 우리가 행동하는 방식에 영향을 미친다. 예를 들어 사과를 보면, 이 과일이 코드화된 건반들의 조합이 '음식', '달콤하다', '건강하다' 같은 연상을 일으키고, 그와 동시에 당신 친구가 구

위준 그 유명한 사과파이에 대한 기억도 활성화될 것이다. 그리고 만약 배가 고픈 상태라면 이 신호들로 인해 한 입 베어 물고 싶어질 수도 있다.

만약 인간의 두뇌가 첨단기술이 개발되고 구조화된 21세기 세계를 헤쳐 나갈 수 있도록 도와줄 '책임통역사'를 선발하는 자리에 지원한다면, 면접에 통과하느라 어려움을 겪을 것이다(이 부분은 잠시 후 더 자세히 다뤄보겠다). 하지만 수만 년 전 뇌는 이 역할을 훌륭하게 잘 해냈다. 너무나도 잘 해냈기 때문에 우리 인간은 지구상에서 가장 우세한 생물종이 되었다.

가까이에서 보면 인간의 뇌는 다른 동물들의 뇌와 매우 유사하다. 우리의 세포는 전기와 화학 신호를 사용하여 동물과 같은 방식으로 작동하며, 편도체와 해마 같은 특정 뇌 구조는 다양한 생물종에도 존재한다. 이는 우리의 행동을 이끄는 일부 프로세스가 우리가 정의하는 (자칭) '지성' 수준에 근접하지 않은 동물에게도 존재한다는 의미다.

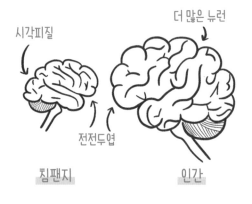

시각피질

더 많은 뉴런

전전두엽

침팬지　　　인간

인간의 뇌를 침팬지와 보노보처럼 우리에게 가장 가까운 살아 있는 조상들의 뇌와 비교했을 때 가장 핵심적인 차이는 내부배선인 것으로 보인다. 전전두엽 피질, 시각피질visual cortex과 같은 우리 뇌의 특정 부위는 먼 사촌뻘과 비교했을 때 훨씬 더 크다. 인간의 뇌에는 더 많은 뉴런이 분포되어 있기 때문이다. 뉴런이 더 많다는 것은 연결선이 더 많다는 의미이며, 그랜드피아노의 건반 수가 대폭 늘어나면서 더 많은 뇌 패턴을 사용할 수 있으므로 고도화된 정보 처리가 가능하다.

뇌를 철도 연결망이라고 생각해도 좋다. 각 뉴런은 기차역이고, 플랫폼에는 철도가 들어오고 나간다. 철도망에 기차역이 몇 개 없다면, 정거장과 정거장 사이에 택할 수 있는 경로는 한정된다. A역에서 B역으로 가길 원한다면, 택할 수 있는 여정은 몇 가지 되지 않는다. 철도망에 더 많은 기차역과 선로를 추가하면 갑자기 경로는 훨씬 더 복잡해지고, A역에서 B역으로 갈 수 있는 선택지는 늘어난다. 이 높아진 연결성은 승객들을 처리하는 시스템을 더 효율

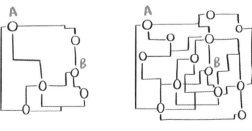

연결선이 적다 = 경로가 적다

적으로 만들어 준다. 뇌의 경우, 더욱 효율적인 정보 처리가 가능해진다고 해석할 수 있다.

인간의 뇌에는 수십억 개의 정거장이 있고, 그중 대부분은 수천 개의 연결선을 갖고 있다. 이를 통해 신호를 신속하게 전달할 수 있으며, 정보를 연결하고 해석하는 새로운 경로가 쉽게 형성된다.

진화를 통해 물려받은
핵심 메커니즘

우리의 뇌는 오늘날 우리가 알고 있는 인간이 존재하기도 전부터 시작해 수백만 년에 걸쳐 진화했다. 진화는 종종 극단적으로 느리게 진행된다. 그리고 이 과정은 우리의 DNA 코드에 있는 유전자의 변화를 물려줌으로써 이루어진다. 다시 말해, DNA는 우리의 후손에게 인간을 만드는 방법에 대한 요리책과 같은 역할을 한다.

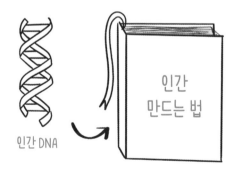

인간 DNA

인간 만드는 법

정보전달이 느리게 이뤄진다는 것은 한 개체군에서 유용하지 않은 특성들은 소멸하고 이로운 특성들은 확산되는 데 시간이 걸릴 수 있다는 의미다. 마치 인구집단에서 한 개인이 무작위로 유전자 변이 혹은 돌연변이를 겪어서 헤라클레스 급의 힘을 얻게 되는 것과 같다. 이 사람은 동물을 더 쉽게 때려잡을 수 있으므로 식량을 사냥하는 데 더 뛰어날 수 있다. 더 많은 식량을 확보한다는 것은 섹스를 더 많이 할 수 있다는 의미이고(정력이 넘치는 데다 더 많은 짝을 유인할 수 있다), 그 결과 동일한 헤라클레스 돌연변이 유전자를 지닌 아이들을 더 많이 낳을 수 있다.

각 세대에서 이 슈퍼맨 같은 개인은 계속 성공하고, 점점 더 많은 자녀를 낳다가, 여러 대를 걸쳐 현 부족의 모든 사람이 슈퍼

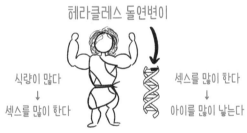

헤라클레스 돌연변이

식량이 많다
↓
섹스를 많이 한다

섹스를 많이 한다
↓
아이를 많이 낳는다

30명의 인구집단에서 4세대에 걸쳐 돌연변이가 어떻게 증가하는가

2세대   3세대   4세대

= 2   = 4   = 8

= 28   = 26   = 22

맨 같은 괴력을 지니게 된다. 이 어쩐지 허무맹랑한 진화의 예는 특정 환경에서 살아남기에 더 적합한 개인이 어떻게 제한된 자원을 이용해 번식 가능성을 높이고, 그 뛰어난 특성을 다음 세대에 물려줄 수 있는지를 보여준다. 그리고 오늘날 우리가 보유한 여러 유전자 변형은 고생스러울 정도로 느린 이 대물림의 체계에서 나온 결과다.

다른 생물들이 대부분 그렇듯이, 인간도 종의 생존을 보장하기 위해 유전자를 물려주려는 동기를 부여받는다. 우리의 생존 메커니즘 중 하나는 사회적 유대다. 한 집단의 일원이 되는 것은 인간의 성공에 필수적이다. 함께 살면 수가 많아서 더 안전해지고, 더 많은 식량을 모을 수 있으며, 부담은 나눌 수 있다. 외로운 사냥꾼은 가진 것을 공유하는 무리와의 경쟁에서 밀려날 가능성이 높고, 그 결과 더 많은 개체가 생존하고 번식하게 된다. 따라서 오늘날 우리의 유전자는 서로 협력한 사람들의 집단에서 나온 것이며, 뇌는 우리가 무리의 일원이 되도록 계속해서 동기를 부여한다. 뇌는 우리가 '받아들여질' 때 축하를 보내며, 연민, 공감, 질투, 거부와 같이 가장 강렬한 감정들은 다른 사람들과의 관계 속에서만 존재한다.

우리가 진화를 통해 유지해 온 또 다른 이점은 지성이다. 광범위한 수준의 지식을 얻고 이를 이용해 다양한 사건들을 독특하고 경이롭게 연결하는 능력 덕에 우리는 지식의 경계를 계속해서 넓혀 나갈 수 있다. 우리의 지성에서 인간의 독특한 특성도 생겨났다. 바로 상상력이다. 우리는 과거의 경험과 새로운 정보를 사용하여 미래를 예측함으로써 이전에 일어난 적 없었던 일을 상상할 수 있다. 그리고 이러한 예측 덕에 생존에 유리해졌다. 특정 상황이 닥쳤을 때 무슨 일이 벌어질지 판단할 수 있고, 잠재적인 결과를 미리 예측할 수 있기 때문이다. 우리의 과도한 상상력은 목표 달성에 필요한 단계들을 계획하는 데 도움이 되지만, 때로는 과해져서 발전을 저해하는 정신 상태인 생각의 과잉으로 이어지기도 한다.

사회적 유대　　　　상상력　　　　이야기

이야기를 하는 행위는 인간의 진보를 뒷받침해 온 핵심 메커니즘이며, 오늘날에도 계속 우리가 작동하는 방식에 영향을 미친다. 인간의 의사소통 방식은 우리를 다른 동물들과 구별해 주는 가장 뚜렷한 차이 중 하나다. 복잡한 언어는 우리에게 식량이 어디에 있는지, 어떤 위험이 앞에 도사리고 있는지 등을 다른 사람들에게 알려줄 수 있는 수단을 주었고, 다른 집단과 유대를 형성하고 서사를 구성할 수 있는 능력을 주었다.

　스토리텔링storytelling은 여전히 정보를 얻는 가장 매혹적인 수단이자 이야기를 기억할 수 있는 가장 성공적인 기술 중 하나다.[1]

사물에 단어를 붙이고 정보를 공유할 수 있는 이야기로 편집하면서 무리 안에서 살아남고 번성하기는 훨씬 더 쉬워졌다. 또한 우리 자신, 세상에서 우리의 위치(대부분 모든 것의 중심에 있다고 본다), 그리고 신념과 편견을 통해 타인과의 관계에 대한 서사를 만드는 일은 우리가 일상생활을 꾸려나가는 핵심 방법이다.

이 고대의 우선순위들이 여전히 우리의 행동 방식에 영향을 미치는 것은 분명하지만, 이 기술들이 어떻게 생겨났는지 자세한 내용은 명확하지 않다. 다만 세월이 흐름에 따라 유전자 코드에 일어난 여러 가지 작은 변화가 뇌 구조와 기능에 영향을 미치면서 이러한 행동이 나타날 가능성이 조금 더 높아졌을지도 모른다. 어느 경우든 다른 사람들에게 인정받으려는 욕구, 문제에 직면했을 때 지나치게 생각하는 경향, 그리고 우리가 우리 자신의 이야기에서 주인공이라고 느끼는 경향은 모두 인간이 세계를 제패하면서 나온 부산물들로 보인다.

경험이 당신을 만든다

우리는 끊임없이 정보의 세례를 받는다. 이 신호들은 환경이 안전한지 판단하고, 다음에 무슨 일이 벌어질지 예측하며, 어떻게 행동할지 지시하는 데 사용된다. 새로운 신호가 감지되면 이전에 습득한 정보와 연결되어 세상의 작동방식에 대한 우리의 '모델'을 업데이트한다. 그렇게 우리는 계속해서 일상생활을 이어나간다.

그러나 우리의 뇌는 고정불변의 모델을 가지고 태어나지 않았다. 그보다는 우리의 경험, 특히 초창기인 유년기와 청소년기의 경험을 거쳐 형성된다. 인간의 뇌는 스물다섯 살이 되고 나서야 비로소 발달을 멈춘다. 스물다섯 살이라니! 그래서 이 나이를 지나고 나서 되돌아봤을 때, 당신이 열여덟 살에 행동했던 방식과 법적으로 '성인'으로 분류되는 20대 중반에 행동했던 방식은 꽤 극명한 차이를 보인다. 만약 당신이 스물다섯 살 미만이라면, 뇌가 아직 구축 중인 상태일 수도 있다는 사실을 명심하는 것이 좋겠다(당신에게 이롭지 않은 일에서 벗어나려면 '제 뇌가 아직 발달 중이라서요'라는 말을 최고의 핑계로 쓸 수 있다). 긴 발달 기간은 생물종으로서 우리에게 유리해 보인다. 모든 위협과 징조를 비롯해 주변 환경에 대해 더 많이 학습하여 생존 가능성도 커지기 때문이다.

우리가 태어나기 전, 두뇌의 초기 발달은 대부분 유전자에 의

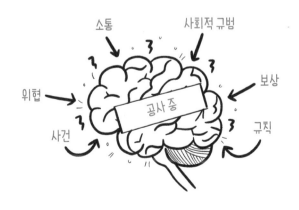

해 조정되며, 유전자는 인체에 모든 단백질을 만들라는 지시를 내린다. 뇌 발달 초기에 다양한 유전자가 켜졌다 꺼졌다 하면, 갖가지 단백질이 뉴런을 생성하고 이들의 움직임을 이끌어서 뇌를 형성한다. 처음에 뇌에는 많은(말하자면 여분의) 세포가 들어 있다. 발달 중인 뇌가 필요로 하는 모든 것을 확보하기 위해서다. 그러나 우리가 태어나기 전에 급격한 감소를 거쳐 오늘날과 거의 같은 수(약 600~860억 개[2])의 뉴런을 가진 뇌가 형성된다. 집을 짓는 것과 마찬가지로, 이 과정은 튼튼하고 안정적인 토대를 세우는 것과 같다.

우리는 성인의 뇌가 가진 대부분의 뉴런을 가지고 태어나지만, 아기의 뇌는 완전히 형성된 뇌 무게의 약 4분의 1 정도다. 뇌 무게는 태어날 때 뉴런이 확장되면서 폭발적으로 증가하는 것으로 보인다. 얽히고설킨 나무로 자라나는 묘목들처럼, 이 뉴런들은 가

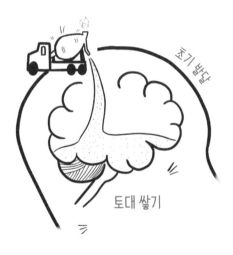

초기 발달

토대 쌓기

시냅스 가지치기

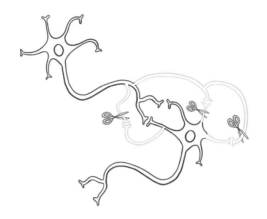

지를 뻗어 뇌에서 가까운 곳과 먼 곳에 있는 다른 뉴런들과 연결된다. 이 과정은 우리의 다양한 경험에 영향을 받고, 청년기에 이르는 과정 내내 뇌에서는 극적인 변화가 일어난다.

우선, 뇌의 시냅스 수에 변화가 있다. 시냅스 수는 젖먹이 무렵 최고조에 이르렀다가 연결선이 잘려 나가면서 점차 감소한다. 마치 무성하게 자란 풀밭을 깔끔한 정원으로 바꿔놓는 것과 같다. 경험은 뇌가 연결선을 가지치기할지 말지 결정하게 도와준다. 많이 사용하는 연결선은 청신호가 켜지고, 사용 빈도가 적은 연결선들은 제거된다. 이 시기 동안 뇌의 다양한 부위가 다양한 시점에서 가지치기 되지만, 의사결정과 억제 같은 복잡한 기능을 가진 전전두엽은 마지막까지 보존된다. 그리하여 우리는 동료들로부터 사회적 단서를 배우고, 십대 시절의 경험을 통해 행동을 계속 형성해간다. 십대 시절에 우리가 지금은 꿈도 꾸지 못할 상당히 제멋대로의 짓들을 할 수 있었던 이유도 여기에 있다(탈억제*여, 감사하도다).

뉴런이 소통하는 방식에 영향을 미치는 또 다른 과정은 뉴런 사이에서 신호가 전달되는 속도다. 중요한 경로는 신호 전달 속도를 높이기 위해 가지 주위에 특별한 '포장'을 하며, 최고 속도는 얼마나 자주 사용되느냐에 따라 성인 초기까지 계속 변할 수 있다. 나이가 들면서 구조적인 변화뿐만 아니라 뇌 활동 역시 변화한다. 유아기의 뇌 활동은 딥 러닝deep learning과 연관된 느린 뇌파가 지배하기 때문에[3], 주변에서 벌어진 일을 '세상은 이렇구나'라고 쉽게 받아들이고 저장한다.

늘어난 두뇌의 발달 기간은 축복이자 저주다. 한편으로는 우리가 살고 있는 환경에 적응하기 위해 행동을 좀 더 정교하게 조정할 수 있다는 의미이며, 다른 한편으로는 초기 경험이 더 이상 유용하지 않은 행동을 계속 유발할 수 있다는 의미이기도 하다. 그렇다고 해서 발달 단계 이후의 경험이 우리에게 영향을 미치지 않는다는 뜻은 아니다(나이와 상관없이 변화하는 인간 두뇌의 놀라운 능력은 다음 장에서 다루겠다). 뇌를 형성하고 빚어내는 동안 우리는 이러한 영향에 더 취약할 수 있고, 더 이상 도움이 되지 않는 초기설정값의 반응을 나중에도 계속할지도 모른다. 트라우마, 스트레스, 놀이 같은 초기 사건이나 경험은 성인이 되어서도 우리의 행동 방식에

---

* 자신의 행동으로 발생할 수 있는 위험이나 사회적 규범을 고려하지 않고 충동적으로 행동하는 것을 뜻한다.

영향을 미치는 것으로 밝혀졌다. 외부적인 관점에서 볼 때, 이 각각의 상황은 뇌에 자신이 살고 있는 세상에서 생존하는 방법을 가르치고 있다고 상상해볼 수 있겠다.

삶의 초기에 경험하는 일들은 오늘날 우리가 행동하는 방식에 계속해서 영향을 미칠 수 있다. 예를 들어 사람들을 기쁘게 해주려는 경향, 완벽주의, 다혈질, 사랑하는 사람을 밀어내는 행동 등이 있다. 저마다 경험하는 양육 방식이 독특하므로 어떻게 유익하지 않은 행동들이 나타나는지 연구를 통해 가늠하기는 어렵다. 그러나 뇌가 발달하는 방식으로 인해 초기의 경험이 우리의 뉴런 연결망에 영구적인 각인을 남기는 것으로 추정된다. 따라서 좋은 경험이든 좋지 않은 경험이든, 초기경험을 살펴보면서 장기적으로 행동에 미칠 잠재적인 영향을 인식하는 방법이 심리치료에서 자주 활용된다. 이 방법은 우리가 왜 특정 방식으로 행동하는지 이해하는 데 강력한 진전이 될 수 있다. 그리고 이런 반응들을 초기설정값으로 계속 유지하는 대신 이에 도전할 수 있다. 과거의 경험들이 삶에 부정적인 영향을 미치거나 어려움을 겪고 있다면, 신뢰할 만한 조언과 지지를 해줄 수 있는 전문가를 찾아가는 것이 큰 도움이 된다.

행동에 영향을 미치는 유전자

인간의 뇌는 주어진 환경에서 생존을 최적화하기 위해 경험을 통해 형성되도록 설계되었지만, 우리가 지닌 성향 중 일부는 유전자에 새겨져 있을지도 모른다. 누구나 일 년에 한 번 크리스마스에만 만나는 아무개 삼촌으로부터 "너는 네 증조할머니랑 똑같이 생겼구나"라는 이야기를 들어봤을 것이다. 우리 할아버지는 항상 내 행동이 엄마가 내 나이였을 때 했던 행동과 이상할 정도로 닮았다고 말씀하신다(그리고 솔직히 말하면, 이해한다. 요즈음의 엄마를 보고 있자면 마치 30년 후의 내 미래를 들여다보는 것 같다. 엄마에게서 제멋대로의 에너지가 여전히 뿜어져 나온다고 말할 수 있어서 기쁘다). 우리는 분명 부모님으로부터 신체적인 특징을 물려받지만, 행동이 타고나는가 길러지는가에 대한 논쟁은 여전히 뜨겁다. 우리의 특성은 경험으로부터 형성되는가? 아니면 운명은 우리의 DNA에 새겨져 있는가? 이 논쟁에서 끌어낸 합의는 이렇다. 둘 다 혼합되어 있다는 것이다.

다시 한번 뇌 발달의 초기 단계를 토대를 쌓는 과정이라고 생각해 보자. 우리 유전자는 이 과정에 필요한 재료를 만들어 내라는 지시를 내린다. 우리는 모두 벽돌, 콘크리트, 강철, 목재 등 비슷비슷한 구성 요소를 가지고 시작한다. 하지만 우리 모두를 독특하게 만들어 주는, 유전자 코드의 작은 변화는 이러한 자원의 특성을 살짝 바꿔놓을 수 있다. 일부 벽돌은 다른 벽돌보다 밀도가 약간 더 높을 수 있고, 어떤 콘크리트는 더 단단하고, 어떤 목재는 더 쉽게 부러질 수 있다. 이러한 작은 변화는 구조물을 만드는 능력이나 전체적인 외관을 바꿔놓지는 않지만, 건물의 근본적인 특성과 기능에 영향을 미친다. 이 유전적 차이는 뇌 회로나 개별 세포가 기능하는 방식에 영향을 미쳐 사람마다 행동을 유발하는 구조가 조금씩 다를 수 있다.

행동에 미치는 유전적 영향력을 조사하는 연구 분야가 바로 성격 연구다. 성격을 연구하는 데 가장 많이 사용되는 모델은 '빅 파이브Big Five' 모델로, 개방성openness(새로운 것을 얼마나 많이 시도하려 하는가), 신경성neuroticism(스트레스에 직면했을 때 얼마나 불안해하는가), 외향성extroversion(다른 사람들과 있을 때 얼마나 활력이 넘치는가), 우호성agreeableness(다른 사람들을 돕는 것을 얼마나 좋아하는가), 성실성conscientiousness(얼마나 조직적이고 체계적인가)을 측정한다. 누구나 한 번쯤 친구들과 함께 온라인에서 이런 테스트를 해보고, 답변을 바탕으

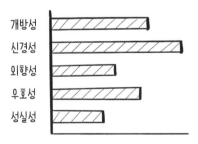

빅 파이브 테스트

개방성
신경성
외향성
우호성
성실성

당신은 K 유형입니다!

로 자신이 어떤 유형의 사람인지 알려주는 결과지를 받아본 적 있을 것이다(물론 연구에 기반하지 않은 이 설문지의 타당성에 대해서는 의문이 든다).[4]

정확히 어떤 유전적 변화가 특정 성질에 기여하는지는 분명치 않지만, 성격을 구성하는 요소는 DNA에 의해 결정되는 것으로 추정된다. 유전자 코드가 거의 100퍼센트 일치하는 일란성 쌍둥이는 이란성 쌍둥이보다 더 많은 성격 특성을 공유하며,[5] 이는 유전의 일부 메커니즘이 우리의 행동 방식에 관여한다는 것을 나타낸다. 또 다른 연구에서는 성격 특성에 기여하는 것으로 추정되는 700가지의 유전자를 찾아냈고, 이 중 다수는 뇌의 처리 과정에 영향을 미치는 단백질을 코드화한 것으로 나타났다. 특정 돌연변이는 다른 사람들보다 성격 유형이 비슷한 사람들에게서 더 자주 발견되었으며,[6] 이는 우리의 유전자 지시 매뉴얼이 우리가 일상적으로 행동하는 방식에 영향을 미칠 수 있다는 주장을 뒷받침한다.

이제 우리의 '핵심'적인 행동 방식이 모두 유전자에서 비롯된 것은 아니라는 점은 분명하다(일란성 쌍둥이를 만나본 적 있다면, 그들의 성격이 절대 똑같지 않다는 것을 알게 된다). 그러나 목표를 추진할 때는 유전자가 우리의 성격을 구성하는 데 있어서 어떤 역할을 하는지 중요하게 고려해야 한다. 대다수 사람은 자신의 포부에 관해 꿈꾸면서 '내가 이러이러한 자질만 가졌더라면 그걸 해낼 수 있었을 텐데' 혹은 '내가 좀 더 이러저러한 사람이었다면, 이게 더 쉬웠을 텐데'라고 생각한다. 우리는 행동 방식의 핵심 요소를 바꾸고 싫어 하지만, 과학은 아직 성격 변화를 위한 근거 있는 기술을 내놓지 못하고 있다. 일부 사람들은 끈질긴 노력과 적절한 타이밍만 주어진다면 성격을 바꿀 수 있다고 생각하지만 말이다.[7]

목표를 향해 노력할 때 스스로 부족하다고 느끼는 부분에 집중하고 본래의 모습에서 조금이라도 멀어지려고 애쓰며 시간을 보내는 것은 어쩌면 헛수고일지도 모른다. 그 대신 자신에게 맞는 일을 하는 방법과 어떻게 하면 이를 유리하게 활용할 수 있는지 생각해 본다면 목표를 향해 나아가는 데 도움이 될 것이다.

경험도 유전이 될까

유전적 특징과 경험은 함께 상호작용하면서 우리의 행동에 전반적인 영향을 미친다. 예를 들어, 외부 사건을 바탕으로 우리 뇌가 경험하는 활동은 여러 가지 유전자의 스위치를 켜고 끄면서, 어느 연결선이 유지되고 어느 연결선이 끊어져야 하는지 안내한다. 유전자가 켜지고 꺼지는 이러한 역동적인 조절을 후생유전학 epigenetics이라고 한다. 한평생 비교적 안정적인 유전자 코드와는 달리, 후생유전학은 우리의 DNA를 완전히 뒤집을 수 있는 DNA 변형을 수반한다. 우리의 DNA가 기나긴 단어들의 목록과 같다면, 후생유전학은 강조용 글꼴이라 어느 단어가 **강조되고** 어느 단어가 ~~지워져야~~ 하는지 안내한다. 후생유전학에서는 스트레스, 흡연, 다

이어트 같은 경험이 모두 유전자의 스위치를 켜거나 끄며 변화시키는 것으로 보며, 이러한 유전자와 환경의 상호작용은 현재 암과 같은 질환에서 중대히 연구되고 있다.

신경과학 분야에서 최근 들어 널리 알려졌지만 여전히 논쟁의 대상이 되는 개념은, 후생유전학이 부모의 경험을 자손에게 물려줄 가능성이 있다는 것이다. 즉, 부모가 외상을 경험하면 그 부모의 자녀 역시 유전자 발현의 변화로 인해 외상을 주는 자극을 접했을 때 같은 행동 반응을 보일 수 있다. 부모나 집단이 트라우마를 경험했다면, 후손들은 주변 사람들의 행동과 활동을 배우기 때문에 성장하면서 그 트라우마로부터 영향을 받는다. 그러나 후생유전학에서는 이러한 반응이 개인적인 경험과는 무관하게 일어난다고 본다. 지금까지 이 연구는 쥐에게서만 이뤄졌다. 특정 냄새가 날 때마다 약한 충격을 받아서 그 냄새를 두려워하게 된 쥐가 자식과 손주를 낳았을 때, 이 자식 쥐와 손주 쥐는 충격을 받은 적이 없음에도 동일한 냄새를 매우 싫어하는 것으로 나타났다.[8]

이 현상이 인간에게도 나타나는지는 분명하지 않다. 따라서 오늘날 당신의 행동이 미래의 후손들이 하는 행동에 영향을 미칠 수 있다는 결론을 내리기에 앞서, 이 메커니즘이 정확히 어떻게 작동하는지를 알아내려면 훨씬 더 많은 연구가 필요하다(내 말은 영향을 미칠 수도 있지만, 유전자가 변형되는 방식은 아닐 수도 있다는 의미다). 후생유전학 연구 분야가 질병과 관련한 역할을 넘어 생활양식이라는 요인이 유전자 발현을 어떻게 변화시키는지 발견하는 데까지 확장되면서, 부모의 경험이 유전적으로 자녀의 행동에 어떤 영향을 미칠 수 있는지 알아본다면 흥미롭겠다.

마무리하며

왜 우리가 특정 방식으로 행동하는지 그 기원을 이해하는 일은 늘 과학자들에게 도전과제였다. 인간을 연구하는 일은 까다롭다. 우리는 실험실에서처럼 환경을 통제할 수 없고, 경험, 상호작용, 유전자 등 여러 요소가 관찰 결과에 영향을 미치기 때문이다. 게다가 모든 사람이 저마다 독특한 인생의 사건들을 경험하므로 '상호작용 A는 행동 B로 이어진다'라고 추론하기는 어렵다. 우리가 정확한 입출력 상황에 도달할 가능성은 희박하다. 그렇다고 해도, 변화를 추구할 때 당신이 하는 행동의 근원을 고찰하는 것은 여전히 유용하다. 그리고 그중 일부는 노력해서 바꾸거나, 아니면 완전히 변화하는 것은 현재 우리의 영향력을 넘어서는 영역이라고 타협하는 것이 중요하다.

개인적으로, 남들에게 받아들여지고 '좋아요'를 받고자 하는 내 욕망을 우리 조상들에게 진화적인 이점을 안겨주던 인간 본성의 일부로 보면, 자기연민의 여지가 생긴다. 인생에서 뇌가 발달하는 시기인 첫 25년 동안의 경험을 돌이켜보니, 내가 특정 상황에서 왜 그렇게 행동하는지 그 근원을 정확히 집어낼 수 있었다. 이는 이러한 행동들이 나를 규정한다는 생각에서 벗어나, 나를 보호하기 위해 내 뇌가 엣날엣적에 배운 것이라고 여기게 해주었다. 그리고 내 성격의 일부가 유전자 코드에 의해 조정된다고 생각하면서 '변화는 나에게 달려 있다'는 사고방식에서 해방되는 은총을 얻었고, 내 행동의 특정 부분을 바꾸려고 애쓰면서(예를 들어, 파티에서 너무 극도의 외향성으로 낯선 사람들에게 내 인생의 TMI를 뿌리는 것) 느꼈던 죄책감을 일부 해소할 수 있었다. 목표를 달성하는 데 있어서, 왜 우리가 지금처럼 행동하는지 모든 근원을 고찰해 보는 것은 우리를 돕거나 방해하는 행동을 파악하는 데 있어 중요하다. 그리고 6장에서 자신의 목표를 염두에 두고 행동을 검토하는 방법을 살펴보려고 한다. 하지만 그 전에, 새로운 삶의 방식을 배우려면 뇌가 (연령과 상관없이) 특정 행동 패턴을 어떻게 변화시키는지 이해하는 것이 중요하다.

3장

변화하도록
설계된 뇌

뇌는 효율적으로 기능하기 위해
반응을 저장한다

우리 뇌는 어떻게 생존하고 직면한 상황을 헤쳐 나갈지 배우기 위해 환경으로부터 정보를 수집해 왔다. 같은 상황에 반복적으로 처할 때 무엇을 해야 할지 알려주는 지침서처럼, 뇌가 일부 반응을 저장해 놓을 수 있다면 훨씬 더 유용할 것이다. 매번 신발 끈을 고쳐 묶을 때마다 그 순서를 적극적으로 생각해야 한다면 정말 성가실 것이다. 그 대신, 손은 저절로 움직여서 리본을 묶는다.

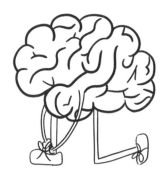

습관은 상황에 대해 우리 뇌가 저장해 놓은 반응이다. 이 메커니즘을 통해 우리는 익숙한 상황에서 루틴을 초기값으로 설정함으로써 새로운 도전과 문제에 대처할 수 있는 정신적 자원을 아낄 수 있다. 그러나 초기설정값이 장기적으로 항상 우리에게 이득이 되는 것은 아니다. 보통 우리는 즉시 보상받거나 고통을 피하는 행동을 반복하고 싶어 한다. 이 행동들을 반복하면 관련된 뇌세포 사이의 연결선이 강화되고, 이 튼튼한 경로는 우리에게 아무런 도움이 되지 않음을 알고 있을 때조차 특정 행동을 이행하려는 충동을 일으킨다.

인생의 가소성

당신이 탁 트인 시골길을 지나 키 큰 풀들이 우거진 들판에 이르렀다고 상상해 보자. 반대편으로 가야 하지만, 그 사이를 통과

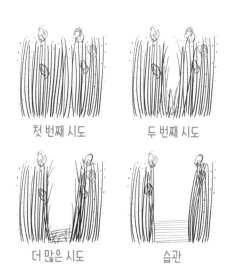

첫 번째 시도　　두 번째 시도

더 많은 시도　　습관

할 수 있는 기존 경로는 없다. 따라서 당신은 아무것도 모른 채, 풀
잎들을 납작하게 밟으며 앞으로 계속 걸어 나간다.

　당신은 반대편에 안전하게 도착해서 여행을 계속한다. 다음
날, 당신은 같은 산책길을 걷다가 다시 한번 들판에 가까워진다.
그러나 이번에는 전날 걸었던 곳에 희미하게나마 남은 발자국 흔
적이 보인다. 그 길로 가면 무사히 들판을 빠져나올 수 있다는 사
실을 알고 있으므로, 당신은 다시 그 길을 걷는다. 날마다 들판에
와서 처음에 헤치고 나간 길을 따라 걷는다면, 길의 경계가 점점
더 또렷해지면서 한때 존재하지 않던 그 길이 들판을 가로지르는
확실한 길이 될 것이다. 키 높은 풀 사이로 새로운 길을 만들어야
한다는 생각조차 들지 않는다. 이미 당신이 내놓은 오솔길로 안전
하게 갈 수 있고, 따라가기도 쉬운데 뭐 하러 굳이 새 길을 만들겠

는가?

이는 뇌가 습관을 형성할 때 우리가 생각하는 방식과 같다.

인간의 뇌는 뉴런 사이에 수십억 개의 연결선을 가지고 있으며, 이 연결선이 다양한 그룹에 속한 세포들이 서로 대화할 수 있도록 경로를 형성한다. 이 대화 중 일부는 다른 대화보다 더 중요하며, 세포들을 연결하는 시냅스의 강도를 변경함으로써 그 중요성을 구분한다.

다시 한번 우리 뇌를 철도망과 같다고 생각하면, 이는 마치 한 기차역에서 다른 기차역까지 가는 최적의 경로를 알려주는 앱을 들여다보는 것과 비슷하다. 선택한 경로가 강조되면서 다른 경로들보다 두드러지고, 당신은 어느 방향으로 가야 할지 정확히 알 수 있다. 그리고 특정 경로를 더 많이 이용할수록, 또는 그 경로가 더 많은 정서적 의미를 지닐수록, 해당 경로가 A에서 B로 가는 기본 경로가 될 가능성이 높다. 시냅스 연결의 강도를 변경하면 뇌의

추천경로

뉴런들 사이에 이와 유사한 탄탄한 경로가 만들어진다. 다시 말해, 회로상의 한 세포가 메시지를 받으면 그 메시지를 다른 세포에게 더 쉽게 전달할 수 있다는 의미다. 습관의 경우, 아침에 알람 소리를 듣고 잠에서 깨는 것과 같은 상황이 팔을 쭉 뻗어 소리를 끄고 등을 돌리는 행동을 유발하며, 이와 같은 회로를 통해 이뤄지는 것으로 보인다.

두 세포 사이의 연결 강도는 대개 그 연결선이 사용된 빈도수에 따라 결정되므로, 주로 사용되는 경로는 신속하게 작동한다. 두 개의 뇌세포가 지속적으로 소통하거나 두려움과 같은 강렬한 감정과 함께 활성화될 때, 이를 연결하는 시냅스에 물리적 변화가 일어나면서 신호 전달이 더욱 쉬워진다.

뉴런의 대화인 '자물쇠와 열쇠'식 신호 전달 방식에서, 특정 연결 지점에 더 많은 자물쇠나 열쇠를 추가함으로써 시냅스의 수가 바뀌고 더 강한 신호를 생성할 수 있다. 신호에 반응해서 방출할 수 있는 열쇠가 더 많다면 신호를 받는 뉴런의 잠금장치가 열리면서 신호를 전달할 가능성이 더 커지며, 더 많은 자물쇠를 가지면 잠금장치가 열릴 때 신호를 받는 뉴런 안으로 더 많은 전하가 들어갈 수 있다. 연결선이 더 쉽게 활성화되면서, 이러한 물리적 변화는 미약한 신호의 통신을 더 용이하게 만든다.

시냅스의 연결은 시간의 흐름에 따라 강화되거나 약화될 수 있다. 시냅스 강도의 변화, 즉 시냅스 가소성synaptic plasticity은 신경 가소성neuroplasticity의 일종으로, 뇌가 평생을 새로운 상황에서 변화

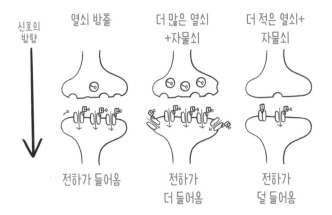

신호의
방향

열쇠 방출

더 많은 열쇠
+자물쇠

더 적은 열쇠+
자물쇠

전하가 들어옴

전하가
더 들어옴

전하가
덜 들어옴

하고 적응할 수 있게 해주는 메커니즘이다. 스물다섯 살이 지난 후
당신이 새로운 것을 아무것도 배울 수 없다면 상당히 치명적일 것
이다. 다양한 형태의 신경 가소성 덕분에 우리는 정신적으로 계속
성장할 수 있고, 새로운 도전에 직면했을 때 행동 방식을 유연하게
바꿀 수 있다.

뇌의 자동 조종 장치

시냅스 가소성은 습관을 형성하는 데 핵심이다. 자극(예: 알람
소리)과 특정 반응(예: 잠에서 깨어남) 사이의 연결 강도를 높일 수
있다면, 우리는 그 행동을 계속할 가능성이 높다. 의식적으로 지시
하던 개념이 몸에 배어 거의 자동적인 결과로 바뀌기 때문이다. 연
구설정에서 과학자들은 습관적인 행동을 아무런 보상이 없더라도

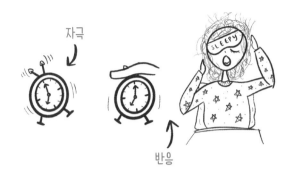

자극

반응

훈련에 따라 주저하지 않고 수행하는 행동으로 분류한다. 그리고 실험실 밖에서도 이 정의가 그대로 적용되는 모습을 본다. 숙면을 취하는 데 해롭다는 것을 알면서도 몇 시간 동안 얼마나 자주 스마트폰 화면을 스크롤하는가? 또한 처벌을 받고도 특정 행동을 지속한다면, 이는 중독이나 강박의 징후다. 당신에게 도움이 되지 않을 뿐 아니라 당신과 다른 사람들에게 해가 될 수 있는 습관이다.

뇌에서는 특정 부위가 습관 형성을 촉진하는 것으로 나타났다. 의식적으로 끌어가던 행동을 좀 더 기계적인 반응으로 바꾸는 일은 의사 결정과 행동 지시에 관여하는 전두엽 부위, 편도체 등의 감정 조절 부위, 그리고 보상과 활동 개시에 관여하는 뇌 깊숙한 곳에 묻힌 선조체striatum 사이에서 이뤄지는 것으로 보인다. 선조체는 목표지향적인 행동에서 핵심이며(자세한 내용은 4장 참조), 보상을 추구하는 행동이 이 부위에서 자동적인 행동으로 전환되는 것으로 보인다.

양쪽에서 다른 소리가 흘러나오는 헤드폰을 쓴 것처럼, 선조체의 여러 부분은 각기 다른 뇌 부위로부터 메시지를 받는다. 한쪽은 목표지향적인 행동을 부추기고, 특정 행동의 가치를 전달하며, 왜 이 행동이 중요한지 알려주는 메시지를 듣는다. 반면, 또 다른 한쪽은 상황에 반응하여 신체가 어떻게 움직이고 느끼는지에 대한 직접적인 정보를 받는다. 행동이 반복되면 선조체의 목표지향적인 측면은 잠잠해지고 자동적인 측면이 더 활성화되면서, 근본적으로 '이것이 우리가 이 상황에서 하는 행동이고 느끼는 감정이야'라고 부호화한다. 선조체 부위가 제거된 쥐 실험에서 볼 수 있듯이, 선조체의 자동화된 측면과 연결이 끊기면 습관이 형성되지 않는다.[1] 같은 상황을 반복해도 이 쥐들은 행동을 자동화하지 못했고, 여전히 행동을 취했을 때의 가치에 휘둘리면서 주저하는 모습을 보였다.

습관에 관한 연구는 대부분 동물을 대상으로 이뤄진다. 따라서 이 메커니즘이 인간에게 어떻게 작용할지는 추측할 수 있을 뿐

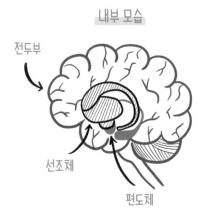

내부 모습

전두부

선조체

편도체

이다. 또한 우리는 두 세포의 시냅스 사이의 가소성(컴퓨터 모델을 사용한 연구의 도움을 받음)과 특정 행동이 습관화될 수 있다는 사실에 대해 많은 것을 알고 있지만, 이러한 요소들이 어떻게 결합되어 습관을 형성하는지는 여전히 불확실하다. 우리는 이것이 '특정한 시냅스를 강화하기 위해 이 행동을 스무 번 반복하세요. 그러면 습관이 될 거예요'라거나 '2년 동안 그 행동을 중단하세요. 그러면 연결선이 약해져 다시는 그런 행동을 하지 않을 거예요'라는 식으로 단순한 문제가 아님을 안다. 그러나 습관적인 반응을 형성하는 과정에서 보상과 반복이 맡은 역할에 우리의 지식을 적용한다면, 높은 풀이 우거진 들판에 새로운 길을 개척할 수 있다.

습관을 바꾸려면
반응을 교체하라

습관적인 반응의 구성 요소를 살펴봄으로써 우리는 적극적으로 행동을 바꾸거나 일상생활에 유용한 반응을 도입할 수 있다. 특정 행동이 특정 상황과 결부될 수 있다는 개념에 따라, 이 콜 앤드 리스폰스call-and-response 모델을 바탕으로 자동 조종 장치처럼 작동하는 우리의 반응을 변화시키기 위해 여러 방법을 시도해 볼 수 있다.

습관 이론

$$상황 = 행동$$

(신호)　(반응)

목표에 따라 구성 요소를 변경하는 방법에 관한 내용은 9장에서 좀 더 자세히 다룰 예정이다. 구체적인 예로, 당신이 아침에 상쾌한 기분으로 일어나 부업을 하기 위해 일찍 잠자리에 든다고 가정해 보자. 현재 당신이 가지고 있는 습관은 '잠자리에 들기(상황 또는 신호)'='TV 시청(행동 또는 반응)'이기에, 잠드는 시점은 자정을 훌쩍 넘기게 된다. 취침 시간을 앞으로 당기려면 다음과 같은 시도를 해볼 수 있다.

1. 상황을 바꾼다

쉽지 않은 시도다. 우리는 꼭 집어서 '잠자리에 든다'라는 상황을 바꿀 수 없다. 가능하다고 하더라도 이 시나리오는 습관을 적극적으로 바꿔주지 않는다. 동일한 상황에 처하자마자 습관적인 반응이 다시 발동하려고 기다릴 것이다.

$$~~~~~~~ = 행동$$

(반응)

76

2. 행동을 방지한다

실현 가능성이 다소 높다. 넷플릭스 정주행을 방지하려면 TV 보는 기기를 침실 밖으로 옮기면 된다. 그러나 이 상황은 전반적인 습관을 바꾸는 데 가장 효과적인 방법은 아니다. 오래 시간 동안 행동을 저지하면 연상이 약해진다고 하더라도, 벽걸이 TV가 있는 호텔 방에 머물게 되는 경우 충동에 맞서 싸워야 할 수도 있다. 게다가, 갑자기 중단하는 행위는 우리가 신호를 받았을 때 갈망으로 몸이 근질근질해지는 구석을 시원하게 긁어주지 못한다.

상황 = ~~행동~~

(신호)   ~~(반응)~~

3. 반응을 교체한다

최고의 선택이다. 이불을 뒤집어쓰고 여섯 편짜리 시리즈를 정주행하는 데 푹 빠지는 대신 책을 읽어보자. 매일 밤 새로운 이 활동을 계속한다면 습관이 바뀌고 당신에게 도움이 될 새로운 반응이 형성될 것이다. 침대에서 TV를 보고 싶은 욕구는 점차 옅어지다가 마침내 리모콘을 손에 쥘 생각조차 하지 않을 때가 올 것이다.

몸에 밴 습관적인 행동을 새로운 행동으로 바꾸는 데 걸리는 시간은 추산하기 어렵다. 한 연구 결과에 따르면 행동 하나가 자동화될 때까지 몇 주에서 몇 달까지 걸릴 수 있으며, 사람에 따라 차이가 매우 크다고 한다.[2] 새로운 행동이 당신에게 얼마나 익숙한지, 얼마나 쉽거나 어려운지, 어떤 보상을 제공하는지, 그 행동을 얼마나 즐기는지 그리고 당신의 감정 상태나 다른 사람들의 생각 등이 장기적인 변화를 실현하는 데 영향을 미칠 수 있으며, 과거의 반응이 때때로 다시 나타날 수 있다. 하지만 끈기는 장기간의 변화를 촉진하는 핵심 요소다. 반복을 통해 시냅스 연결이 강화되는 뉴런과 마찬가지로, 우리가 어떤 행동을 꾸준히 수행할수록 그 행동이 고착될 가능성은 커진다.

저항을 기꺼이 받아들여라

보통 변화에 수반되는 감정은 저항이다. 저항이란 새로운 행동에 착수할 때 생기는 정신적 반발로, 겉보기에 편해 보이는 오래되고 익숙한 루틴에 끌려가게 된다. 저항의 형태는 다양한데, 핑계('너무 피곤해')와 도피('이건 놓쳐도 타격이 없을 거야'), 그리고 패배의 말('어차피 안 될 텐데, 무슨 의미가 있지?') 등이 있다. 새로운 행동이 유익하다는 것을 알면서도 실행하지 않으려는 충동은 변화하려고 노력할 때 매우 큰 좌절감을 준다. 하지만 이러한 저항은 새롭고 알지 못하는 것에 대한 자연스러운 반응이며, 이를 당연한 과정으로 받아들여야 저항에 정면으로 맞설 수 있다.

저항의 원인: 익숙함

우선, 저항은 새로운 뭔가를 계속해서 추구하려 할 때 생긴다. 변화는 익숙한 것에서 벗어난다는 의미이기 때문이다. 익숙함은 마치 옷장 깊숙이 처박아 둔 낡고 오래된 점퍼 같아서, 이제는 수선도 할 수 없지만 그렇다고 그냥 내다 버릴 수도 없다. 더 이상 목적에 맞지 않거나 해야 할 역할을 해내지도 못하지만, 우리는 여전히 거기에 집착한다. 심지어 중요한 공간을 차지하고 있을 때조차 마찬가지다. 인간의 뇌는 익숙한 것이 안전하다고 생각하기 때문에 익숙함을 추구한다. 그리고 우리를 보호하는 것이 뇌가 하도록 설계된 일이다.

주변의 세상을 이해하고 위험으로부터 우리를 보호하려고 노력하다 보면, 뇌는 꽤 형편없는 결정을 내리기 쉽다. 이처럼 적절하지 않고, 때로는 비논리적인 처리 과정을 '인지 편향'이라고 한다. 심리학에서 인지 편향은 신속하지만 부적절한 해결책을 내놓는, 뇌의 정보처리 과정에서의 결함을 의미한다. 그리고 인지 편향이 일어나는 것을 막을 수 있는 가능성은 거의 없다(하지만 인지 편향을 자각한다면 이에 따른 행동을 멈출 수 있다).

신경과학은 왜 우리가 경솔하고 때로는 부당한 결론을 내리

인지 편향

후광효과	익숙함	최신효과

확증	기준점	고정관념

는지 알아내기 위해 연구를 거듭하고 있다. 최근 이론에 따르면, 우리 뇌의 주요 관심사가 세상에서 벌어지는 일들을 인지하고, 각 상황을 '안전' 또는 '위험'과 같은 카테고리에 집어넣으며, 그에 따라 반응하기 때문에 이러한 사고가 진화했다고 한다.[3] 이처럼 신속하게 처리하고 분류하는 방법은 우리 뇌세포가 연결선을 형성하는 방식에 따라 촉진된다. 들어오는 정보가 과거의 경험을 바탕으로 형성된 연결망을 통과하면서, 당면한 상황을 이전에 겪었던 상황과 연관시킨다. 즉, 뇌에서 익숙한 상황들이 반복적으로 활성화되면서 훨씬 더 익숙해진다는 뜻이다.

뇌에서 비슷한 정보 조각들을 연결하는 일은 우리가 모르는 것을 피하고 익숙한 것을 선호하는 이유를 설명해준다. 우리는 과거에 처리하고 접했던 정보를 선호한다. '단순노출 효과Mere Exposure

1부　우리 뇌의 작동법

80

Effect'는 여러 번 경험하는 단순한 상황에 의해 뭔가를 더 좋아하게 되는 인지 편향을 말한다. 순전히 익숙하다는 이유에서다. 예를 들어, 이전에 먹어본 적 없는 요리를 선보이는 식당에 갔다가 메뉴에 햄버거가 있다는 것을 알게 되었다고 가정해 보자. 그러면 당신은 메뉴에 다른 별미가 있을지라도 예전에 먹어봤다는 이유만으로 햄버거를 시키게 될지도 모른다.

익숙함과 관련해 관찰된 또 다른 인지 편향은 '인지적 편안함 cognitive ease'이다. 이는 보통 과거에 비슷한 상황을 경험했기 때문에 쉽게 감당하고 처리할 수 있는 정보가 옳다고 느끼는 현상을 말한다. 생소한 정보를 처리하는 과정은 '어려운 작업'으로 느껴지므로 현재 상황에서 극적인 변화를 일으키기 어렵게 만든다. 익숙한 행동을 새로운 행동으로 바꾸려고 애쓸 때, 우리는 필연적으로 낯선 방식으로 정보를 처리해야 하는 새로운 상황에 직면하게 된다. 우리 뇌는 알려진 정보를 선호하기 때문에 새로운 시도를 계속하기가 어려워진다.

익숙함은 그 일이 우리에게 도움되지 않더라도 쉽다고 느끼게 해준다. 잠자리에 일찍 드는 것보다는 TV 시리즈의 다음 화를 계속 시청하는 것이 평소에 따르던 루틴이기에 더 쉽다고 느낀다. 익숙함은 또한 예측 가능성을 의미한다. 예측 가능성은 우리를 안전하게 지켜주는 방법이다. 새로운 상황에 접근할 때 뇌는 상황이 어떻게 전개될지 확신하지 못한다. 익숙함은 뇌가 처할 수 있는 가장 스트레스가 큰 상황, 즉 불확실성으로부터 뇌를 보호해준다.

저항의 원인: 불확실성

인생에서 한 가지 확실하게 보장할 수 있는 게 있다면, 불확실성이 인생의 일부라는 것이다. 그러나 인간의 뇌는 무슨 수를 써서라도 불확실성을 줄이려고 고군분투한다. 우리는 현재 택한 직업이 안전하고 안정적일지, 우리가 실천하는 운동 계획이 원하는 대로 몸을 튼튼하게 만들어 줄지, 우리가 사귀는 사람이 천생연분인지 알고 싶어 한다. 미래의 결과를 예측할 수 없다면, 그 순간 불확실성은 실제로 우리의 정신적·육체적 상태를 무너뜨릴 수 있다. 그리고 이는 많은 사람이 변화를 추구할 때 마주하는 상황이기도 하다.

연구를 통해 인간과 다른 포유류들은 불확실한 상태에 있기보다는 대처하기 어렵더라도 상황의 결과를 아는 것을 선호한다고 알려졌다. 실제로, 만성적인 불확실성은 불안의 주요 원인으로 지목된다. 힘겹거나 일어나지 않기를 바라는 잠재적인 미래의 시나리오에 집착할 때 우리는 불안해지며, 불안장애를 앓고 있는 사람들은 이 상태가 지속될 수 있다. 미지의 것을 추구할 때 가장 큰 문제는 불안이 회피행동을 유발한다는 것이다. 예측 가능한 충격과 예측 불가능한 충격 중 하나를 선택해야 하는 실험 상황에서, 대부분의 동물과 인간 피실험자는 불확실한 상태를 피하고 충격을 예측할 수 있는 환경을 선택했다.[4]

두려움은 인지되는 위협에 직면했을 때 짧은 기간 동안 지속되는 '투쟁-도피' 스트레스 반응을 일으키는 반면, 불안은 벌어질

불확실성

연료

불안함의 불

수도 있는 확실하지 않은 위협에 대한 지속적인 반응으로, 보통은 상황의 결과가 드러나고 나서야 불안감이 해소된다. 회피행동이 나타나는 이유는 우리의 뇌가 안전하다는 확신이 들 때까지 상황에 접근하지 않는 것이 더 낫다고 합리화하기 때문이다(그 대신, 뇌는 일어날지도 모르는 200가지 결과들을 걱정하며 시간을 보낸다).

새로운 목표를 세우고 행동을 변화시키려 할 때, 불확실성의 상태를 경험할 수밖에 없다. 목표를 향해 노력해본 경험이 있다면, 아마 스스로 이런 질문을 한 적이 있을 것이다. '새로운 시도를 했는데, 만약 실패하면 어쩌지?' 또는 최상의 시나리오를 생각할 때조차 여전히 이런 의문이 들 수 있다. '내 인생은 어떻게 바뀔까? 나와 가장 가까운 사람들을 잃고 싶지 않아.'

이러한 의문 또는 일어날 수 있는 결과에 대한 우려는 우리가 행동하지 못하게 만든다. 그리하여 변화를 원하지만 결코 변화에 이르지 못하는 상태에 머물게 된다. 우리 뇌의 일면은 우리가 매일 같은 행동을 반복하기를 원한다. 매 순간이 어떻게 흘러갈지 예측할 수 있기 때문이다. 그러나 익숙함이라는 안전지대에 굳건히 머무르더라도, 우리 눈에서 '확실성'이라는 가리개를 벗겨내고 실제로 예측 가능한 일은 별로 없다는 것을 보여주는 일이 생길 수 있다. 코로나 팬데믹처럼 말이다. 이렇게 생각하면 불확실성은 피해야 할 대상이 아닌, 예상해야 할 대상으로 볼 수 있다. 그리고 불안을 해소하는 방법 중 하나는 행동하는 것이다. 어떤 상황이 닥쳤을 때, 뇌가 실제 결과를 처리하고 자신이 상상해 낸 극단적인 결말 중 일부를 폐기함으로써 '만약에'라는 생각에서 벗어날 수 있다.

계획을 세우고 시도하는 것은 가치 있는 일이다. 정확히 어디로 흘러갈지 모르더라도 행동을 취하는 것이 훨씬 더 큰 진전을 이루고 교훈을 얻을 수 있기 때문이다. '실행'은 더 안전할 거란 거짓 속에서 예전과 같은 루틴에 머무르는 것보다 훨씬 더 유익하다. 제자리에 머무르는 것은 우리가 기회를 누리지 못하게 막을 뿐이다.

저항의 원인: 노력

진정으로 변화하려면 현재 상태에서 전환하기 위한 노력이 필요하다. 퇴근 후 헬스장에 갈 동기를 부여하려면, 소파에서 일어나려고 할 때 느끼는 저항감을 높은 풀이 우거진 들판에서 새로운 길을 개척하는 데 필요한 에너지라고 상상해 보자. 실행에 필요한 에너지를 절약하는 방법이 있기는 하지만(자세한 내용은 후술할 예정이다), 전반적으로 변화는 투입이 필요한 기나긴 과정이다.

변화할 때는 노력이 필요하다. 새로운 길로 방향을 틀려면 뇌의 의사 결정과 주의 과정이 필요하기 때문이다. 뇌는 끊임없는 연료 공급원을 보유하고 있으며, 신체 에너지의 약 20퍼센트를 사용해 일을 수행한다.[5] 뇌의 특정 부위가 활성화될 때, 이 에너지 공급원은 다른 부위를 희생해서 이 부위로 많은 에너지를 전달하는 것으로 보인다. 마치 사탕 한 봉지를 뜯어서 힘이 필요한 부분에 더 많이 나눠주는 것과 비슷하다. 전전두엽 피질은 의사 결정과 주의 과정에 지시를 내리는 곳으로, 새로운 방식으로 행동할 때 이 사탕을 받게 되는 대상이다. 그러나 이 부위는 뇌세포가 조직되는 방식 때문에 피로해질 수 있으며,[6] 이는 작업을 수행할 수 있는 일손이 부족하다는 의미다. 이러한 제약은 전전두엽 피질이 한 번에 수행할 수 있는 작업 수를 제한한다. 따라서 상황에 따라 기존에 확립

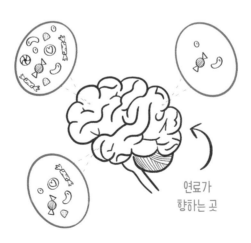

연료가
향하는 곳

된 행동이 이미 존재한다면, 당신은 선택권이 거의 없다고 느끼며 초기설정값대로 행동할 것이다.

이 메커니즘은 인간을 대상으로 연구하기에는 까다롭다. 그러나 '퇴근 후=소파에 앉아서 TV 시청'과 같은 회로처럼 뉴런 사이에 이미 강력한 연결선이 존재한다면, 자극을 받아 이 반응이 유발될 가능성이 더 높아진다고 예측할 수 있다. 기차가 '퇴근 후'역을 출발하면, 이어지는 운행 경로는 '리모컨 잡기', '음료수 따르기', 그리고 '발 올리기'역이다. 이 반응을 '헬스장에 가기'로 바꾸려면, 새로운 행동을 실행하는 데 에너지(그리고 시간이 흐르면서 새로운 경로를 형성하는 데 필요한 에너지)가 필요할 뿐만 아니라, 초기설정값으로 향하는 행동에 끌려가지 않으려고 버티는 노력이 필요하다. 출근길에 평소와 다른 경로를 택해 운전하는 것처럼, 새로운 방향으로 나아가는 데 집중하지 않으면, 의도치 않게 결국 예전 경로로 되돌아와 버렸음을 깨닫게 될 것이다. 노력을 기울이지 않으면 뇌는 당신을 초기설정값으로 되돌려 놓는다.

한 반응에서 다른 반응으로 옮겨가려 애쓸 때, 즉 옛 행동을 깨부수고 새로운 행동을 시도하려고 할 때 이 점을 염두에 둔다면, 저항을 그 과정의 필연적인 부분으로 받아들이는 데 도움이 된다. 그리고 저항에 부딪혔을 때 필요한 것은 꾸준함이다. 높은 풀이 우거진 들판에 난 길처럼, 새로운 길은 많이 걸을수록 더 선명해지고, 기존의 길은 덜 걸을수록 경계가 흐릿해진다.

뇌에서 특정 연결선이 강화되고 다른 연결선이 약화되면 저

항이 생길 것이다. 시간이 흐름에 따라 꾸준한 노력이 들 것임을
알고 모험에 임한다면, 곧 마주하게 될 피할 수 없는 정신적 반발
에 대비할 수 있다.

저항의 원인 파악하기

당신이 충분한 휴식을 취하고 건강한 상태임에도 새로운 행동
을 시도할 때 저항감을 느낀다면, 스스로 다음과 같은 질문을 해보
고 솔직히 답해보자. 또는 아래에 적힌 대답을 자신에게 들려주자.

저항의 원인	행동하고 싶지 않음	도움이 되지 않는 행동을 반복함
익숙함	'나는 낯설기 때문에 이 일을 하고 싶지 않은 걸까?'	'내가 아는 것이라서 이 행동을 하는 걸까? 이 행동은 실제로 내게 도움이 되는가, 아니면 그저 익숙할 뿐인가?'
	▶ 대답 내 뇌는 자기가 아는 것만 좋아해. 과거의 경험과 행동을 바탕으로 만들어진 연결선으로 구성되어 있기 때문이지. 익숙하고 쉽게 느껴진다고 해서 그것이 내게 최선이라는 뜻은 아니야. 새로운 것은 낯설게 느껴지지만, 나는 새로운 경험과 행동을 통해 뇌에게 괜찮다는 것을 알려줘야 해.	
불확실성	'나는 결과를 확신할 수 없기 때문에 이 일을 하고 싶지 않은 걸까?'	'내가 이 루틴을 계속 반복하는 이유는 예측이 가능하고 예상되는 결과를 알기 때문일까?'
	▶ 대답 불확실성은 내 뇌가 자연스레 피하려고 하는 상황 중 하나야. 뇌는 상황이 어떻게 진행될지 알기를 원해. 그러나 결과를 모른다고 해서 행동하지 않을 이유는 없어. 인생에서 확실한 건 거의 없고, 내가 이 행동을 실행하면 불확실성은 자연스레 사라질 거야.	

'이 상황에서 다른 방식으로 행동하기가 어렵게 느껴지는 이유는 초기설정값을 바꾸려면 노력이 필요해서일까?'	'내가 도움이 되지 않는 행동을 쉽게 하는 건 그 행동이 초기설정값이기 때문일까?'

노력

▶ 대답
변화에는 언제나 시간과 노력이 필요하지. 길게 내다봐야 할 게임이고, 지금 당장은 과거에 했던 일을 반복하는 게 더 쉬워. 그런 행동을 유발하는 연결선이 이미 형성되어 있거든. 내가 일관되게 행동할수록, 새로운 길의 경계가 뚜렷해지고 이 상황에 새로운 방식으로 반응하도록 뇌를 훈련하는 데 드는 노력은 줄어들 거야.

마무리하며

우리 뇌는 변화하도록 설계됐다. 가소성은 우리가 새로운 상황에 적응하고, 중요하지 않은 정보를 잊게 해준다. 그러나 뇌가 변화하도록 설계됐다고 해서 이 과정이 간단하다는 뜻은 아니다. 변화를 일궈내는 핵심은 꾸준함이며, 행동에 관여하는 뇌세포가 연결선을 강화할 수 있게 반복된 활동에 노출되어야 한다. 당신은 저항에 부딪히겠지만, 이를 밀어붙일 수 없다는 신호로 보는 대신 정면으로 맞서도록 하자. 저항을 예상하고 반기자. 그리고 노력하자. 저항을 당신이 해야 할 일, 즉 새로운 방향으로 나아가고 있다는 신호로 보자. 당신이 저항에 꿋꿋이 맞설수록, 초기설정값의 행동에서 새로운 행동으로 바꾸는 데 성공할 가능성이 더욱 커진다.

1부 우리 뇌의 작동법

4장

더 많은 것을
갈구하며

두뇌는 성장하고 싶어 한다

우리 뇌는 '아는 것들' 구역에 머무르고 싶어 하는 한편 우리
중 일부는 그 이상을 원한다. 욕망과 유익한 행동에 따라 움직이는
유연한 뇌를 가진 덕에 인간은 정신적·신체적인 능력의 한계를
뛰어넘을 수 있었다. 즉, 새로운 지식을 습득하고, 새로운 환경에
적응하며, 우리 자신과 집단, 그리고 이 지구에 실질적인 변화를
만들어 낼 수 있음을 이해하게 되었다.

목표지향적 행동

일어난 일들을 온전히 기억할 수 없을 때조차 우리는 목표에 비춰 진행 상황을 평가받는다. 건강한 몸무게, 키의 백분위, 처음 말을 한 나이 등 발달하는 과정에서 끊임없이 이정표에 따라 비교된다. 말하고 기는 것에서 끝이 아니다. 평생을 사회적 기준점에 맞춰 평가받는다. 우리는 무언가를 향해 항상 노력하는 것처럼 보이는, 목표에 집착하는 세상에서 살아가고 있다. 직면하는 사회적·문화적 평가 항목은 세월의 흐름에 따라 발전했지만, 목표를 추구하려는 욕망은 인류의 날들이 시작되기 이전부터 우리 안에 내재했다. 뭔가 새로운 것을 좇는 일은 인간뿐 아니라 모든 생물종에게 여러 이점을 가져다주기 때문이다.

우리의 먼 사촌인 유인원을 포함해 많은 동물이 식량을 구하고, 번식을 위해 짝을 찾고, 노력을 쏟아붓는 행동을 통해 보상을 얻는 등 목표지향적인 행동을 보인다. 자연 다큐멘터리를 본 적 있는 사람이라면, 생물들이 목표를 달성하기 위해 어떤 극단적인 노력을 기울이는지를 보았을 것이다. 먹이를 구하려고 꽁꽁 얼어붙은 동토를 건너 몇십 킬로미터를 움직이고, 알을 낳기에 이상적인 장소를 찾아 암벽을 기어오르며, 다음 세대를 만들기 위해 짝을 희생시킨다. 일부 동물들은 결승선을 통과할 기회를 얻기 위해 말 그대로 목숨을 건다.

동물들이 보여주는 이러한 위업에 비하면 우리가 변화를 추구하는 모습은 어쩐지 하찮아 보이지만, 인간은 목표를 달성하는 것과 관련해 독특한 능력을 지닌 것으로 보인다. 바로 상상을 현실로 바꾸는 능력이다. 우리는 미래의 자기 모습을 그려보고 행동계획을 굳게 지키면서 이 비전을 실현할 수 있다. 미래지향적인 사고방식이 개입해 우리가 상상하는 모습에 가까워지도록 새로운 행동방식을 장려한다. 그 행동을 취해도 즉각적인 보상을 얻을 수 없고 엄청난 노력이 필요하다고 느껴질 때조차 그렇다. 미래의 자신을 위해 덜 매력적인 길을 선택하기도 한다. 이러한 선택이 비전을 현실에 더욱 가까워지게 만든다는 것을 알기 때문이다.

우리는 매일 많은 선택을 한다. 출근할 때 입을 셔츠를 고르는 것처럼 사소한 선택도 있고, 당신을 고용해 주길 바라는 사람에게 이메일을 보낼지 고민하는 것처럼 중대한 선택도 있다. 24시간 동안 우리가 내리는 수많은 결정은 이미 확립된 습관에 의해 이뤄진다. 이를테면, 몇 시에 일어나는지, 언제 양치질을 하는지, 밤에 무엇을 먹는지 같은 것들이다. 하지만 목적이 동력이 되는 개입의 순간이 있다. 바로 당신이 하는 선택이 평소에 하던 행동과 반대되

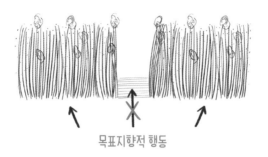

목표지향적 행동

거나 새로운 상황에 직면했을 때이다. 노력을 기울여서 무엇을 할지 의식적으로 선택하는 이러한 방식을 '목표지향적 행동'이라고 부른다.

　목표지향적 행동은 대부분 우리의 습관적인 반응과 대립한다. 마치 높이 우거진 풀숲을 만났을 때, 원래 난 길을 무시하고 '지금 당장 내게 최선인 길은 어디인가'를 생각하는 것과 같다. 여기에는 어느 경로가 최적인지 선택지를 따져보는 의식적인 의사결정과정이 필요하다. 이 과정은 보상에도 민감해서, 각 행동이 우리가 희망하는 바람직한 결과를 가져올지 가늠한다. 그리고 어떤 행동을 취하는 것이 최선인지 생각하는 동시에 뇌는 초기설정값에 좀 더 가깝게 행동하고 싶은 충동을 억눌러야만 한다. 이 과정은 주로 뇌의 전두엽과 두정엽 사이의 회로, 그리고 선조체의 통제하에 이뤄지며, 여기에는 저마다 다른 활약을 하는 목표지향적 행동의 다양한 요소들이 함께 작용한다. 그 요소들에 대해 다음과 같이 설명할 수 있다.

전환

전환, 즉 유연성은 한 작업에서 다른 작업으로 옮겨가는 능력으로, 현재의 사고방식을 버리고 새로운 규칙 전반을 준수하는 것이다. 끊임없이 변화하는 환경에서 목표를 위해 새로운 행동 방식을 갖추는 능력은 진전을 이루는 데 꼭 필요하다. 실험에서 전환은 종종 하나의 목표(색상별로 카드 맞추기)를 또 다른 목표(무늬별로 카드 맞추기)로 대체하는 카드 게임을 통해 측정한다. 구식 플레이스테이션에서 게임을 바꾸는 것처럼, 당신은 모든 캐릭터와 퀘스트, 악당들이 담긴 디스크를 꺼내고 새로운 게임 디스크를 넣어서, 고유한 규칙을 준수하는 다른 가상세계를 로딩하는 것이다.

뇌에서 이 전환은 실행통제 신경망executive control network과 현출성 신경망salience network이라고 하는 회로에 의해 매개된다. 실행통제 신경망은 전두엽과 두정엽에 자리한 한 무리의 부위들로, 서로 대화하며 우리의 행동 과정에 영향을 미친다. 또 다른 회로인 현출성 신경망은 신체와 뇌를 조정하여 우리의 한정된 주의력을 중요하다

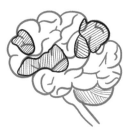
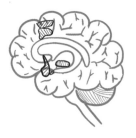

실행통제 신경망   현출성 신경망

고 판단되는 사건에 집중시킨다. 전전두엽 피질의 뒤편이 파괴된 동물들은 효율적으로 작업을 전환하지 못했고, 정상적인 신경 구조를 가진 인간의 경우 작업 전환 카드 게임에서 더 높은 점수를 기록한 사람이 뇌 활동 패턴에서 더 많은 변화를 경험한다고 보고된 바 있다. 이 연결망이 작동하는 방식은 사람마다 다양하며, 이는 한 작업에서 다른 작업으로 전환하는 능력에 저마다 차이가 있음을 보여준다.

모니터링

어떤 프로젝트를 수행할 때, 원하는 결과를 향해 제대로 가고 있는지 진행 상황을 파악하고 싶어진다. 우리의 뇌 역시 다를 바 없다. 우리는 활동 추적기와 지표를 사용해 자신의 진행 상황을 평가하는 반면, 뇌는 행동을 수행하는 대가와 마침내 거둬들일 보상 사이에서 끊임없이 저울질한다. 보상이 즉각적이고 확실할 때, 아이스크림을 먹거나 섹스를 하거나 와인을 홀짝이는 등 그 행동을 할 가능성은 커진다. 그러나 대부분의 목표에서 진전을 위해 필요한 행동들은 즉각적인 보상을 가져오지 않는다. 인간의 뇌 역시 '목표'라는 추상적인 개념을 염두에 두고, 현재의 행동이 목표에 가까워지는 데 도움이 될지 방해가 될지 평가하는 것으로 보인다.

뇌가 이를 정확히 어떻게 수행할 수 있는지는 여전히 연구 중이나, 정보의 임시 저장소인 주의 의존적인 작업기억working memory에 미래에 원하는 것에 관한 정보를 저장하는 것으로 보인다. 여기서 현재의 행동이 전반적인 목표를 달성하는 데 얼마나 유용할지를 평가한다. 이 작업은 대개 안와전두피질orbitofrontal cortex과 전대상피질anterior cingulate cortex 같이 일부 전두부 영역을 처리하는 데 달려 있으며, 이러한 영역의 활동은 에너지가 필요한 다른 '더 중요한' 상태(피로, 배고픔, 스트레스 등)가 발생하면 방해를 받는다. 그리고 우리가 욕망하는 성과들과 관련해서 부정적인 결과를 초래하는 행동을 할 경우, 뇌는 이 피드백을 실수라고 등록한다. 가설에 의하면, 그 덕분에 우리는 실수로부터 교훈을 얻고, 미래에 도움이 되지 않는 행동을 하지 않도록 단념할 수 있다.

작업기억에 간직하고 있는 우리의 욕구와 관련된 이미지는 목표의 변화를 반영하여 업데이트되고, 이는 우리의 훌륭한 친구인 선조체와 전전두엽 피질 사이의 대화를 통해 조정되는 것으로 보인다. 이 부위들이 함께 상호작용하는 방식 중 하나는 다른 뇌 영역에서 새로운 정보가 들어오는 것을 막아서 작업기억에서 목표

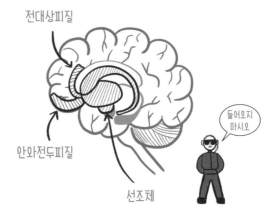

내부의 모습

전대상피질

안와전두피질

선조체

들어오지 마시오

의 초점이 흐려지지 않게 하는 것이다. 클럽이 꽉 찼을 때 줄 선 사람들이 마구 밀어붙이면 클럽 문지기가 입장을 가로막듯이, 선조체는 밀려 들어오는 다른 신호들을 차단한다. 목표를 업데이트할 때 문지기 역할을 하는 선조체는 입장 제한을 풀고, 뇌의 다른 부위로부터 온 정보가 작업기억에 들어가 목표를 수정할 수 있게 한다.

억제

목표지향적인 행동의 마지막 요소이자 우리가 목표를 향해 전진할 때 잊곤 하는 것이 바로 억제다. 대부분의 상황에서 목표에 도달하려면 새로운 행동을 하거나 기존의 행동을 더 꾸준히 실천해야 한다. 그러나 우리의 옛 '방식'은 계속 존재하며 변화를 시도할 때도 여전히 활성화된다. 습관적인 반응이 끼어드는 것을 막기

위해서 뇌는 원치 않는 충동을 적극적으로 억제하고, 현재는 미약하거나 존재하지 않는 선택지인 유익한 행동을 수행할 기회를 주어야 한다.

이러한 억제는 전전두엽피질 내의 뇌 영역과 관련된 것으로 보인다. 이 부위가 손상되면 초기설정값으로 설정된 행동을 따를 가능성이 높기 때문이다. 이 경우에 전전두엽피질의 활동은 마치 교실에서 큰 목소리로 모든 질문에 대답하는 한 학생이 또다시 손을 번쩍 들었을 때, 선생님이 '다른 친구에게 말할 기회를 주자'라고 말하는 것과 같다. 목표를 달성하는 데 있어서 핵심은 목소리가 더 작은 사람이 의견을 표현할 수 있도록 발언권을 확보해 주는 것이다. 억제하지 않으면 가장 큰 목소리가 먼저 도달할 것이고 아무런 변화도 일어날 수 없기 때문이다.

목표를 향해 노력하는 과정에서 이 요소들을 모두 조율해야 한다고 생각하면 피곤해진다. 왜냐하면 실제로 지치는 일이기 때문이다. 목표지향적인 행동을 하기 위해서는 강력하게 확립된 다른 선택지를 두고, 희미하고 덜 명확한 길을 계속해서 적극적으로 선택해야 한다. 선호도가 떨어지는 길을 더 많이 선택할수록 그 길은 더 강력해진다. 새로운 행동 반응을 형성하는 초기 단계에서 목표를 고수해야 하는 필수적인 이유가 여기에 있다. 그래야만 초기 설정값의 행동을 목표 달성에 도움이 되는 행동으로 바꿀 수 있고, 수행하는 데 훨씬 더 적은 노력이 든다. 그러나 이로운 행동이 습관화되더라도, 목표를 추구하는 과정 전반에 걸쳐 여전히 목표지향적인 행동이 필요하다. 만약 환경이 변한다면 어떨까? 또는 정체기에 접어들었다면? 이때가 바로 우리에게 유연한 사고가 필요한 시점이다. 유연한 사고는 상황을 모니터링하고, 원하는 결과를 향해 계속 나아가기 위해 방향을 바꾸는 능력으로, 이에 대해서는 뒷부분에서 다룰 예정이다.

어느 쪽으로 가야 할지 어떻게 알지?

일반적으로 미래의 자신을 위해 원하는 바를 시각화하는 일은 비교적 간단하지만, 이를 실현할 방법을 알아내는 것은 어려울 수 있다. '올바른' 목표를 선택하는 방법을 확신하지 못할 때, 우리

대다수는 시작하지 못하고 주저하게 된다. 또는 목표를 정하고 도중에 그 일이 잘 풀리지 않는다는 생각이 들면 패배감을 느낄 수 있다. 목표를 효과적으로 설정하기 위해 사용되는 특정한 방법들이 있다. 예를 들어, 직장에서 진행 상황을 평가하는 데 널리 사용되는 기술인 SMART(구체적이고Specific 측정 가능하며Measurable 달성 가능하고Achievable 연관성 있고Relevant 시간적 한계를 고려한Time-bound) 목표를 설정할 수 있다. 또는 셀프헬프Self-help 전문가들이 도달하기 힘든 목표를 세워서 스스로 믿는 능력을 넘어서도록 밀어붙이는 것처럼, 훨씬 더 높은 목표를 추구하는 방법도 있다. 100가지 이상의 행동 변화 연구를 분석한 결과에 따르면, 가장 효과적인 목표설정 방법은 어렵지만 달성할 수 있는 수준의 도전적인 목표를 세우고, 일대일 또는 그룹 속에서 공개적으로 목표를 설정하는 것이다(물론 이러한 결과는 연구마다 다양한 방법과 측정이 혼재되어 있으므로 주의해야 한다).[1] 또한 목표 선정 과정에서 어느 정도 노력을 투여할 것인지 고려하면 성취에 도움이 된다. 우리는 종종 현실보다는 보상에 따라 선택을 내리기 때문이다.[2]

목표를 설정할 때 이런 팁 중 일부는 유용할 수 있지만, 일부는 그다지 도움이 되지 않을 수도 있다. 만약 이 방법들이 테스트되었다면, 여러 집단을 대상으로 실험을 거쳤을 것이다. 즉, 이 방법들의 효과가 어느 정도 입증되었다는 뜻이다. 따라서 '과학적으로 검증된' 방법 또는 대중적인 방법을 택하고 직접 시도해 보는 것이 매우 중요하다. 시도해 보고 당신에게 무엇이 효과적인지 알아보자. 이 장의 끝에서 나는 내 개인적인 목표 설정 연습에 대해 자세히 다뤘다. 이 연습에는 목표를 설정하는 데 가장 유용하다고 생각하는 여러 가지 요소를 담았다.

___충분하지 않다는 느낌이 들 때

목표를 추구할 때, 우리는 보통 그 목표를 달성했을 때 얼마나 신날지 머릿속으로 그려본다. 이 기준에 도달했을 때 행복해질 것이며, 삶은 크게 개선되고, 더 이상 바랄 게 없을 것이라고 믿는다. 그러나 우리는 모두 그럴 리 없다는 것을 안다. 지금 당장 자신을 들여다보라. 당신이 바로 달성한 목표들의 산물이다. 학업, 인간관계, 직업, 건강 또는 재정적 목표이든 일반적인 삶의 목표이든 간에, 당신은 지금까지 많은 것을 성취해 왔다. 그러나 성취감은 잠시뿐이다. 원하는 지점에 도달하자마자 우리는 앞에 놓인 다음 목표물을 찾는다. 크리스마스에 선물을 잔뜩 받은 아이처럼, 한 선물의 포장지를 벗기자마자 다음 선물을 찾는 것이다. 우리가 다음 목표로 빠르게 나아가는 데에는 생물학적 이유가 있는 것으로 보이지만, 진전을 이뤘을 때 그 기쁨을 만끽할 수 있는 몇 가지 방법이 있다.

슬픈 현실이지만 우리는 언제나 완벽하게 행복하도록 설계되지 않았다. 온전한 기쁨은 많은 이들이 추구하는 목표지만, 현실적으로 이는 흥분 상태이자 일시적인 감정이고, 방금 일어난 일이 (보통은) 우리에게 좋은 일이라고 몸에 알려주는 반응이다. 극도의 슬픔과 마찬가지로, 오랫동안 모든 것을 아우르는 행복이 지속되는 것은 유익하지 않으며, 심지어 위험할 수도 있다. 수천 년 전 우리 조상들이 무서운 미지의 세상에서 비바람에 노출되어 살아가던 때를 상상해 보자. 그들이 항상 매우 낙관적이었다면 무슨 일이 일어났을까? 조상들은 부족의 안전한 울타리 속에서 활기가 넘쳤을 수도 있지만, 포식자들에게 위협을 받는 순간 행복은 더 이상 이들이 원하는 상태가 아니었을 것이다.

우리는 불안, 괴로움, 슬픔, 분노와 같은 부정적인 상태를 피하려 애쓰지만, 생존하기 위해서는 어느 정도 이러한 상태가 필요하다. 그래야만 우리는 예측하고, 계획하고, 자신을 안전하게 보호하고, 다른 사람들에게 경고를 보낼 수 있다. 그러나 이런 상태가 지나치면 심각한 우울증이나 불안장애 같은 쇠약한 상태를 초래한다. 인간의 생존을 위해서는 신나는 기쁨의 최고점에서 우울한 슬픔의 최저점까지 넘나들다가, 결국에는 어느 정도 정상적인 상태로 돌아갈 수 있는 감정적인 기준선을 갖는 것이 이상적이다. 심리학에서 이 기준선을 '쾌락의 쳇바퀴hedonic treadmill'라고 부른다. 쳇바퀴 위를 달리는 것처럼, 뛰는 속도와 상관없이 당신은 언제나 같은 자리에 머물게 된다. 우리가 반복적으로 되돌아가는 감정적인 위치가 기준선이 되는 것이다. 낙관적으로 보자면, 우리의 기준선은 긍정적인 상태에 가까운 것으로 보이며 유전적 요인, 생각, 감정,

쾌락의 쳇바퀴

행복, 외부 환경 등이 그 수준을 결정한다.

우리가 꿈에 그리던 직업을 얻는 것과 같이 인생의 최고점을 경험하거나 고양이를 잃어버리는 것과 같이 최저점을 경험할 때, 그 순간 느끼는 감정 상태는 최고조에 이르렀다가 '적응'이라는 과정을 겪으면서 기준선을 향해 되돌아간다. 적응이 일어나는 데 걸리는 시간은 사람마다 다를 수 있고, 일어난 사건의 영향을 받을 수 있으며, 적응하지 못하면 극단적인 상태가 지속될 수 있다. 성취라는 최고점을 경험한 뒤 감정은 다시 기준선으로 떨어진다. 이는 우리가 또다시 고양된 기쁨을 가져다줄 다음 목표를 찾는다는 의미이다.

그러나 따스한 기쁨의 빛을 더 오랫동안 느끼기 위해 적응 속도를 늦추는 몇 가지 메커니즘이 있다. 우리가 경험하고, 실현하고, 견뎌낸 일들에 대해 계속 감사를 표하는 것이다. 예를 들어, 만족스러운 연애를 하던 와중에 직장에서 중요한 프로젝트를 맡아 모든 힘을 쏟아야 한다면, 이제는 파트너를 충분히 포용해줄 수 없을지도 모른다. 하지만 두 사람이 연애를 시작했던 때를 회상해 보고, 당신이 느꼈던 그 들뜬 감정을 기억하자. 그때 당신은 오직 그 사람과 함께 있다는 기쁨만으로 충분했고, 스스로 세상에서 가장 운이 좋은 사람처럼 느껴졌다. 이 기억을 되새기면서 그때의 기쁨을 마음의 중심부로 가져오자. 감사하는 연습은 글을 쓰는 것부터 가만히 앉아 무엇에 감사한지 떠올리는 것까지 다양한 방법이 있다. 연구 지원을 받은 학자들은 이러한 행동이 실제로 행복을 증진시키는 데 효과적인지 여전히 논의 중이지만, 과거나 현재의 경험을 바탕으로 자신이 가진 것에 감사할 때 그 기쁨의 감정에 더 오래 머물 수 있다.

적응을 늦추는 또 다른 방법은 자신의 포부를 들여다보는 것이다. 연봉 인상 같은 목표를 이루고 나서 우리는 금세 다음번 인상을 바라게 된다. 대부분의 직업에서 연봉이 인상되는 데 보통 몇 달이나 몇 년이 걸리므로, 연봉이 즉시 다음 단계로 올라가길 바라다가는 막 이뤄낸 승진의 행복과 멀어질 것이다. 그렇다고 해서 포부를 갖지 말라는 이야기는 아니다(그랬다면 나는 이 책을 쓰지도 않았을 것이다). 다만 미래의 포부를 실현할 준비가 될 때까지 잠시 접어둔다면, 막 달성한 위업을 충분히 누리고 감사할 수 있을 것이다. 또한 당신에게 즐거움을 주는 사건들에 다양성과 의외성을 조

4장 더 많은 것을 갈구하며

금 가미하면 사건의 예측 가능성을 낮출 수 있다. 뇌는 예측 가능한 것을 좋아하지만, 예측이 가능하면 상황에 흥미를 잃고 적응하기 쉬워진다. 파트너에게 고마운 마음을 더 표현하고 싶다면 서프라이즈 데이트를 계획하거나 의외의 순간에 파트너가 가장 좋아하는 요리를 해주자. 그러면 당신에 대한 고마움이 더 오래 지속될 것이다.

아마도 감정의 조절 때문에 우리가 목표를 달성한 후 또다시 목표를 추구하는 상태로 돌아가서 안건에 대한 다음의 보상을 기대하는 것일 수도 있다. 이런 정상화normalization의 또 다른 원인은 단순하게도 우리 뇌가 작동하는 방식 때문일 수 있다. 우리 뇌는 예측하는 기계다. 당신이 목표를 달성했을 때, 그것이 특정 무게의 덤벨을 들어 올린 것이든 특정 수익을 달성하는 것이든, 뇌는 이 성공을 당신에게 기대하는 것들로 구성된 모델에 통합한다. 당신 자체가 당신의 뇌에서 모델이 되고, 또 그래야만 한다. 당신의 능력이 업데이트되지 않는다고 상상해 보자. 뇌는 당신이 어떤 상황에 대처할 수 있고, 어떤 상황을 잠재적으로 피해야 하는지 판단할 수 없다. 인간의 뇌는 당신이 미래에 어떻게 행동할지 더 잘 예측하기 위해 성과를 정상화한다. 그리하여 이 이정표들은 삶의 배경 소음에 섞여 들어가고, 당신은 이미 '해결한' 문제에 정신을 빼앗기는 대신 새로운 기회와 위협을 식별할 수 있다.

이 내적 기대의 문제점은 과거의 성과를 인식하지 못하게 만들 수 있고, 상황이 어떻게 진행될지 잘못 예측할 수 있다는 것이다. 예를 들어, 당신의 SNS 게시물 중 하나가 입소문이 났다고 치자. 수천 개의 '좋아요'와 수백 명의 팔로워를 얻고, 댓글도 잔뜩 달릴 것이다. 이 단 한 번의 사건이 인스타그램에 어떻게 포스팅해야 하는지에 대해 당신이 생각하는 내적 모델을 바꿔놓을 수 있다. 다음번 게시물의 반응이 좋지 않을 때, 내적 기대와 외부의 '보상' 사이에 충돌이 발생하면서, 당신은 실망하고 자신이 무엇을 잘못했는지 의문을 갖게 된다(답은 '아무것도 잘못하지 않았다'이다. 이에 관한 내용은 12장에서 자세히 다룰 예정이다). 내적 모델은 유익하지만, 우리에게 충분하지 않다는 느낌을 갖게 할 수 있다.

당신은 이미 충분하다. 아무도 당신에게 이 말을 해주지 않았고 그런 이야기를 들어본 적 없다면, 지금 내 말을 듣자. 당신은 지금 모습 그대로 이 페이지를 읽고 있는 것만으로도 충분하다. 목표를 갖고 자기 자신과 다른 사람들, 그리고 지역사회에 이익이 되는 삶의 변화를 만들고자 하는 것도 좋지만, 있는 그대로의 자신을 축하하는 것 또한 중요하다. 업적, 영예, 진보는 모두 멋진 일이지만 그저 덤일 뿐이다. 그런 것들이 당신의 가치를 높여준다고 느끼기 쉽지만, 실상은 그렇지 않다. 우리는 평생토록 우리가 이룬 성과에 대해 칭찬을 받는다. 시험 결과부터 경기 점수, 팔로워 수, 승진에 이르기까지, 우리의 노력은 보통 상을 받아야만 다른 사람들과 사회, 심지어는 자기 자신에게 인정받는다. 우리의 뇌는 학교라는 시스템을 거치면서 노력도 좋지만, 중요한 것은 결과라고 학습해 왔다. 그로 인해 목표를 향해 노력하는 참된 즐거움을 느끼지 못하고, 존재 자체에 감사를 느끼지 못한다. 우리를 존재하게 한 수백만 년의 진화는 그 자체로 경이롭다. 우리의 관계, 웃음이 터지는 순간, 우리가 누리는 소소한 즐거움을 떠올리면, 그저 여기에 존재한다는 것이 얼마나 놀라운지 깨닫게 될 것이다. 다음 승리를 위해 끊임없이 노력하고, 목표를 달성할 때까지 자신이 불완전하거나 가치 없다고 느낀다면 절대로 순간을 즐길 수 없다. 하루, 한 시간, 일 분 앞을 내다보고 그 시간을 경험할 수 있음에 감사하자. 일상적으로 하는 사소한 일들이 의미 없는 것처럼 보일 수 있지만, 이러한 것들이 평온함, 기쁨, 행복감을 가져다주는 가장 강력한 힘이 될 수 있다.

당신 앞에는 무한한 가능성의 세계도 펼쳐져 있지만, 지금 당장 감사해야 할 것들 또한 많다. 그리고 무엇을 추구하더라도 이를 앗아가지 못한다.

실전에 적용하기

적응 속도 늦추기

당신이 스스로 상상하곤 했던 것 중 현재 성취한 것 한 가지를 선택해 보자. 이것은 당신이 살고 있는 도시, 직업, 파트너, 친구들, 자녀, 건강일 수 있다.

이에 대해 감사한 점 세 가지는 무엇인가?

<u>예</u> 내 직업 – 매일 창의적인 일을 하며, 멋진 동료들과 함께 작업하고, 흥미로운 콘텐츠를 읽을 수 있다.

이에 대해 현재 욕망하고 있거나 목표로 하는 것이 있는가?

<u>예</u> 승진을 원함 – 기회가 오기까지 아직 1년 이상 남았다.

이 분야에서 어떻게 해야 다양성과 놀라움을 가져올 수 있을까?

<u>예</u> 네트워킹 행사에 참석하여 업계의 새로운 사람들을 만난다.

당신의 이상적인 하루

인생에서 소소한 것들에 감사하는 것과 같은 주제로, 만족감을 주는 목표를 선택할 수 있는 가장 좋은 연습은 **이상적인 근무일**을 그려보는 것이다. 여기에서 '근무'는 반드시 직장에서의 일을 의미하는 것은 아니다. 당신은 부업을 한다거나 전통적인 의미의 일을 하지 않을 수도 있기 때문이다. 근무일은 휴일이나 특별한 경우가 아닌 보통의 날을 뜻한다.

나는 24시간의 틀에서 벗어나 현재의 내가 무엇을 얻고 싶은지 찾기 위해, 1년 또는 2년 후에 찾아올 이상적인 하루를 떠올려본다. 그러나 만약 당신이 5년, 10년, 또는 15년 후의 전반적인 목표에 대해 어느 정도 확실하게 생각하고 있다면, 기간을 자유롭게 사용해도 좋다. 이 연습은 원하는 미래에 더 가까이 다가갈 수 있는 목표를 세울 때뿐만 아니라, 쉽게 포함할 수 있는 일이나 이미 실천하고 있던 일상 속 사소한 일들을 검토해 볼 때도 도움이 된다. 그러니 잠시 시간을 내어 차를 마시고, 양초를 켜고, 좋아하는 음악을 틀고 즐겨 보자.

이상적인 하루 동안 나는 이렇게 할 것이다…

오전 6시쯤에 일어난다.	그러고 나서… 침대에서 일어나, 차를 끓이고, 내 파트너와 이야기를 나누며 수평선 위로 떠오르는 태양을 볼 것이다.
출근 전인 오전 6시 15분에서 9시 사이에	운동을 할 것이다. 조깅을 하거나 헬스장에 갔다가 샤워를 하고, 한 시간 동안 글쓰기처럼 무언가 창조적인 일을 하고, 그 후 10분 동안 명상을 할 것이다.
오전 9시에 일을 시작할 것이다.	그리고 나는… 스스로 스케줄을 조절할 수 있는 창의적인 일을 할 것이다. 나는 미디어 관련 프로젝트를 진행하고 있고, 아침에는 영상에 쓸 대본을 작성할 것이다.
근무하는 동안 적어도 네 번의 짧은 휴식 시간을 가진다.	그리고 휴식 시간에는… 개를 데리고 산책하고, 친구를 만나고, 책을 좀 더 읽고, 진짜 맛있는 커피를 마시고, 집을 깔끔하게 정리한다.
오후 12시 30분에 점심을 먹는다.	그리고 점심시간에는… 신선한 음식을 먹고, 책을 읽고, 몸을 움직이고, 화면을 들여다보는 일을 잠시 쉰다.

오후 1시 30분부터 오후 5시 30분 사이	나는… 회의나 아이디어 회의, 그룹 티타임 등 협력이 필요한 작업의 스케줄을 잡는다. 그리고 이메일, 프로젝트 계획, 자료수집 같은 조직적인 업무를 처리한다.
오후 5시 30분에 일을 끝마친다.	그리고 즉시… 이메일을 닫고 저녁 식사 준비를 시작한다.
저녁 6시에서 9시 사이	나는… 집에서 파트너와 저녁을 먹으려고 요리를 하고, 함께 앉아서 식사를 즐기며, 하루 동안 있었던 일을 나눈다. 그리고 아늑한 거실에서 요즘 가장 좋아하는 TV 프로그램을 시청한다. 아니면 친구나 가족을 만나서 저녁 식사를 한다.
저녁 9시가 되면 긴장을 풀기 시작한다.	팟캐스트를 틀고 다음 날 필요한 물건들을 천천히 정리한다(예를 들어 헬스장에 들고 갈 짐을 챙긴다). 그리고 옷을 정리하거나 세탁하고, 얼굴에 로션을 바르고 양치질을 한 다음, 책 한 권을 들고 침대로 쏙 들어간다.
오후 10시에 집 조명을 끈다	그리고 나는… 침대에서 8시간 동안 수면을 취한다.

당신의 이상적인 하루 계획을 살펴보자.

• 이 중 이미 하고 있던 활동은 무엇인가?

　예 오전 6시에 기상한다, 창의적인 일을 한다, 건강한 점심을 먹는다.

• 현재 당신의 하루에 쉽게 추가할 수 있는 활동은 무엇인가?

　예 일출 보기, 휴식 시간에 산책하기, 저녁 9시에 긴장 풀기

• 이 중 현재 목표로 삼고 싶은 활동은 무엇인가?

　예 아침 운동을 포함한다.

• 이 목표를 통해 무엇을 얻길 원하는가? 어떤 결과를 좇는가?

　예 더 강해지는 것

• 현재 상황과 비교해서, 직접 통제할 수 있는 범위* 내에서 그 결과를 달성했거나 달성하는 과정에 있음을 보여주는 실질적인 신호는 무엇인가?

    예 스쿼트 80킬로그램을 할 수 있다.

이제 노력해야 할 구체적인 목표가 생겼다. 이 목표는 당신이 이상적인 하루를 만드는 데 도움이 될 것이다. 이 책의 나머지 부분에서는 이 계획을 실행하는 방법에 대한 연습들이 나온다.

전반적으로, 이 연습의 목적은 하루 동안 진정으로 원하는 것이 무엇인지를 파악하고, 이 측면들을 활용하여 구체적인 목표를 세우는 것이다. 나는 보통 새로운 뭔가가 있을 때 여기에 초점을 맞출 수 있도록 한 번에 하나의 목표에 집중한다. 그리고 현재 버전이 '이상적'인지 업데이트하기 위해 적어도 일 년에 한 번은 이 연습을 하는 것을 선호한다. 또한 직업을 바꾸거나, 다른 도시로 이사하거나, 가정을 꾸리는 경우, 이와 같은 커다란 삶의 변화를 비전에 반영할 수 있도록 이 연습을 다시 해보는 것도 좋다.

---

* 전반적인 목표를 세울 때, 다른 사람에게 의존해야 하는 척도는 피하자. 예를 들어, 팔로워 수, 구독자 수, 수상 여부 등이다. 이 숫자들은 과정에서 이정표가 될 수 있지만(7장 참고) 전반적인 목표가 될 수는 없다. 대신에, 당신 혼자서 달성할 수 있는 척도를 선택하자. 예를 들어, 작품 10개 그리기, 영상 20개 만들기, 60시간 동안 공부하기 등이 있다.

마무리하며

생명체로서 우리는 더 많은 것을 추구하도록 만들어졌고, 목표를 갖는 것은 우리가 나아가는 방향을 조정하는 확실한 방법이다. 정확히 어떤 목표를 갖느냐에 따라 우리가 일상에서 충족감을 느낄지, 아니면 실제로 우리가 진정으로 원하지 않는 목표를 좇게될지가 결정된다. 그러나 어떤 성취를 이루더라도, 그 성취가 정상화될 각오를 하자. 그리고 포상과 찬사가 없더라도 당신은 그 자체로 충분하다는 것을 알아야 한다.

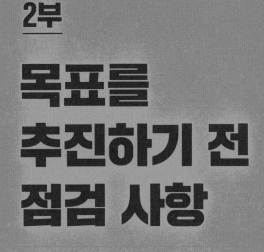

2부

목표를
추진하기 전
점검 사항

BRAINTENANCE

5장

당신만의
목적을 정의하라

목표를 품은 후 당신은 곧바로 행동에 옮길 준비를 할지도 모른다. 우리는 최종 목적지를 생각하자마자 당장 차에 몸을 싣고 액셀을 밟아 마지막 지점까지 전속력으로 단숨에 내달리고 싶어 한다. 우리는 어디로 가고 싶은지를 알고 있으며, 빨리 출발할수록 꿈을 더 빨리 이룰 수 있다고 생각한다.

이런 실수는 종종 발생한다.

자동차의 시동을 걸기 전에, 당신이 어디로 향하고 있는지 진지하게 생각해 보는 것이 중요하다. 왜 그곳을 목적지로 선택했는가? 그곳이 정말로 가고 싶은 곳인가? 우리는 너무나 자주 목표가 가져다줄 결과가 진정한 성취감을 줄지 고민하지 않은 채 목표를 선택하고, 그 목표를 좇으려는 진정한 동기를 깨닫지 못한다. 당신에게 맞는 목표인지 평가하는 최고의 방법은 인생에서 진정으로 가치 있게 여기는 것이 무엇인지 이해하고, 이를 바탕으로 전반적인 목표를 계획하는 것이다.

당신은 아마도 왜 자신이 특정한 목표를 달성하고 싶은지 알고 있을 것이다. 더 강해지고 싶거나, 더 부유해지고 싶거나, 아니면 삶의 질을 높이고 싶거나, 함께 시간을 보낼 사람을 만나고 싶어서일 수 있다. 그러나 우리의 이성理性은 다른 사람이나 사회가 '바람직하다'라고 여기는 기대로부터 큰 영향을 받으면서도, 종종 이를 깨닫지 못한다. 개인적인 목표는 친구가 성취한 목표나 온라인에서 본 어떤 것, 아니면 틀에 맞지 않는다는 압박감 등에서 비롯된 것일 수 있다. 부모님, 파트너 또는 사회가 당신에게 바라는 목표일 수도 있다. 아니면 다른 사람들의 존경을 받는 것이 최종 목표일 수도 있다. 이때 당신이 좇는 것은 목표가 아닌 그 존경이다.

우리의 뇌는 미묘한 방식으로 영향을 받고 흔들린다. 마치 패션 트렌드처럼, 거의 의식하지 못한 채 무리의 규범을 따르고 이에 적응하는 것이다. 당신은 몇 년 전 사진을 다시 찾아보다가 오늘날 패션 테러리스트 같은 모습에 기겁할 수 있다. 예전 같으면 절대 돈을 쓸 생각도 안 할 특정 제품이 취향의 미묘한 변화로 시즌 아이템이 되기도 한다. 우리 뇌는 자주 노출되고 인플루언서들이 착용하는 옷을 정상화하기 때문이다. 우리의 포부와 욕망 역시 트렌드와 현재 이슈의 노예가 되며, 우리가 진정으로 원하는 일에 이로운 영향을 미칠 수도 있고(예: '거북이를 구해주세요♥' 캠페인), 해로운 영향을 미칠 수도 있다(예: SNS상의 바이럴).

인간은 개별적인 존재다. 우리는 모두 인생에서 각자에게 중요한 다양한 것들을 가지고 있다. 목표를 설정하고 노력할 때, 무엇이 중요한지 명심하고 이를 염두에 두어야 힘든 시간을 견뎌내고 외부의 영향을 막아낼 수 있다. 당신이 진정으로 가치 있게 여기는 것이 무엇인지 알고 이에 따라 살아갈 때, 삶이 더욱 충만해질 뿐만 아니라 주변 사람들에게도 큰 영향력을 미칠 수 있다.

＊　＊　＊

아마 당신은 '목적'이라는 말을 듣고선 도망가 버리고 싶었을지도 모른다. 목적은 버겁고 무섭게 느껴지며, 이해하기 어렵고 손에 닿지 않는 것처럼 느껴진다. 이 단어는 보통 우리를 내적 혼란에 빠뜨린다.

'내 목적이 뭐지?! 어떻게 찾을 수 있지?! 제대로 찾았는지 어떻게 알지?'

목적은 찾는 것이 아니라, 당신이 정의하는 것이다. 목적이 불현듯이 당신에게 찾아올 리 만무하다. 그 대신에 소소한 순간들, 한바탕 쏟아지는 기쁨, 한차례 찾아오는 경외심, 그리고 어떤 사람이나 동물, 혹은 자연과의 연결에서 오는 따스함은 당신의 목적이 무엇인지에 대해 통찰력을 줄 수 있다. 목적은 목표를 갖는 것과는 달리 목록에서 체크하고 지워나갈 수 없다. 그 대신, 목적은 목표가 성장할 수 있는 비옥한 토양 역할을 한다. 종합적인 사명을 갖고 당신의 궁극적인 목적에 부합하는 목표를 설정하면 실질적인 변화를 만들어 낼 수 있는 강력한 추진력을 얻게 될 것이다.

목적을 정의하고 형성할 때 이 탐색은 종종 '의미'의 탐색으로 바뀐다. 일부 집단과 조직의 경우, 인생의 의미가 이미 정해져 있다. 신을 섬기는 것을 고유의 목적으로 삼은 종교가 그 예다(이 명료함이 수도자들을 사로잡았을지도 모른다). 반면에 어떤 이들은 인생에 아무런 의미가 없으며, 인간은 유전자를 다음 세대에 물려주기 위해 찰나의 시간 동안 지구를 배회하는 살아 있는 기계일 뿐이라고 결론 짓기도 한다. 그러나 개개인에게 의미란, 행동을 장려하기 위해 사용될 수 있는 개인적인 결론을 말한다. 그 의미가 조직화된 집단이나 개인의 욕망에서 비롯됐든, 아니면 긍정적인 변화를 만들어 내는 데서 비롯됐든 간에, 이러한 동기는 일상생활에서 진정한 성취감을 찾기 위해 행동할 수 있는 기반이 된다.

목적은 거창하고 확고하며 영구적인 계획이 아니다. 자신이 맡은 사명에서 '영원'이라는 연상을 떨쳐버리면 부담감이 어느 정도 줄어들 것이다. 당신은 삶의 대부분을 목적을 가지고 살아왔다. 비록 그것이 무엇인지 몰랐을지라도 말이다. 목적은 상당 기간 우리의 행동과 목표를 형성한다. 십대 시절 내 목적은 밖에 나가서 재미있게 놀고, 무언가를 시험 삼아 해보고, 친구들을 웃기는 것이었다. 대학 생활을 시작하는 청년이 되자, 내 목적은 학위를 따서 가족을 자랑스럽게 하는 것이었다. 그리고 박사과정 동안 내 목적은 우리 할머니를 기리며 알츠하이머 질환 연구에 기여하는 것이었다. 우리의 목적은 변할 수 있다. 우리가 변하기 때문이다.

목적은 종종 우리의 핵심 가치, 즉 '우리 모습'의 일부인 변화하기 힘든 뿌리 깊은 신념에서 비롯된다. 그러나 이 이상조차도 변할 수 있다. 현재 많은 사람이 지구를 지키기 위해 노력하는 모습이 그 모범적인 사례다. 얼마 전까지만 해도 대다수가 아무 생각 없이 플라스틱 빨대를 사용했지만, 이제는 먹는 것부터 사는 것, 여행하는 방법, 재활용하는 방법에 이르기까지 윤리적 선택이 우리의 최우선 의제가 되었다. '윤리적인 삶'이라는 핵심 가치는 수많은 사람의 삶에서 중심이 되었고, 삶의 목적을 완전히 바꿔놓았다.

과거에 나는 내 목적을 정의하느라 고군분투했고, 다른 사람들이 내게 갖는 기대와 내가 인생에서 실제로 이루고 싶은 목표를 분간하느라 정말로 힘겨운 시간을 보냈다. 박사과정 동안 나는 뇌에 관해 이야기하고, 학술지에 게재된 멋진 신경과학을 이해하기 쉽고, 재미있고, 실생활에 적용할 수 있게끔 만들기 위해 SNS 계정을 시작했다. 나는 성과, 몰락, 조언 등 나 자신에 관해 다룬 게시물들이 가장 큰 호응을 얻었다는 것에 주목했다. 의식하지 못하는 사이 내 목표는 '재미있고 접근하기 쉬운 신경과학 콘텐츠 만들기'에서 '방문자들을 기쁘게 해주기'로 바뀌었다. 나는 얼마나 자주 포스팅해야 하는지, 몇 시에 포스팅해야 하는지, 어떤 태그를 달아야 하는지 같은 우스꽝스러운 일들에 집착하기 시작했다. 실험에 성공했거나, 새로운 취업 기회가 생겼거나, 시험에 통과한 것처럼 뭔가를 성취했을 때면 매우 신이 났다. 나 자신이 자랑스러워서가 아니라 그 소식이 좋은 게시물이 될 것임을 알았기 때문이다. 나는 디지털 사회의 '팔로워+좋아요=자기 가치'라는 공식에 너무나 푹 빠져버렸기에 이제는 거리를 두기로 결심했다. 나는 SNS 게시물이 얼마나 잘나가는지에 따라 내 기분이 좌우되길 바랐을까? 여행을 떠날 때마다 '적절한' 사진을 건질 수 있을지 걱정하고 싶었을까? 트렌드를 따라가기 위해 하루에 다섯 시간씩 핸드폰을 스크롤하고 싶었을까? 이 모든 질문에 대한 답은 '절대로 아니다'였다. 나는 내 원래의 목표, 즉 뇌과학을 학술지에서 주류로 끌어낸다는 목표에 대해 숙고해 봤고, 그것이 바로 내가 이 플랫폼을 사용하고자 했던 방식이었다는 결론에 이르렀다. 나는 교육하고 영감을 주겠다는 내 목표에 맞춰 방향성을 다시 잡아야 했고, 무엇을 만들어야 할지 알려주는 트렌드에 의존하지 않기로 했다.

과학적 근거

삶의 목적과 의미는 화학물질, 처리 과정, 실험에 따라 쉽게 정의되지 않는다. 그러나 우리가 삶에 의미를 부여하는 이유를 생각해 보면, 질서와 통제를 바라는 우리 뇌의 욕망이 여기에 한 몫

할 것이다. 날마다 무작위한 일들이 우리에게 일어난다. 이런 사건 중 일부는 '좋은 일'이라는 꼬리표를 붙일 수 있다. 우연히 마주친 옛 친구가 내게 흥미로운 취업 자리를 소개해 주거나, 가장 좋아하는 동네를 지나가다가 꿈에 그리던 집에 '매물'이라는 표지판이 붙은 것을 발견할 수도 있다. 아니면 어려운 수업을 들으면서 당신이 공부한 세 가지 내용이 기말고사에 떡하니 나올 수도 있다. 반대로, 흰 바지에 커피를 쏟거나, 출근길에 기차를 놓치거나, 직장을 잃는 등 어떤 사건들은 '나쁜 일'로 간주되기도 한다.

사건에 어떤 꼬리표를 붙이든, 우리는 그 사건을 개인적인 인생 이야기라는 맥락에서 이해하려고 노력한다. 힘든 이별을 겪거나 지원한 대학에서 떨어지면, 친구와 가족들은 계속해서 당신에게 '인연이 아니었어', '왜 잘되지 않았는지 알게 될 거야' 같은 말을 할 것이다. 당시에는 그저 울컥하거나 좌절감을 표출하는 것 외에는 다른 방식으로 반응하기가 쉽지 않다. 그러나 훗날 우리는 종종 이 사건을 되돌아보며 우리의 서사에 끼워 넣을 수 있다. 종교 단체에 소속된 사람들은 힘겨운 시간을 신이 내린 고난이라고 받아들인다. 환경운동가들에게 활동 과정에서 만난 장애물은 다음 집회나 시위를 위한 (이 문장에 사용하기에는 최악의 단어지만) 연료가 된다. 바라던 대로 잘 풀리지 않는 고된 시기나 상황은 새로운 기회로 가는 발판이 된다. 내 인생을 예로 들면, 만약 내가 18세에 옥스퍼드대학교에 합격했더라면 지금의 파트너나 멋진 친구들을 결코 만나지 못했을 것이다. 이 사람들이 없는 내 삶은 절대 상상할

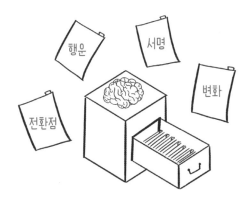

수 없기에, 나는 옥스퍼드대에 불합격한 것에 감사함을 느낀다.

'의미'는 우리 뇌가 상황을 이해하는 것을 돕는 단순한 메커니즘이라고 요약할 수 있으며, 그것은 여전히 매우 강력하다. 의미는 극복하고, 앞으로 나아가고, 도전을 받아들이고, 패배를 다루는 주요 원동력 중 하나이며, 이 모든 과정은 변화를 일으키는 데 중요하다. 그리고 목적이나 의미 있는 사명을 가지고 살아갈 때, 우리는 밀어붙이든, 기어가든, 뒤엉키든 간에 어떤 시련이라도 이겨 낼 힘을 얻을 수 있다.

의미 있는 목적을 정의할 때, 우리는 자신의 핵심 가치에 큰 영향을 받는다. 핵심 가치란 '자신이 누구인지'에 대한 감각을 주는 내면의 구성체로, 우리의 결정과 행동을 이끈다. 예를 들어, 직장에서 담당 업무를 제대로 수행하지 않았다는 이유로 함께 일하는 누군가에게 피드백을 줘야 한다면 이를 어떻게 전할 것인가? 그 동료는 당신과 다른 팀원들을 존중하는 것이 가장 중요하다고 생각할 수 있고, 그렇다면 그가 당신을 실망시킨 부분을 개략적으로 설명하면서 접근할 수 있다. 또는 이 사람이 직장 밖에서 어떤 일을 겪고 있으며, 그로 인해 일에 집중하지 못할 수도 있다는 측은한 마음을 가지고 대화에 임할 수도 있다. 이 접근법들은 자기 존중과 연민이라는 서로 다른 핵심 가치가 동일한 상황에서 어떻게 한 사람의 반응을 크게 변화시키는지 보여준다.

신경과학에서 가치는 대개 의사 결정과 관련된 경제적인 의미로 정의되어 왔다. '선택 A'가 '선택 B'보다 얼마나 더 가치 있는지는 두 가지 선택지 중에서 어떤 것을 선택할지 결정할 때 영향을 준다. 그러나 일부 조사에 따르면 경제적인 가치가 아닌 핵심 가치가 행동에 실질적인 영향을 미치는 것으로 나타났다. 1990년대 초반 사회 심리학에 따르면 네 가지 범위로 분류할 수 있는 열 가지의 핵심 가치가 있다.[1] 바로 보수성(현재 상황 유지), 변화에 대한 개방성(상황을 바꾸기), 자아 증진(자신을 돕는 것), 자기 초월(타인을 돕는 것)이다. 보수적인 사람은 전통을 고수하는 것을 선호하는 반면, 변화에 개방적인 사람은 새로움을 추구한다. 자아 증진을 추구하는 사람은 권력과 성취를 우선시하는 반면, 자기 초월을 추구하는 사람은 보다 큰 집단적인 이익에 초점을 맞춘다.

한 개인은 네 가지 범주의 특성이 모두 혼합되어 있을 수 있다. 명절의 전통을 좋아하면서도 진보 쪽에 투표할 수 있다. 학위를 따기 위해 기말고사를 통과하는 데 전력을 다하면서도, 지역 푸드뱅크에서 자원봉사를 할 수 있다. 온라인에서 '핵심 가치'를 검색하면, 수십 개의 단어를 선택할 수 있는 광범위한 목록이 나타난

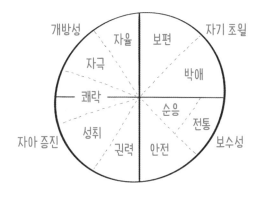

다. 그러나 사람들의 핵심 가치가 특정 상황에서 행동하는 방식에 어떤 영향을 미치는지 조사하는 연구는 위의 네 가지 범주에 중점을 둔다. 이러한 평가들은 대부분 돈을 소유하거나 기부하는 상황에서 이뤄졌으므로 결과에 신중하게 접근해야 한다. 돈은 사람마다 서로 다른 의미를 지니기 때문이다. 만약 당신이 평생 빈털터리로 살아왔고 돈을 기부하기보다는 소유하기로 선택한다면, 이 선택이 반드시 그 선물의 가치나 당신의 신념 체계를 반영하지는 않는다. 그러나 소규모 연구에 따르면, 받은 돈을 자선단체에 기부하는 경향이 있는 사람들(자기 초월을 의미한다)은 타인을 고려하는 것과 관련된 뇌 부위(배내측 전전두피질 등)의 활동이 증가하는 것으로 나타났다. 이 결과는 자신을 위해 금전적인 선물을 소유하는 개인들과 대조되는데, 돈을 받았을 때 이들의 뇌에서는 가치판단 및 보상과 관련된 특정 뇌 부위의 활동이 더 높아졌다.[2] 이 분야의 연구는 금전적 보상 영역 이외의 다른 핵심 가치를 탐구하는 측면에서

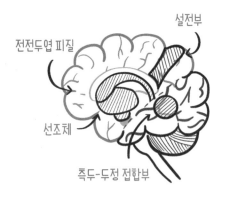

전전두엽 피질

설전부

선조체

측두-두정 접합부

는 아직 갈 길이 멀다. 그러나 이와 같은 연구는 우리가 자신의 핵심 가치를 무엇으로 인식하든 간에, 그 핵심 가치가 우리가 내리는 선택에 어떤 영향을 미치는지에 대한 데이터를 제공한다.

개인적인 핵심 가치를 파악하고 그에 따라 행동하다 보면 건강에도 영향을 미칠 수 있다. 연구에 따르면 이는 행복감 증진,[3] 부정적인 감정 상태의 감소,[4] 우울한 증상의 감소,[5] 심지어는 기억력 향상과 관련이 있는 것으로 나타났다.[6] 수년에 걸쳐 노령인구를 추적한 한 연구에 따르면 삶에서 더 큰 목적의식을 가진 사람들이 인지 능력이 더 좋고 알츠하이머 질환과 관련된 뇌 변화가 더 적은 것으로 나타났다.[7] 그러나 연관성만으로 인과관계를 입증할 수는 없으므로, 이러한 결과를 해석할 때는 주의를 기울여야 한다. 가치관과 목적이 삶에 미치는 생물학적 영향력을 이해하는 일은 이 효과들을 검증하는 데 도움이 될 수 있다. 목적의식은 뉴런 사이의 연결성을 높이고, 더욱 '회복탄력성 있는' 뇌를 만드는 데 도움이 되는가? 아니면 부정적인 사건들을 더욱 잘 다룸으로써 전반적인 스트레스를 줄일 수 있는가? 아니면 단지 목적의식을 가진 사람들이 건강에 더 관심이 많기에 조기에 의학적인 도움을 받는 걸까? 목적이 건강에 미치는 실제 영향에 관해서는 여전히 의문점이 많다. 그러나 삶의 목적을 갖는 것은 목표를 추구하는 것 이상의 이점을 제공한다.

목적을 정의하는 또 다른 방법은 당신의 일이 다른 사람들에게 어떤 영향을 미칠지 생각해 보는 것이다. 아무런 목적 없이 타인을 돕는 이타주의는 다른 사람들을 돕는 사람에게 굉장히 큰 보람을 주는 것으로 나타났다(따라서 이타주의가 실제로 이타적인가에 관한 논쟁에 불을 붙였다). 예를 들어, 한국에서 삶의 목적이 행복에 미치는 영향을 조사한 연구에 따르면, 영성과 사회적 관계 등 자기 초월적인 가치를 우선시하는 사람들은 권력, 성취, 돈과 같은 자아 증진적인 가치를 우선시하는 사람들보다 더 행복하다고 자신을 평가하는 경향이 있었다.[8] 직접적이든 간접적이든 타인과 목적이 연관될 때 사명을 더욱 뜻깊고 보람있게 만들 수 있다. 가령, 사람들의 학습을 돕기 위해 특정 주제에 관한 지식을 공유하는 것처럼 특정 그룹의 사람들을 돕는 직접적인 방법이 있고, 인간관계에서 상호작용을 개선하기 위해 건강을 챙기는 것처럼, 이 변화가 궁극적으로는 다른 사람들을 더 행복하게 해줄 것임을 아는 간접적인 방법이 있다.

실전에 적용하기

현재의 목적을 정의하려면 당신이 과거에 어떤 목적에 따라 살았는지, 현재의 핵심 가치는 무엇인지, 삶의 의미를 어디에서 찾는지, 그리고 다른 사람들에게 어떻게 이로운 영향을 미칠 수 있는지를 알아보는 것이 중요하다.

과거의 목적

일반적으로 인생의 특정 시기에 했던 행동이나 품었던 목표를 살펴보면 전반적인 목표가 무엇인지 파악할 수 있다. 때로는 이 목적이 자신의 가치관과 일치하고, 당시의 목표가 당신이 원하는 바와 일치하는 것처럼 느껴질 수 있다. 또 어떨 때는 알아낸 목적이 마음에 들지 않을 수도 있다. 그럴 경우, 자신의 가치관과 잘 맞지 않거나 외부의 평가에 따라 움직이는 목적일 수 있다. 자신의 목적이 무엇인지 특정하기 어려운 경우도 있다. 보통은 목표가 많지 않거나 삶의 만족도가 낮은 시기에 관찰된다. 그리고 다른 경우에는, 여러 개의 목적이 있고 목표 역시 중구난방으로 산재해 있다고 느낄 수 있다. 나는 분명 이런 식의 시기들을 거쳤고, 대개 한 가지 목표가 지배적이거나, 여러 목표들을 관통하는 공통적인 주제를 찾을 수 있었다. 과거의 목적이 당신을 어떻게 이끌었는지 살펴보면, 앞으로 나아가기 위한 목표를 설정하는 근거가 된다.

당신의 인생에서 네 가지 시점을 차분히 떠올려 보고 각 시기의 목적이
무엇이었는지 알아내 보자.

시기	나이	나에게 무엇이 가장 중요했는가?	어떤 행동을 취했는가? 무엇을 위해 노력했는가?	목적
10년 전	20세	대학 입학	신경과학책 읽기, 대학 방문하기	내 잠재력을 깨닫고 명문대에 입학하기
5년 전	25세	몸짱 되기	일주일에 4번 헬스장 가기, 하루에 1만 5,000보 걷기, 고단백 식단 하기	다른 사람들이 부러워할 정도로 건강을 증진시키기
2년 전				
1년 전				

우월한 가치(가치 우위)

현재의 목적을 정의하려면 자신에게 무엇이 중요하며 어떠한
원칙에 따라 살고 싶은지를 파악해야 한다. 가치들의 목록을 살펴
보고 그중 최고의 가치 두 개, 다섯 개, 또는 열 개를 고르다 보면
집중력과 통찰력을 얻을 수 있다. 개인적으로 나는 이런 목록들이
부담스럽다고 느낀다. '앗, 나는 이걸 원해. 저것도. 아, 그리고 저
것도'라고 생각하며 목록을 훑어보다가 가치들의 90퍼센트가 들

어찰 때까지 주워 담는 모습은 마치 블랙 프라이데이 세일 때 채운 장바구니 같다. 내게 효과적인 방법은 인생에서 가장 나답게 느껴졌던 순간, 그리고 가장 평화롭고, 가장 즐겁고, 가장 자랑스러웠던 순간을 떠올려 보는 것이다. 그러면 나에게 진정으로 중요한 것에 초점을 맞출 수 있다. 이 답들을 다시 살펴보는 일은 내가 살아가면서 진실한 가치들을 바탕으로 결정하고 선택하는 데 도움이 됐다.

아래의 감정들을 떠올려 보자. 각각의 감정을 느꼈던 때를 되돌아보고, 당신을 그렇게 느끼도록 이끈 상황이 무엇이었는지 생각해 보자.

감정	시기	감정의 원인
자랑스러움	엄마의 환갑을 축하하는 영상을 만들었을 때	7시간을 꼬박 작업에 투자했고 엄마는 영상을 굉장히 좋아하셨음
평화	해변에 앉아 파도 소리를 들었을 때	현재에 머물면서 자연을 감상함
기쁨		
감사		
유용함		

이 사례들로부터 다섯 개의 단어 또는 구절을 생각해 보자. 이 단어나 구절은 당신이 중요하다고 생각하는 몇 가지 가치를 강조하기 위해 선택한 사건들을 관통하는 주제를 담아야 한다.

창의성	배려	경이로움	…	…

누구를 돕고 있는가?

목적을 정의할 때 중요한 요소는 사명감에서 비롯된 행동과 목표가 다른 사람들에게 어떤 도움이 될지 판단하는 것이다. 이 목표는 당신의 가족, 함께 일하는 사람들, 지역사회에 도움이 될 수 있다. 또는 미래 세대, 특정 동물이나 식물, 나아가 지구에 도움이 될 수도 있다. 자신을 넘어서는 목적을 가진다면, 포기하고 싶을 때 붙잡을 수 있는 지지대가 될 것이다. 나는 박사학위를 따면서 힘든 하루나 한 주를 보낼 때마다 내가 누구를 위해 이 일을 하는지 떠올리곤 했다. 알츠하이머 질환으로 세상을 떠난 우리 할머니와 그 형제자매들, 그리고 증조할머니였다. 나는 그분들을 위해 이 공부를 하고 있었고, 현재 알츠하이머 질환과 다른 유형의 치매를 앓고 있는 다른 사람들을 위해 공부하면서 미래에는 이 병을 앓는 사람들이 거의 없기를 바랐다. 이런 추론을 거치면서 하찮은 문제나 큰 실수도 폭넓은 관점에서 바라볼 수 있었다. 비록 자신의 이

익을 위해 세운 목표라 할지라도, 그 목표는 다른 사람들에게도 긍정적인 영향을 미칠 것이다. 주변 사람들은 당신이 새롭게 뿜어내는 에너지에서 힘을 얻고 당신의 행복에 전염되기 때문이다. 다른 사람에게 어떤 도움이 될지에 대한 관점에서 생각하면 언제나 긍정적인 변화를 볼 수 있다.

이상적인 하루를 보내며 목표를 달성한 자신의 모습을 떠올려 보자. 목표를 달성했을 때 당신 이외에 혜택을 받을 사람은 누구인가?

• 목표: **예** 매일 운동하기

• 도움받는 이: **예** 우리 가족 – 건강하면 가족과 함께 시간을 보낼 때 더 많은 에너지를 쓸 수 있다. 내 기분이 좋아지고 행복감이 높아지면 다른 사람들에게 든든한 버팀목이 되어줄 수 있다.

미션 임파서블? 아임 파서블!

당신의 목표, 핵심 가치, 그리고 도움을 주고 싶은 사람을 염두에 두고 삶에서 따르고자 하는 사명을 담은 강령을 하나 만들어 보자. 이 강령은 당신의 목적을 정의해야 하며, 의사결정을 내릴 때, 다른 사람들과 상호작용할 때, 행동을 실천할 때, 이에 대한 지침이 되어야 한다. 나는 강령을 한 문장으로 쓰는 것을 좋아한다. 강령은 마치 현수막에 쓰인 것처럼, 짧고 명료하며 핵심을 찌르는 문장

이어야 한다. 목표에서 한 발짝 떨어져 그 강령이 인생에서 원하는 바를 담은 청사진에 어떻게 하면 부합할지 고민하자. 목표 뒤에 '왜냐하면'이 뒤따른다면, 그 문장을 완성하는 데 딱 들어맞는 문장이 바로 목적이 된다.

또한 사명을 담은 강령이 '궁극적인 것'이 되어야 한다고 너무 걱정하지 말자. 강령은 영구적인 평생의 만트라가 아니라 필요할 때마다 확인하고, 조정하고, 변경할 수 있는 것이다. 나는 새해나 개학과 같은 인생의 전환점에서 나 자신을 재평가하는 것을 좋아한다(이제 더 이상 학교에 다니지 않지만, 그래도 여전히 삶은 계속된다). 당신에게 가장 큰 성취감을 주고 다른 사람에게도 긍정적인 영향을 줄 수 있다고 생각하는 것을 선택하라. 이 강령을 떠올릴 때, 인생에서 가장 맛있게 끓인 차를 한 모금 마실 때처럼 평온함, 평화, 기쁨을 느껴야 한다.

강령 만들기

다음 설명에 대한 답을 고민해 보자.

1. 인생에서 가장 큰 소원	2. 당신의 다섯 가지 핵심 가치

3. 돕고 싶은 대상	4. 이 세상에서 볼 수 있길 바라는 변화

이 답들이 어떤 점에서 연관되는지 생각해 보고, 이 요소들을 관통하는 강령을 작성해 보자.

내 사명은…

_____

- 강령을 크게 소리 내어 말해보자. 어떤 느낌이 드는가?
- 가장 신뢰하는 친구나 가족에게 당신의 강령을 들려준다고 상상해 보자. 적절하다고 느껴지는가?
- 목표에 이어 강령을 이야기해 보자. 둘이 잘 어울리는가?

강령이 마음에 든다면 글로 써서 눈에 띄는 곳에 붙여놓자. 다이어리 첫장 또는 지갑 속 카드에 넣어두거나, 결정을 내릴 때 참고할 수 있도록 그냥 머릿속에 간직해 두어도 좋다. 강령을 지침으로 삼아 행동하기 시작한다면, 당신은 스스로의 행동이 자신과 다른 이들을 위해 가장 되고 싶은 모습과 일치한다고 느낄 수 있을 것이다.

마무리하며

자신의 목적이 무엇인지 명확하게 알고 있다면, 특히나 다른 사람들과의 관계에서 목적을 파악하면 원치 않을 때조차 계속해서 나아가기 위한 결의를 다질 수 있다. 우리는 우리 자신을 위해 무언가를 해야 할 때 너무나 쉽게 포기한다. 그러나 친구가 헬스장에서 당신을 기다리거나, 당신이 온라인에 영상을 올려주길 기다린다는 것을 안다면, 실행에 옮기기가 훨씬 더 쉬울 것이다. 딱히 노력하고 싶지 않을 때, 또는 포기하기 위한 갖가지 핑계들이 떠오를 때, 스스로에게 자신의 목적을 말하고 그 생각이 가라앉는 모습을 지켜보자. 목적은 행복을 의미하지 않는다. 그러나 혼란한 시기를 헤쳐 나가고, 끝까지 버텨내고, 끈기를 가지고 계속해서 나아갈 수 있게 해준다.

이제 우리는 목적과 목표를 살펴보고, 둘이 완벽하게 들어맞는지, 아니면 약간의 조정이 필요한지도 확인할 수 있을 것이다. 또는 자신의 목표가 전혀 당신 몫이 아님을 깨달았을 수도 있다. 당신에게 무엇이 중요한지 고민해 본 후, 현재 중점을 두는 것을 완전히 바꿀 수도 있다. 그래도 정말 괜찮다. 잠시 시간을 내어 당신의 이상적인 하루로 돌아가서 당신의 목적이 어떤 행동을 통해 실현될 수 있는지 생각해 보자. 당신의 목표가 당신이 원하는 것과 되고 싶은 모습에 부합하는지 확인하자. 그래야만 최종 목적지, 즉 자신이 가고 싶은 곳을 향해 주행을 시작할 수 있다.

6장

내면을 들여다보고
인식하라

최종 목적지를 추린 뒤 다음으로 해야 할 일은 현재 위치를 고려하는 것이다.

목표를 좇을 때, 우리는 종종 현재 어디에 있는지를 생각하지 않고 성취를 향한 모험에 착수한다. 이 모험에서는 출발선이 중요하다. 종착점을 정한다고 해서 결국 원하는 곳에 도달하리라는 법은 없다. 목적지에 도달하는 방법을 모른다면, 결국 차를 갓길에 세우거나 길을 잃고 좌절하게 될 가능성이 높다. 아니면 편안하고 친숙한 곳에 머무는 게 더 낫다고 생각하면서, 돌아서서 결국 출발했던 지점으로 되돌아갈지도 모른다. 비록 그곳이 행복에 최상의 환경이 아닐지라도 말이다.

주행 중인 차량의 상태 또한 고려해야 한다. 앞유리창의 와이퍼가 제대로 작동하지 않거나 헤드라이트 한쪽이 고장 났을 수도 있다. 트렁크에는 쓸모없는 물건들이 가득 차서 여정 내내 끌고 다녀야 하는 경우도 있다. 출발하고 나면 왜 이렇게 운전하기가 어렵게 느껴지는지 의아해지는 게 놀랄 일도 아니다.

우리는 출발하기 전에 보닛을 열고 총체적인 자동차 안전 검사를 해야 한다. 현재의 신념과 행동을 인식하는 것은 유용한 것과 딱히 유용하지 않는 것을 분간하는 데 필수적인 단계다. 지도에 핀을 꽂아 현재 위치를 파악하고, 내면을 들여다보면 (탁자 위에 오래 내버려 둔 커피잔처럼 고착되고 쓸모없는 생각들과 더불어) 당신을 앞으로 나아가게 하는 강점들을 인식할 수 있다. 그러면 여행이 어떻게 흘러갈지, 어떤 난관을 마주하게 될지, 그리고 더 매끄러운 여정을 보장받기 위해 조정해야 할 사항이 무엇인지 좀 더 정확하게 예측할 수 있다.

＊　＊　＊

우리는 기존의 신념과 행동으로 가득 찬 걸어 다니는 자루와 같다. 이 신념과 행동은 처음에는 뇌가 우리가 살고 있다고 인식한 세상을 탐험하는 데 도움을 주기 위해 형성되었다. 그중 일부는 당신이 세운 목표를 고려할 때 도움이 될지도 모른다. 어쩌면 당신은 아침형 인간일 수 있고, 그러면 일찍 일어난 덕에 운동하러 나갈 시간이 충분하다는 이점이 있다. 하지만 당신을 방해하는 다른 초기설정값도 있다. 예를 들어, 이른 아침 침대에 누워 두 시간 동안 SNS를 뒤적이며 시간을 때우다가, 그다음에야 출근하려고 벌떡 일어나 서두를 수 있다. 뉴스피드를 계속 새로고침 하고 싶은, 거부할 수 없는 유혹은 발전하고자 하는 희망을 갉아먹는다. 현재 삶의 맥락에 새로운 목표를 추가하는 일은 어떤 행동이 자신에게 해가 되는지 파악하는 데 필수적이다.

우리는 습관적인 반응이나 떠오르는 기억, 아니면 감정 상태에 따라 반사적이고 충동적으로 행동하는 경우가 잦다. 그 순간, 이 행동의 기폭제들로 인해 우리는 대개 온전히 인식하지 못한 채 다음 행동으로 옮겨간다. 의심할 여지 없이 뇌가 지시하는 행동을 따르는 것이다. 뇌는 기존의 연결망과 프로그래밍된 반응을 통해 우리가 직면한 상황을 평가하고, 그 평가를 바탕으로 행동한다. 스트레스받는다는 이유로 친구에게 불평을 하거나, 새벽 2시까지 게임을 계속하거나, 불안해서 사건을 회피하는 식이다.

그러나 주어진 상황에 반응할 때, 뇌가 제안하는 행동을 그대로 수용할 필요는 없다. 그것만이 유일한 선택지는 아니기 때문이다. 가만히 앉아 그 선택지를 심사숙고하고, 실제로 당신이 원하는 행동이 맞는지 의문을 제기해 본다면, 다른 선택지를 인식하는 능력을 갖출 수 있다.

자기 자신을 좀 더 인식할 때, 속도를 늦추고 현재의 행동이 정말로 그 상황에 접근하기 위한 최선의 방법이 맞는지 의문을 품는 여유를 가질 수 있다. 자기 인식self-awareness이란 자신의 행동, 감정, 특성 등을 의식적으로 인식하는 것으로, 이를 통해 행동의 기폭제를 파악하고 뇌가 제안한 반응이 자신에게 유용할지 판단할 수 있다. 이 사색의 시간은 반응을 통제할 수 있는 권한을 줄 뿐 아니라 현재의 쓸모없는 행동 패턴을 전반적으로 살펴볼 수 있게 해준다. 이러한 통찰력은 목표를 추구하는 데 효과적이다. 사명을 더 쉽게 실천하려면 어떤 노력을 해야 하는지 알 수 있게 해주기 때문이다. 불필요한 행동과 신념이 담긴 묵직한 자루를 끌고 오르막길을 터벅터벅 걷는 대신, 자기 인식은 목표를 추구하는 과정에서 어느 물건을 빼내서 짐을 가볍게 만들지 결정하는 데 도움을 준다.

나 같은 경우, 내 동기와 행동을 더 잘 인식하게 되면서 삶을 변화시키는 혁신적인 힘을 발휘하기 시작했다. 나는 사람들을 기쁘게 해주고 싶어 하는 성향이 꽤 강하고, 거의 평생을 사람들로부터 호감을 얻거나 도움이 되는 사람으로 비치고 싶어서 행동하는 경우가 많았다. 갈등 상황에서 쉽사리 굴복했고, 상황이 좋지 않다고 느껴지더라도 불평하지 않았으며, 원치 않거나 할 시간이 없는 일조차 수락하곤 했다. 결국 나는 지치고 진이 빠졌다. 내 기본 성향은 다른 사람들이 편하게 생활하게끔 도와줘서 호감을 얻어내는 것이었다. 이제는 내가 싸움을 좋아한다는 이야기가 아니다(여전히 그 반대다). 그러나 누군가 무언가를 해달라고 요청하면, 나는 대답하기 전에 잠시 멈추고 '이것이 내가 하고 싶은 일인가. 그 일을 할 시간을 낼 수 있는가' 생각한다. 아직도 이런 식의 대화에서 '그냥 알았다고 대답하자. 그래야 상대방이 나를 좋아할 테니까'라는 생각이 가장 먼저 들지만, 더 이상 이 생각에 휘둘리지 않는다. 사람들을 기쁘게 해주고 싶은 내 욕구를 인식하고 '네, 문제없어요'라는 기본값으로 설정된 대답에 저항한 덕에 스트레스가 줄고 많은 시간과 에너지를 아낄 수 있게 되었다. 그 결과, 개인적·직업적인 관계에서 이전에는 으레 무너졌던 중요한 경계를 설정하고, 목표에 매진할 수 있게 되었다.

과학적 근거

자기 인식은 사람들의 삶을 개선해 주는 다양한 연구와 관련이 있다. 자신감을 높이는 것부터 더 나은 작업 환경을 조성하고, 더 충만한 인간관계를 맺고, 창의력을 향상시키는 것까지,[1] 자신을 더 명확하게 보는 것은 효과적인 변화를 만드는 데 있어 중요한 단계다.

자기 인식이 뇌에서 어느 부위를 기반으로 일어나는지 그 근원은 아직 밝혀지지 않았다. 자기 인식이란 뇌를 사용하여 특정 상황에서 경험하는 근원적인 추진(밀어붙이기)과 유인(끌어당기기)을 인식할 수 있는 능력을 의미한다. 이런 식으로 내면을 들여다보는 능력을 뒷받침하는 메커니즘은 가치를 부여하는 전대상피질anterior

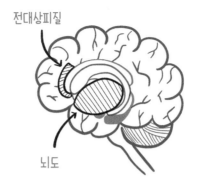

전대상피질

뇌도

cingulate cortex과 신체를 인식하는 뇌도insula 같은 특정 뇌 부위뿐만 아니라 뇌 전체에 분산된 연결망과도 관련이 있다. 앞서 언급한 뇌의 두 영역과 전전두엽 피질이 손상된 사람은 여전히 자기 자신을 인식하고 생각을 살피는 능력(메타 인지)과 같은 자기 인식의 특성을 보였다.[2] 이는 우리의 자아 감각이 오직 문제를 해결하고 신체의 상태를 확인하는 데 관여하는 부위에만 의존하지 않는다는 사실을 시사한다.

　게다가 우리의 자아 감각은 사실 진화의 부산물일 수도 있다는 주장이 있다.[3] 인간과 같은 사회적 동물이 협력하기 위해서는 집단 내의 다른 구성원들이 무엇을 계획하고 있으며 어떤 감정을 느끼는지 파악하는 것이 중요하다. 우리 뇌는 다른 사람들의 특성과 상황을 바탕으로 그들이 어떻게 생각하는지 '모델'을 만들어 내는 데 능숙하며, 이 모델을 통해 사람들이 우리의 행동에 어떻게 반응할지 예측할 수 있다. 다른 사람의 마음을 모델링하는 능력은 내정상태 회로default mode network, DMN라고 불리는 뇌 부위 연결망을 활성화한다. 이 연결망은 우리가 지루함을 느끼거나 공상에 빠져 있을 때,[4] 그리고 자신에 관해 생각할 때 작동하는 것으로 추정된다. 우리가 내면을 들여다보고 스스로 행동을 평가하는 능력은 우리의 뇌가 다른 사람들의 마음을 모델링하는 데 능숙하기 때문에 생겨난 것일까? 아마도 그럴 것이다. 뇌가 어떻게 '자아'라는 개념을 형성하는지 정확히 알지 못하더라도, 우리는 자신에게서 벗어나 자기 행동에 의문을 제기하는 능력을 사용해서 효과적인 변화를 도모할 수 있다.

자기 인식은 우리에게 반성하고 자기를 평가하는 능력을 주는데, 이는 무슨 일이 벌어지고 있는지 재빨리 감지하고 행동을 지시하려는 뇌의 욕망과 배치된다. 당신이 욕망과 일치하지 않는 행동을 할 때, 그 상황과 연관된 생각과 감정을 이해하면 이와 거리를 두고 다른 행동 방식을 고려할 수 있게 된다. 이런 식으로 우리의 사고와 감정 패턴을 바라보는 일은 이러한 생각이 사실이 아님을 강조하기 위해 심리치료에서 흔히 사용되는 기술이다. 인지행동치료^{cognitive behavioral therapy, CBT}는 생각과 감정을 파악하여 이를 좀 더 객관적인 방식으로 처리할 수 있도록 돕는 방법이다.[5] 당신의 생각은 문제에 직면했을 때, 갑자기 절망의 심연으로 떨어져 최악의 시나리오로 치닫는 경향이 있다. 예상했던 것보다 낮은 논술 성적은 완벽한 실패로 받아들여지고, 발전 속도가 더딘 것은 목표를 절대 달성할 수 없다는 뜻이 되며, 면접 '불합격'은 결코 취업할 수 없음을 의미한다. 이 생각들은 진실이 아니다. 사실에 입각한 근거

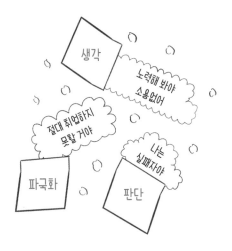

가 전혀 없기 때문이다. 그러나 스트레스를 받거나 허탈감을 느낄 때, 이 생각들은 마치 중력처럼 현실적인 느낌이 들 수 있다. '나는 실패자이고 아무것도 이루지 못할 거야'라는 생각은 모든 형태의 파국화catastrophizing*다. 즉 한 사건에서 불길하거나 바람직하지 않은 결과만 보고, 이것이 마치 확정된 예측인 양 집착하는 것이다. 이런 생각들이 불쑥 떠오를 때 '만약에'라는 소용돌이에 휘말리는 대신에 이를 인식하고 '파국화'라고 이름붙인다면, 이 생각들이 흔히 주는 '불가피하다'는 느낌을 없앨 수 있다. 나는 박사과정을 밟는 동안, 완벽주의로 겪는 어려움을 도와주는 대학 강의를 들었고(일할 때 이런 상태를 다스릴 수 있는 또 다른 방법은 13장에 나온다), 실험이

---

* 부정적인 사건이 최악의 결과를 가져올 것이라고 비합리적으로 생각하는 인지 왜곡 현상을 말한다.

잘못될 때마다(실은 항상 잘못됐다) '내 박사학위는 망했다'라는 생각에 빠지지 않게 막아주는 기술을 배웠다. 사건에 대한 부정적인 반응에 '파국화' 혹은 그저 '생각'이라는 꼬리표를 붙이면 생각에 의미를 부여하지 않을 수 있다. 또한 다음 단계로 나아가기에 앞서 그 생각이 어느 정도 진실인지 의문을 품고 판단할 수 있는 여지가 생긴다.

우리 머릿속의 목소리는 백과사전이 아니며, 진실한 진술이나 사실을 창작해 낼 수는 없다. 오히려 그 반대다. 조현병 같은 특정 심리적 질환이 있는 사람은 환청을 경험하면서 정신건강에 해로운 상상 속 목소리와 지시를 듣는다. 그러나 어떤 사람들은 머릿속에 아무런 목소리도 들리지 않기에,[6] 우리 내면의 대화가 세상에 대한 자세한 해설을 제공해 준다는 생각을 부정한다. 말을 구사한다고 생각하면, 뇌는 전두엽 피질의 언어 영역에서 활동을 보인다. 이 영역은 말할 때 입으로 단어를 구성하도록 도와주며, 내적으로 성찰하거나 상황을 추측할 때 활성화된다. 일부 사람들이 설명하는 '내면의 목소리'가 여기에 해당하는 것으로 보이며, 내면의 목소리는 이 단어들을 육성으로 소리 내어 말하기에 앞서 우리를 준비시킨다. 또한 이 목소리가 차단되어 우리가 어떤 행동을 하는 이유를 알 수 없게 되면, 뇌는 그 행동을 정당화하기 위해 구태의연한 변명거리를 만들어 낸다. 이는 발작의 진원지가 포함된 뇌 부위를 제거하는 희귀 수술을 받은 중증 뇌전증 환자들에게서 두드러지게 나타났다. 이런 수술 방식 중 하나를 대뇌반구절제술이라

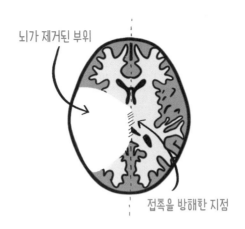

뇌가 제거된 부위

접촉을 방해한 지점

고 하는데, 이는 뇌의 절반을 제거하거나 다른 한쪽과 소통하는 것을 차단하는 수술이다.[7] 극단적인 형태의 수술이긴 하나, 환자는 재활과 적응 과정을 거친 뒤 비교적 정상적인 삶을 살아간다. 그러나 일부 환자의 경우 이들 내면의 목소리는 완전히 '거짓말쟁이 빌리'*인 것으로 드러났다.

뇌의 언어중추는 한쪽에 자리하고 있다(대부분은 왼편에 있다). 두뇌는 무슨 일이 일어나고 있는지 아주 정확하게 묘사하기 위해 항상 서로 의사소통한다. 반구절제술을 받은 환자의 경우처럼 두뇌가 서로 소통하지 못하면, '내면의 목소리'는 반대쪽 뇌가 아는 것에 대해 아무것도 모르는 상태가 될 수 있다. 우뇌는 시각 감지를 포함해 몸의 왼편을 통제하는 대부분의 뉴런이 있으며, 그 반대

* 〈거짓말쟁이 빌리Billy Liar〉는 1963년 제작된 영국 영화로, 사람들로부터 늘 인정받지 못하던 주인공 빌리가 위기를 모면하기 위해 잇달아 거짓말을 하면서 상황이 걷잡을 수 없이 흘러간다.

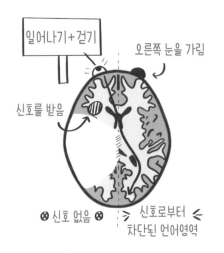

일어나기+걷기

오른쪽 눈을 가림

신호를 받음

신호 없음 ⊗ >⊗< 신호로부터 차단된 언어영역

도 마찬가지다. 우리의 오른쪽 눈은 자기가 보는 것을 왼편 시각피질로 보내고, 왼쪽 눈은 오른편 시각피질로 보낸다. 그래서 뇌의 양쪽 연결이 끊어진 환자의 경우, 오른쪽 눈을 가리면 오직 우뇌만 (왼쪽 눈을 통해) 주변에서 일어나는 일을 인지할 수 있다(쓸데없이 헷갈린다는 건 나도 안다. 우리 뇌는 어려운 것을 좋아하는 게 틀림없다). 그리고 이는 좌뇌에 자리한 내면의 목소리를 이 정보로부터 효과적으로 차단한다.

이 상황에서 뇌의 반쪽이 '일어나서 걸어라'와 같은 지시를 받으면, 내면의 목소리는 아무것도 모르는 상태에 놓여 있어도 여전히 그 행동을 수행하는 이유를 떠올린다. 보고된 어느 사례에 따르면 실험자가 피실험자에게 왜 걷고 있느냐고 묻자, 이들은 "콜라를 한 잔 마시려고요"라고 대답하며 자신의 행동을 정당화했다.[8] 설사 완전히 거짓이라고 하더라도 이들 내면의 목소리는 왜 자신이 걸고 있는지 그 이유를 생각해 낸다. 내면의 목소리가 우리를 속일 수 있음을 깨닫는다면, 머릿속에 불현듯 떠오르는 어떤 생각이나 정당화 또는 평가를 있는 그대로 받아들이기보다는 의문을 품고 면밀히 검토하거나 무시할 수 있다.

우리의 생각, 감정, 환경이 행동 방식에 미치는 영향을 알면, 자기 인식을 통해 이 '바위처럼 견고한' 평가 중 일부를 재구성할 수 있다. 어떤 상황이든 보통은 한 가지 이상의 해석 방식이 존재한다. 출퇴근 시간이 길면, 누군가는 이를 골치 아픈 일로 바라보기 때문에 결국 스트레스로 가득한 불만스러운 여정이 되어버린다. 반면, 어떤 사람은 똑같은 출퇴근 시간을 보내더라도 사무실 바깥에서 보내는 시간을 휴식을 취할 기회, 혹은 좋아하는 팟캐스트를 듣거나 책을 보면서 새로운 것을 배우는 기회로 여긴다. 상황을 다룰 때 선택권이 있다는 것을 알면, 그 상황에 대한 감정뿐만 아니라 미래의 행동에도 영향을 미칠 수 있다. 예를 들어, 어느 실험에서 합격할 수 없는 시험을 치른 학생들에게 실패를 다른 방식으로 해석하라는 지시를 내렸다. 한 그룹에게는 대단하다는 말과 함께 시험 결과가 그들의 능력과 관련 없다고 설명했다. 반면에 다른 그룹에게는 자신에게 동정심을 가지라고 말함으로써 부드러운 태도로 실패를 받아들이게끔 했다. 이러한 개입 이후, 자기연민적인 두 번째 그룹은 자신감을 북돋아 준 그룹보다 다음 시험을 공부하는 데 더 많은 시간을 보낸 것으로 나타났다.[9] 이 실험은 같은 사건에 대한 상이한 해석이 행동에 어떤 영향을 미칠 수 있는지 보여준다.

이 이야기는 '언제나 인생의 밝은 면만 바라보라' 또는 '긍정적으로 생각하라'는 뜻이 아니다. 어떤 상황은 긍정적인 방식으로 해석하기가 쉽지 않고, 트라우마 또는 상실 같은 특정 사건을 사탕발림하는 것은 정신건강에 해로울 수 있다. 그러나 일상적인 저항에 직면할 때, 예를 들어 20분간 산책할 시간이 없다고 속삭이는 생각이랄지, 중요한 발표를 앞두고 긴장하는 것처럼 우리가 부정적으로 여기는 감정이 일 때, 이 감정들을 다시 재평가할 수 있다. 이러한 상황을 인식하고 다른 관점에서 바라보는 방법을 생각해 본다면 삶에 큰 변화를 일으키고, 잘못된 생각과 감정에 휘둘리지 않을 수 있다. 시간이 부족하다는 인식은 현재 상태에서 벗어나야 한다는 신호일 수 있고, 이때 산책이 당신에게 필요한 활기를 줄지도 모른다. 발표 때문에 느끼는 긴장감은 당신이 이야기할 예정인 그 일을 진심으로 신경 쓴다는 신호일 수 있다. 당신에게 유리한 방향으로 재구성하거나 적어도 다른 관점을 취할 수 있다는 것을 알면, 압박감을 떨쳐버리고 머릿속 생각에서 벗어나 일상의 경험과 당신이 상호작용하는 다른 사람들의 경험을 개선할 수 있다.

실전에 적용하기

자기 인식을 높이면 목표 달성에 도움이 되지 않는 현재의 행동이나 신념이 무엇인지 파악할 수 있다.

현재의 행동과 신념을 파악하기

삶에는 필연적으로 설정이라는 게 존재해서, 새로운 행동을 하려고 시도할 때 마찰을 일으킨다. 목표를 염두에 두고, 당신이 되고 싶은 모습과 반대되는 행동이 무엇인지 생각해 보자. 이를 통해 평소 행동이 목표에 부합하려면 어떤 부분을 바꿔야 하는지 알 수 있다. 창조적인 프로젝트에 더 많은 시간을 할애하고자 한다면, TV로 리얼리티쇼를 시청하면서 보내는 4시간이 아마도 당신이 줄이고 싶은 부분일 것이다. 저녁에 이 시간을 비워서 새로운 행동을 할 시간을 확보하면, 행동을 바꾸는 것의 이점을 깨닫게 될 것이다.

이 연습은 당신의 신념에도 도움이 된다. 우리는 그 신념들이 진실이라고 생각하므로 신념을 의심하기란 쉽지 않다. 우리는 무엇을 먹고 무엇을 먹지 말아야 하는지, 좋은 사람이 되려면 어떻게 해야 하는지, 이 삶이 끝난 후 우리에게 무슨 일이 일어나는지 등에 대한 신념을 갖고 있고, 이러한 이상을 바탕으로 인생의 수많은 결정을 내린다. 그렇지만 우리는 경험하고 배운 것을 바탕으로 신념을 형성하기도 한다. 신념에 이의를 제기할 수 있어야 한다. 특히나 당신에게 해를 끼치는 신념이라면 더욱 그렇다. 당신이 결코 성공할 수 없다고 믿는다면, 일이 계획대로 진행되지 않을 때 '내가 그렇지, 뭐'라는 독백이 시작될 것이다(반면에 뜻대로 되어 가는 일은 모두 무시할 것이다). 이런 사고방식에 의문을 품는 일은 관점을 바꾸는 첫걸음이 될 수 있으며, 그 관점들이 사실에 근거한다는 느낌을 덜 받게 해준다. 가방에서 모든 물건을 꺼내 어떤 것이 쓸데

없이 당신을 짓누르고 있는지 자신에게 물어보자.

현재 목표를 달성하지 못하게 가로막는 행동과 신념은 무엇인가?

내 발목을 잡는 것은… **예** 결코 성공하지 못할 거라고 믿는 것, 매일 밤

새벽 2시까지 TV 시리즈들을 정주행하는 것

이 연습은 이동 중에도 시도해 볼 수 있다. 이번 주 중 하루를 골라서 늘
하던 대로 일상을 보내자. 대신 온종일(아무 시간에나 다섯 번에서 열 번
정도) 휴대전화에 알람을 맞춰놓자. 알람이 울릴 때마다 스스로 이렇게
묻자. '지금 하는 일이 내 사명에 도움이 되는가, 방해가 되는가?' 나는
심지어 사명에 도움이 되지 않는 행동이나 사고 패턴을 파악할 수 있도
록 알람 메모를 '도움 또는 방해'로 설정하기도 했다.

당신을 지지하기

현재 상태에 대한 자기 인식은 당신이 하는 모든 행동을 무너
뜨리는 게 아니다. 그보다는 이미 가지고 있는 놀라운 기술과 습관
을 살펴보고, 이를 자신에게 유용하게 활용하는 것에 가깝다. 어쩌
면 당신은 어려운 개념을 쉽게 설명하는 데 소질이 있거나 따분한
주제를 뭔가 재미있고 공감할 수 있게 바꾸거나, 당신 앞에서 사람
들이 편안함을 느끼게 하거나, 훌륭한 청취자가 되는 요령을 알고
있을 수 있다. 어쩌면 과거의 경험을 통해 역경에 대처할 수 있다

고 믿거나, 노력과 전념을 통해 최고의 성적을 받을 수 있다고 믿거나, 가장 필요로 할 때 옆에 있어 주는 좋은 친구라고 믿고 있을지도 모른다. 목표를 향해 노력할 때, 자신에게 도움이 되는 이 모든 행동과 신념을 잘 활용해야 한다. 이 초능력을 알아보고 목표를 달성하는 사명에 사용한다면, 이미 자신이 얼마나 많은 유용한 도구들을 가졌는지 깨닫게 될 것이다. 놀라운 기술을 이미 갖고 있음을 아는 것은 강력한 자각이며, 이를 통해 발전하려면 자신을 완전히 변화시켜야 한다는 생각에 반박할 수 있다. 당신은 그럴 필요가 없다.

당신이 현재 하는 행동이나 보유한 기술 중에서 어떤 것이 목표를 달성하는 과정에서 도움이 될까?

과거에 성취한 일, 자랑스러운 부분, 당신을 성장하게 만드는 특성을 되짚어 보자. 당신이 신나게 기획했던 프로젝트일 수도 있고, 친구를 위로해 준 순간일 수도 있고, 아니면 발표를 훌륭히 해냈던 때일 수도 있다.

여기선 내가 최고지⋯ **예** 강연, 경청, 디자인⋯

_____

_____

이 연습은 자기성찰을 통해 할 수 있고(훌륭한 일기 주제가 된다), 칭찬세례를 받고 싶다면 가장 가까운 사람들에게 물어보자. 그들은 당신이 하는 일에 대해 믿기 어려울 정도로 좋은 말들을 많이 해줄 것이다.

일단 이 자산들이 파악되면, 한 걸음 물러서서 이를 목표라는 맥락에 대입해 보자.

이 기술들을 어떻게 활용하면 당신이 발전하는 데 도움이 될까?

예 놀라운 연설 능력 = 온라인에서 건강과 운동의 중요성을 알리는 데 활용함

사색할 여유

자기 인식을 강화하려면, 자리에 앉아 방해 요소를 최소화하고 자신의 현재 상태를 관찰하는 시간을 가져야 한다. 이를 통해 자신의 행동을 이끄는 동기가 무엇인지 호기심이 생길 수 있으며, 반응하기 전에 간극을 만들 수 있다. 마음챙김 명상, 일기 쓰기, 동네 공원 산책, 또는 가장 좋아하는 음악을 들으며 차 한 잔 마시기 등의 연습을 통해 성찰하는 시간을 가질 수 있다. 모든 연습은 인생의 사건들과 드라마, 루틴에서 벗어나 객관적이고 판단하지 않는 방식으로 현재 경험하는 생각과 감정을 살펴볼 수 있게 해준다.

달 위에 앉아 지구를 바라보는 것처럼, 이 연습은 당신이 살고 있는 세상에서 벗어나 객관적인 시각으로 마음속에서 일어나는 모든 일을 관찰하는 것을 목표로 한다. 이 연습에는 생각에 꼬리표를 붙이거나 특정 감정 상태와 관련된 신체의 감각을 인식하는 것이 포

함되며, 이를 물리적 과정으로 줄임으로써 심각함을 없앨 수 있다. 마음챙김 명상의 효과를 이해하는 데 이전의 연구들은 한계가 있지만(사용된 수행 방식이 다양하고, 특정 시점에서 한정된 사람만을 실험 대상으로 삼은 경우가 많았다), 현재까지 연구한 결과에 따르면, 이러한 연습이 자기인식을 향상시키는 효과가 있는 것으로 나타났다.[10] 바쁜 삶 속에서 행동을 유도하는 생각이나 감정을 파악하기 어려울 수 있다. 따라서 속도를 늦추고 좀 더 객관적인 관점에서 생각을 들여다보는 시간을 갖는다면, 행동과 반응을 일으키는 몇 가지 요인을 인식하는 데 도움이 될 것이다.

매일 몇 분씩 짬을 내어 반추의 시간을 갖자.

이 시간의 목표는 무대에서 내려와 행동을 멈추고 이 순간 자신의 상태를 들여다보는 것이다. 이 시간 동안 당신은 다음과 같은 시도를 해볼 수 있다.

- 마음챙김 명상: 유튜브나 애플리케이션을 활용해 안내받을 수 있다.
- 자유로운 글쓰기: 지금 당신의 마음속에 떠오른 생각을 한 문장이나 한 단락, 또는 한 페이지에 가득 써보자. 또는 인터넷에 있는 일기 프롬프트를 사용해도 좋다(영감이 흘러넘치게 해줄 멋진 질문들이 아주 많다).
- 산책하기: 동네를 몇 바퀴 돌거나 강아지를 데리고 나가자. 그리고 당신의 감각을 경험하는 데 집중하자.
- 티타임: 차 한 잔을 따르고, 한 모금 한 모금을 즐기는 것 외에는 아무

것도 하지 말자. 티타임을 할 때 편안함을 주는 음악을 틀어놓고 주방
에 스파 느낌을 더해보자.

• **파워 샤워:** 내가 가장 좋아하는 일과 중 하나다. 편안한 음악을 계속 틀
어두고, 샤워할 때는 물이 피부에 닿는 느낌에 집중하자. 나는 물이 내
가 갇혀있다고 느꼈던 감정 상태나 생각의 소용돌이를 씻어내는 모습
을 상상하길 좋아한다.

사색하는 빈도를 높이려면 매일 같은 시간에 사색의 시간을 가지려고
노력하자. 나 같은 경우 심적인 여유를 갖기 위해 매일 샤워를 하고 얼
굴에 크림을 바른 뒤, 5~10분 동안 유튜브나 애플리케이션의 안내에
따라 명상하길 좋아한다.

무슨 일이야?

생각과 감정을 탐구하기 시작할 때, 당신 내면의 통역사로부
터 답을 얻는 더 효과적인 방법은 '왜' 대신 '무엇이'라는 단어를
사용하는 것이다. 우리는 호기심이 많고 문제의 근원을 찾고 싶어
하기에 언제나 이유를 알고 싶어 한다. '왜'라는 질문은 우리 자신
을 이해하는 데 도움이 된다. 그러나 오직 '왜'라는 질문만 던졌을
때의 문제점은 어떻게 특정 상황이 우리를 행동하도록 만드는지
알아야 할 때, 명확한 답을 찾으리라는 보장이 없다는 것이다. 설
령 답을 찾는 데 성공했다고 하더라도 당신이 얻은 그 답이 틀릴

수 있다. 프로젝트를 하지 않으려고 피해 다니다가 마지막 순간에야 벼락치기를 하는 이유를 알고 싶다면, 답을 찾기 매우 어려운 데다가 이런 태도를 바꿀 수 없다는 무력감만 남을 것이다. 우리의 뇌는 실제가 아닌 것을 실제처럼 느끼게 만드는 재주가 있다(우리는 모두 그런 실제 같은 꿈을 꿔본 적이 있다). 그리고 때로는 변화를 촉진하는 대신 '이유'를 찾는 것이 우리를 같은 자리에 머물게 하는 구실이 되기도 한다.

반면에 '무엇'이라는 질문은 행동의 동기에 대한 피드백을 제공하고, 유익하지 않은 행동에서 벗어나기 위한 실행 계획을 도출하는 데 도움이 된다. '무엇'이라는 질문은 객관적이다. 과학 연구에서 대부분의 가설은 '왜'보다 '무엇' 또는 '어떻게' 일이 벌어지는지에 중점을 둔다. '왜'는 탐색 범위를 좁히기 때문이다. 까다로운 프로젝트를 마지막 순간까지 미루는 경우를 예로 들어보자. '이 프로젝트를 하기 싫게 만드는 것은 무엇인가?'라는 질문으로 접근한다면, 행동으로 옮길 수 있는 몇 가지 답을 얻을 수 있다. 그 주제에 대한 지식이 부족하다고 느끼거나, 해당 주제에 흥미가 가지 않는다는 것이 그 답이 될 수 있다. 이 답들에는 해결책이 있다. 만약 이 주제에 대한 이해가 부족하다고 느낀다면, 다음 단계는 며칠 동안 책을 읽고 메모를 한 뒤 한 단어라도 쓰기 시작하는 것이다. 주제에 특별히 흥미를 느끼지 못한다면, 글을 쓰는 시간을 더 재미있고 다루기 쉽게 만드는 데 주력하자. 아마도 당신이 즐길 만한 일이 '무언가' 있을 것이다. 다만, 그 '무언가'가 항상 눈에 띄지 않을 뿐이다.

목표 달성에 도움이 되지 않는다고 생각하는 행동이나 신념의 목록을 살펴보자.

이 쓸모없는 행동들을 유발하는 상황은 무엇인가? 그 답으로는 실패에 대한 두려움, 다른 사람을 실망시키고 싶지 않다는 생각, 흥미 부족 등이 있을 수 있다. 이 연습은 이런 상태들을 해결해 주는 활동을 찾게 도와줄 것이다(13장에서 몇 가지 아이디어가 나온다).

재구성

마지막으로, 도전적이거나 불편한 상황에서 이러한 상황을 해석할 수 있는 몇 가지 선택지가 있다는 것을 알면 다양한 행동 방식을 취할 수 있다. 선택지들을 살피면, 반드시 이를 활용하지 않더라도 우리의 기본설정값이 전부가 아님을 깨닫게 될 것이다. 우리의 유일한 해석은 옳거나 그른 것이 아니라, 그저 여러 개의 선택지 중 하나일 뿐이다. 그리고 당신이 계속해서 이러한 상황에 부딪힌다면, 다른 관점을 시도해 보고, 그 후 자신이 어떻게 느끼는지 살펴보는 것이 좋다.

현재 견딜 수 없는 상황을 생각해 보자. 통근, 직장에서의 어려운 프로젝트, 잡다한 집안일 등이 될 수 있다. 이제 그 상황을 해석할 수 있는 다섯

가지 다른 방법을 떠올려 보자.

- 과제: 직장까지 출퇴근하기
- 현재의 관점: 시간 낭비처럼 느껴짐
- 재구성

  - 팟캐스트를 듣는 시간　　　　- 가정과 일의 분리
  - 만 보 걷기　　　　　　　　 - 이메일 보내기
  - 마음챙김 명상을 하는 시간

마무리하며

　현재의 행동 방식을 파악하고, 어떤 행동이 도움이 되고 어떤 행동이 앞으로 나아가지 못하게 방해하는지 이해하자. 그러면 이러한 반응을 촉발하는 원인을 검토해 볼 수 있고, 이에 대한 해결책을 찾을 수 있다. 이러한 변화 중 일부는 그 행동이 일상생활에 얼마나 깊숙이 뿌리박혀 있느냐에 따라 다른 변화보다 쉽게 이루어질 수 있다. 그리고 항상 100퍼센트 자각하고 반추할 방법은 없다. 일부 충동적인 반응은 분명히 그물 사이로 빠져나갈 것이다. 하지만 이 기폭제들을 아는 것이 첫 단계다. 보이지 않는 것을 바꿀 수는 없기 때문이다.

7장

목표에 집중하되
나침반처럼 바라보라

어떤 목표를 달성하기 위한 기본은 집중에 있다. 그러나 정확하게 는 집중이 이루어지는 방식이 발전하고 그 과정을 즐기는 데 있어 서 매우 중요하다.

　출발점과 종착점이 정해지면, 당신은 네비게이션을 켜고 첫 번째 추천경로를 선택한 뒤 목적지를 향해 운전할 것이다. 그리고 목적지가 얼마나 근사할지 공상에 잠긴다. 이처럼 목표 중심적인 여행 방식은 우리를 장애물에 분노하고, 고장난 차에 좌절하며, 우 회로에 처참해지게 만든다.

　목표한 결과에 지나치게 집착하면, 동일한 결과를 더 빠르게 안겨주거나 결국에는 더 나은 결과를 얻게 해줄 다른 기회들을 놓칠 수 있다. 방향을 설정하기 위해 초기 비전을 갖는 것은 중요하지만, 항상 비전에만 집중하는 것은 불리할 수 있다. 목표를 엄격한 단 하나의 목적지로 삼기보다는 당신이 원하는 전반적인 방향으로 안내해 주는 나침반처럼 여겨라. 그러면 욕구에 맞는 기회들을 향해 마음을 열어 놓으면서도, 상황이 예상대로 펼쳐지지 않을 때 조정하고 변경할 수 있는 유연성을 가질 수 있다. 장애물을 당연한 일로 받아들일 수 있다면, 이를 처리할 방법을 알아내거나 살짝 몸을 틀어 새로운 방향을 시도할 수 있다.

특정 목표를 달성하기 위해 한 가지 방법에만 지나치게 집중하는 것은 비효율적일 수 있지만, 매일 당신이 시간을 보내는 활동에 집중하는 것은 추진력을 얻는 데 중요하다. 우선순위를 설정해야만 여러 가지 일을 동시에 하느라 엉망으로 처리하는 상황을 방지할 수 있다. 한 가지 일에 집중하고 이를 완벽히 해내려고 노력하는 것이 목표를 향해 나아가는 확실한 방법이다. 때로는 이 한 가지를 찾아내는 게 뻔한 일일 수 있다. 체력을 기르고 싶다면, 헬스장에 가는 것이 최우선 활동일 것이다. 다른 경우, 예를 들어 사업을 시작하거나 창의적인 프로젝트를 완수해야 한다면 이에 맞는 활동을 찾아내기까지 시행착오가 있을 수도 있다. 목표를 향해 노력하는 과정을 쉽게 만들어 줄 일상적인 연습은 3부에서 다룰 예정이다. 그러나 그에 앞서, 여정을 즐기면서 전반적인 목표를 달성해 나가기 위해서는 과도한 집중과 부족한 집중 사이에서 스위트

스폿 Sweet Spot*을 찾는 것이 중요하다.

✳ ✳ ✳

모든 프로젝트는 규모가 크든 작든 비전을 갖고 시작한다. 우리는 무엇을 바꿔야 할지 보고, 어떻게 이를 실현할지 상상 속 이상을 만들어 낸다. 대리석 앞에 선 조각가처럼, 아직 현실에 존재하지 않는 최종 결과물을 보는 것은 조각상을 생동감 있게 만드는 데 매우 중요하다. 이것이 바로 이상적인 하루 연습(111페이지 참고)에서의 핵심이다. 이 연습은 당신이 하루 동안 즐기는 것과 더욱 충만한 경험을 위해 바꾸고 싶은 것을 찾는 데 도움이 될 것이다.

* 야구 배트나 골프채 등으로 공을 칠 때 원하는 곳으로 가장 멀리 보낼 수 있는 지점으로,
여기서는 목표한 결과를 이루는 데 최적의 상태를 뜻한다.

2부　목표를 추진하기 전 점검 사항

당신의 목표가 자신만의 지속 가능한 패션사업을 시작하는 것이라면, 일상에서 이 목표를 의식하는 것이 과거에 놓쳤던 것들을 발견하는 데 도움이 될 것이다. 이메일 수신함에서 친환경 브랜드 구매자들에게 뜨는 팝업 구인 광고를 발견한다든지, 버스에서 어깨너머로 패션위크 자원봉사 기회에 대해 듣는다든지, 공원에서 우연히 마주친 친구가 당신에게 연락해 볼 만한 사람의 연락처를 건넨다든지 하는 식이다. 이러한 뜻하지 않은 사건들은 목표와 관련해서 새로운 의미를 갖게 되며, 잠재적으로 흥미로운 기회들을 찾고 탐색할 수 있게 해준다.

그러나 우리의 머나먼 단 하나의 비전이 일상의 강박이 되면 문제가 생길 수 있다.

이상을 가진다는 것은 훌륭한 출발점이다. 그러나 상황은 변하고, 사람도 변하고, 당신도 변한다. 따라서 새로운 정보를 받아들이고 비전을 재조정해야만 목표를 현실적이고 달성 가능하게 만들 수 있다. 조각가가 대리석을 깎기 시작할 때, 작업이 진행되면서 조각가의 비전은 계속 업데이트된다. 망치질 한 번에 너무 많은 부분이 떨어져 나갈 수도 있지만, 조각가는 대리석 덩어리를 쓰레기통에 내던지는 대신 '어떻게 하면 이 작품을 완성할 수 있을까?'라고 생각한다. 그 결과, 깨진 조각은 처음에 상상했던 것보다 훨씬 더 멋진 작품이 될 수 있다. 그러나 이런 결과에 이를 수 있는 유일한 방법은 본래 의도했던 결과가 실패하더라도 계속해서 작업을 이어가는 것이다.

당신이 마주할 수 있는 또 다른 어려움은 다음과 같다. 매혹적인 종착점은 눈앞에 놓인 까다로운 일을 헤쳐 나가는 연료로 작용할 수도 있지만, 종종 큰 그림은 너무 큰 나머지 당신이 작은 일을 할 동기를 주지 못한다. 멋진 비전이 어떤 사람에게는 도전할 동기가 되지만, 그보다는 해야 할 일의 양에 질려 스트레스를 받게 하고, '올바른' 일을 하고 있지 않다는 불안감을 주며, 아직 이상적인 삶에 근접하지 못했다는 사실에 불평하게 될 가능성이 높다.

이것이 미묘하지만 중요한 경계선이 된다. 당신이 원하는 목표에 대한 상세한 비전을 세우고 이를 가이드로 삼자. 하지만 다른 기회를 보지 못하게 가로막고, 목표에 도달하기 위해 노력하는 데 방해되지 않도록 비전에 너무 집착하지는 말자. 조각가는 작업할 때 전체에 초점을 맞추는 경우가 거의 없다. 때때로 이들은 한 걸음 물러서서 작품이 어떤 모양을 갖춰가는지 보고 다음에 무엇을 할지 결정하지만, 그다음 다시 돌아와 아주 작은 세부 영역에 집중한다. 한 번 조각할 때마다 뒤로 물러서 살핀다면 작업은 영원히 끝나지 않고, 거의 진전이 없으며, 마음속에 품은 결과물이 아직

현실로 구현되지 않은 것에 좌절할 것이다. 큰 그림에 중점을 두면서 명확한 비전을 갖고 노력하되, 이에 과도하게 집착해서 목표에 도달하는 과정이 번잡해지지 않도록 균형을 잘 맞추자.

과학적 근거

우리의 뇌는 시각, 소리, 냄새, 그리고 다른 감각의 형태로 들어오는 모든 정보로부터 끊임없이 폭격당한다. 주변에서 무슨 일이 벌어지고 있는지 당신에게 알려주기 위해 수천수백 가지의 신호가 뇌로 쏟아져 들어온다. 그러나 그 모든 정보가 전달되는 것은 아니다. 사람들로 북적이는 파티에 참석했을 때, 당신은 배경 소음을 억누르고 단 하나의 대화에만 집중할 수 있다. 또는 군중 속에서 누군가를 찾고 있다면, 수많은 얼굴 속에서 그 사람을 구별해낼 수 있다. 이처럼 초점을 맞추는 과정을 '선택적 주의selective attention'

라고 부르는데,[1] 이 현상은 우리 뇌의 처리능력이 제한되어 있기에 발생한다. 현장의 모든 요소를 동시에 인지하려고 할 때, 당신의 뇌는 한 자극에서 다음 자극으로 움직여 한 번에 단편의 정보를 포착한다.

우리는 제한적인 정보에만 집중할 수 있으므로 뇌는 어떤 정보를 남기고 어떤 정보를 버릴지 결정해야만 한다. 따라서 감각을 통해 들어오는 정보는 중요한 내용들이 통과할 수 있도록 걸러진다. 때때로 '중요한' 것은 다가오는 위협이나 눈에 띄는 보상과 같이 관심을 끄는 것들이다. 다른 경우에, 우리의 관심은 목표와 같은 내면의 신호로부터 지시를 받는다. 목표를 염두에 두려면 작업기억이 필요한데, 작업기억이란 뇌의 전두엽 피질에서 신호들이 만들어 낸 정보의 임시 저장 장치를 말한다. 이 저장소 안에 보관된 것이 무엇이든, 우리가 주위 환경으로부터 받아들인 것에 영향을 미칠 수 있다. 만약 새 미니 쿠퍼를 사겠다고 생각하면, 갑자기 사방에서 미니 쿠퍼가 튀어나오는 것처럼 보일 수 있다. 동네에서 미니 컨벤션이 개최되지 않는 한 이 자동차가 등장하는 실제 빈도는 바뀌지 않았지만, 당신이 생각하는 중요성이 바뀐 것이다. 그리

고 이 차를 어디에서나 볼 수 있다고 생각할수록 더 많이 눈에 띌 것이다. 우리 뇌는 '확증 편향confirmation bias'이라고 하는, 자신의 예측이 옳기를 바라는 욕망을 가졌기 때문에 그 예측 모델을 시야 안에 굳건히 담아둔다.

이 감각 신호를 거르는 일은 시상그물핵thalamic reticular nucleus, TRN이라고 불리는 뇌 깊숙한 곳에 묻혀 있는 얇은 뉴런 층이 맡는다. 이 뇌세포는 주변에 '시상thalamus'이라고 하는 구조를 여과지처럼 감싸고 있는데, 시상은 뇌의 다른 영역과 신체로부터 신호를 받는 뇌의 중추다. 시상의 역할은 뇌와 신체 사이에서 중요한 정보를 전달하고 그에 따라 행동하게 만드는 것이다. 탑승구 앞에 선 승무원처럼, 시상은 들어오는 신호 중에 어느 신호를 탑승에 허용하고 어느 신호를 거부할지 결정한다. 보는 것과 같은 감각 정보는 시상을 통해 처리된다. 즉, 들어오는 신호가 이 '통과 또는 탈락'의 정밀 검사를 거친다는 의미다. 그런데 시상그물핵은 애초에 시상 탑승구 대기열에 들어가는 대상에 영향을 미치는 것으로 보인다. 쥐를 대상으로 한 실험에서 시상그물핵을 차단하자 주의력이 크게 방해받는 것으로 나타났다. 이 결과는 우리가 생각했던 것과는 정반대였다.

동물들은 훈련을 통해 '보는 것보다 듣는 것이 *훨씬 중요해*'라고 배울 수 있으며, 그러면 동물들은 시각신호보다는 특정 소리에 반응하게 된다. 이 훈련을 시키면서 시각신호를 모니터링하는 시상그물핵 뉴런을 차단하자, 이 동물들은 듣는 것에 집중하기 어

피질

시상그물핵

시상

려워했다.[2] 이는 시상그물핵이 활성화될 때 중요한 신호들을 활성화하기 위해 중요하지 않은 신호를 억제한다는 것을 의미한다. 북적이는 파티에서 당신이 귀 기울이는 사람의 목소리가 커지는 것이 아니라, 주변에서 떠드는 다른 사람들의 소음이 줄어들어 대화에 집중할 수 있게 되는 것과 같다.

우리의 현재 목표는 이 '덜 중요한' 정보를 억제하는 데 영향을 미친다. 목표를 세울 수 있는 전전두엽 피질은 (기저핵이라 불리는 뇌에 파묻힌 일련의 구조와 소통함으로써) 현재 무엇이 바람직한지 시상그물핵에 전달한다. 이는 우리의 감각을 통해 들어오는 정보가 처리될 기회를 얻기도 전에 걸러질 수도 있다는 의미! 만약 우리 뇌가 쥐의 뇌와 비슷하게 작동한다면(이 연구 대부분이 쥐를 대상으로 이뤄졌다.), 목표를 유지하는 전전두엽 피질을 차단하는 것 또한 업무 수행에 영향을 미친다.[3] 마치 우리가 모든 자동차를 인지하는 대신, 구매하고 싶은 자동차만을 발견하는 것과 비슷하다. 시상그물핵은 전전두엽 피질의 목표에 따라 우리가 원하는 자동차를

제외한 다른 모든 자동차를 억제하여, 그 자동차만을 무리 중에서 눈에 띄게 만들고 어느 길모퉁이에서나 마법처럼 나타나게 한다.

목표는 우리가 우선시하는 정보에 큰 영향을 미치므로 시각화visualization라는 방법이 대중화되었다. 이는 미래의 어느 시점에 당신에게 실현되기를 원하는 시나리오상의 자신을 상상하는 방법이다. 시각화는 프로세스를 완성하는 데 있어서 강력한 도구이며, 특히 엘리트 운동선수들과 스포츠 선수들에게 중요하다. 이상적인 골프 스윙이나 훈련 과정을 정신적으로 거치면서 뇌는 필요한 협응을 연습해 볼 수 있다. 스윙 동작을 하면서 팔을 움직이는 모습을 상상하면, 실제로 팔다리를 움직이지 않더라도 뇌에서 팔을 움직이는 부위가 활성화된다. 이 활성화는 팔을 움직이게 만드는 수준의 기폭제는 아니지만, 팔이 움직이는 운동패턴에 관여하기 때문에 관련된 뇌세포가 활성화되는 데 익숙해진다. 어느 소규모 연구에 따르면 심지어 새끼손가락의 움직임을 상상하는 것만으로도 손가락의 힘을 키울 수 있다고 보고되었다. 아마도 필요한 경로를 강화해 주는 우리의 정신적인 예행연습 능력 때문일 터다.[4] 또한 쥐 실험에서, 쥐들이 목표를 향해 이동하는 동안 전전두엽피질에서 목표 지점의 위치를 나타낸 정신적인 묘사가 이뤄지는 것으로 밝혀졌다.[5] 이 부위의 활동을 방해받는 쥐는 길을 찾는 데에 성공하지 못했다. 이 결과는 어떻게 현 순간의 시각화가 목표로 삼은 목적지를 향해 순조롭게 나아가게 해주는지 보여준다. 마치 실제인 양 상황을 상상하고 머릿속으로 연습하는 능력은 '현실 세계'에서 유용하다. 에너지를 소모할 필요 없이 실전에 대비할 수 있게 해주기 때문이다.

또한 시각화는 동기를 부여하고 최종 목표를 최우선시할 수 있도록 이상적인 결과를 상상하는 데에도 활용된다. 예를 들어, 시합에서 우승한 뒤 동료 선수를 꽉 껴안는다거나 꿈의 집 매매 계약서에 서명할 때 어떤 기분일지 상상하는 것이다. 이 이상적인 결과들의 이미지로 가득 찬 비전 보드는 커다란 목표들을 유념하기 위해 사용되는 도구다. 당신이 품은 목표가 무엇이건, 목표를 달성한 '결승선'에 선 자신의 모습을 상상해 보는 것은 운동선수들이 루틴을 완벽하게 만들기 위해 사용하는 시각화와는 다르다. 운동선수들은 전반적인 최종 결과보다는 과정에 초점을 맞추기 때문이다. 그리고 최종 결과를 생각하는 것이 누군가에게는 좋은 동기부여가 될 수 있지만, 이보다는 일상생활 속에서 이 목표를 어떻게 실현할지에 중점을 두는 것이 더 효과적일 수 있다.

성과   과정

1998년 실시된 소규모 연구에서 관찰된 사례에 따르면, 기말
고사 준비기간 동안 최고점을 달성하는 자신의 모습을 시각화한
학생들은 매일 5분 동안 시험공부를 하는 모습을 상상했던 학생들
보다 성적이 더 저조했다.[6] 공부하는 과정을 상상했던 집단이 실
제로 더 많은 양을 공부했으며, 이들은 상상을 통해 시험에 어떻게
준비할 것인지를 확인하고 공부에 대한 불안감을 줄일 수 있었다.
반면에 A학점을 받겠다고 상상한 학생들은 실제로 공부하고 싶은
의욕이 떨어졌다고 보고했다. 현재의 현실이 희망하는 목표와 다
를 때, 그 격차를 좁히고자 하는 원동력이 생겨나고 결국 실행에
옮길 수 있다. 그러나 최종 결과를 지나치게 시각화하거나 더 나아
가 당신이 달성하려는 계획을 다른 사람들에게 알리는 행위는 정
신적인 스트레스를 주고 추진력을 약화시킬 수 있다. 이 '완전성'
의 초기 감각은 자부심을 주며 그 순간에는 기분이 좋아진다. 우리
는 변화를 만들어 낼 원대한 계획을 이야기하기 좋아하니까. 하지
만 그 후 목표를 달성하기 위해 필요한 어려운 작업을 실제로 수행
해야 할 때, 당신은 몹시도 험난한 현실에 노력을 쏟아야 한다.

공상에 잠겨 시기상조의 완전성을 느끼는 것을 막기 위해 사용하는 기술 중 하나가 '심리적 대조mental contrasting'다.[7] 이 기술은 비전, 즉 보통은 다음 주나 다음 달 안에 달성하고 싶은 것에 대해 생각하는 것에서 시작해 다음과 같은 간단한 비교가 이어진다.

내가 원하는 곳과 현재 있는 곳 사이를 가로막는 것은 무엇인가?

처음으로 온라인에 영상을 올리고 싶다면, 그 목표를 달성하기 전에 고려해야 할 몇 가지 사항이 있을 수 있다. 스케줄이 꽉 차서 촬영할 시간을 확보해야 하거나 편집 소프트웨어에 익숙지 않아서 몇 시간 동안 매뉴얼을 보고 연습해야 할지도 모른다. 목표를 달성하려고 노력하기에 앞서 방해되는 장애물을 극복하기 위한 계획을 세워야만 마찰을 줄일 수 있다. 그러나 이 기술이 목표를 달성하고자 하는 개인의 신념에 어떤 영향을 미치는지는 여전히 불확실하다(지금까지의 연구들은 성공에 대한 기대가 높은 사람들만을 관찰했기 때문이다).[8] 아마도 장애물을 더 쉽게 식별하고 대응하기 위해서는 사소한 목표에 맞춰 행동을 설정하는 이와 같은 기술을 사용하는 것이 중요할 것이다. 꿈의 시나리오를 탈출구가 아닌 장애물을 식별하는 도구로 사용하는 것이 다음에 무엇에 집중할지 결정하는 데 유용할 수 있다.

마지막으로, 특정한 결과와 그 결과에 이르는 경로에 지나치게 집중하는 것은 마치 마음에 눈가리개를 씌우는 것과 같다. 우리의 관심은 선택적이고 목표는 우리가 집중하는 대상에 영향을 미친다. 따라서 특정한 결과를 향해 나아가는 단계에서 매우 제한적인 생각을 갖는다면 그 환경에 유리할 수도 있는 또 다른 기회를 놓칠지도 모른다. 원하는 결과에서 한발 물러나 주변에서 일어나는 다양한 상황에 좀 더 마음을 연다면, 다르지만 유용한 경로를 찾는 데 도움이 될 것이다.

프로세스를 정립하는 것은 중요하다(이에 대한 자세한 내용은 9장에서 다룬다). 그러나 배경 '소음'으로부터 필터를 제거하는 능력을 갖추면 때때로 전혀 예상하지 못한 곳에서 기회를 발견할 수 있다.

실전에 적용하기

큰 목표를 세우되 그것에 너무 매몰되지 않도록 적절한 균형을 이루려고 노력해 보자. 주요 목표를 더 잘게 쪼개고 가장 가까운 목표에 집중하자. 그렇게 해서 부담감을 줄이고 목표 지점으로 주의를 집중할 수 있다. 이상적인 하루의 연습에서 시작해 당신이 달성하고 싶은 구체적이고 전반적인 목표를 명확하게 설정해야 한다. 커리어 목표를 예로 들자면, '오전 9시부터 오후 5시까지 병원에서 재건성형외과 의사로 일하면서 시간을 보낼 거야'처럼 구체적인 목표일 수도 있고, '자연으로 나가 창조적인 역할을 할 거야'라는 좀 더 막연한 목표일 수도 있다. 우선, 경로를 설정해 보자.

경로 계획

내가 있는 곳 ├────────────┤ 내가 있을 곳

(학교 다니는 학생) (재건성형외과의)

'내가 있을 곳'을 정하고, 그 자리에 있다면 어떨지 상상해 보자. 어떤 느낌일까? 나 말고 또 누가 거기에 있을까? 나는 어디에서 살고 있을까? 머릿속에서 최종 목표를 생생하게 상상하면, 그 목표가 더 이상 도달할 수 없거나 이룰 수 없는 것처럼 느껴지지 않을 것이다. 목표는 대부분 완벽하고 완전한 환상처럼 느껴지곤 한다. 최종 목표에 도달했을 때 어떤 느낌일지 떠올려 보면 목표가 더욱 가시적으로 보일 수 있다.

정차 지점

당신이 현재 있는 곳과 앞으로 있을 곳 사이의 간극이 비교적 작을 때도 있다. 이를테면, 이제 한 번만 더 승진하면 원하던 직무를 맡을 수 있다는 식이다. 어떤 경우에는 목표로 삼은 결과가 아주 멀리 떨어져 있는 것처럼 보일 수 있다. 그 격차가 크든 작든, 그 사이에 정차 지점을 두면 최종 목표를 달성하는 데 도움이 된다. 경로 위에 이 지점들을 표시해 보고, 항상 거창한 성과만 생각하는 대신 더 작은 목표들을 향해 노력해 보자. 나의 경우, 수년간 내가 무엇을 하고 싶은지 알고는 있었지만, 그 목표에 어떻게 도달

할 수 있을지 전혀 감을 잡을 수 없었다. 그 과정에 놓인 몇 가지 단계들을 생각해 보니 훨씬 쉽게 행동을 취할 수 있었다.

'내가 있을 곳'이라는 구체적인 목표를 설정하고, 그곳에 도달하는 데 필요한 이정표milestone, 기술skill, 경험experience에 대해 생각해 보자. 이정표는 목표를 위해 필요한 '공식적인' 필요조건(학위, 훈련프로그램 등)일 수도 있지만, '투자자로부터 자금투자를 받음', '1시간 이내에 10킬로미터를 뜀' 또는 '유튜브에서 구독자 10만 명을 돌파함' 같이 중요한 발판을 나타낼 수도 있다. 기술은 당신이 목표한 이정표(복습하기, 인맥 쌓기, 만화 그리기 등)에 도달하는 데 필요한 실질적인 방법이며, 경험은 이 기술들을 연마하는 방법(친구와 같이 생물학 공부하기, 친목회 가입하기, 애니메이션 강좌 수강하기 등)이다.

이정표	기술	경험
학교 시험 통과	공부하기	매일 30분씩 복습한다
의대 입학	봉사	병원 봉사에 참여한다
...	...	...

당신이 작성한 목록을 살펴보고 목표 달성에 필요한 순서대로 기술, 경험, 자격의 순위를 매겨보자. 이정표부터 시작해서 이를 당신의 경로 계획에 추가하자. 이정표마다 특정한 기술이 필요하므로 이 기술들을 이정표의 성취 지점보다 앞에 추가한다. 마지막

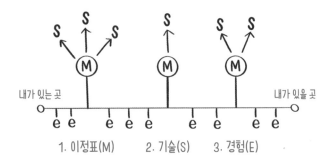

1. 이정표(M)   2. 기술(S)   3. 경험(E)

으로, 기술은 경험을 통해 발전한다. 그러니 당신이 연마하려는 기술을 향상시키기 위해 필요한 경험도 추가하자.

때때로 이 순서는 명백하다. 만약 외과 의사가 되고 싶다면 당신이 달성해야 할 첫 번째 이정표는 '의대 입학하기'다. 그러려면 '대인관계에서 환자와의 상호작용을 개선'하는 기술이 필요하며, 이 기술은 '병원에서 자원봉사'하는 경험을 통해 얻을 수 있다. 목표를 향해 가는 순차적인 과정을 알기가 어려울 때도 있다. 그럴 때는 가장 먼저 해야 할 첫 번째 일에 집중하고, 나머지는 현재 시점에서 적절하게 느껴지는 순서대로 나열한 뒤 나중에 조정하면 된다.

조명 켜고, 대조해 보고, 액션!

우리가 정차 지점을 정하면서 발전시킨 내용이 관심을 기울여야 하는 초점이다. 무작정 최종 목표를 상상하고 좇는 대신, 최종 목표는 잠시 잊고 목록의 첫 번째 이정표부터 살펴보자.

이제 그 이정표가 당신의 주요 목표여야 한다. 그리고 그 지점에 도달하기 위한 기술을 쌓는 데 필요한 초기경험에 주의를 기울여야 한다. 그 경험을 염두에 두고, 이를 실현하기 위한 실행 계획을 세워보자.

목록상의 첫 번째 경험을 하기 위해서 현재 이를 가로막는 방해 요소를 생각해 보자. 장애물을 극복하고 행동을 개선하려면 어떻게 해야 할까?

경험: **예** 병원 봉사활동

장애물	전략
봉사에 참여하는 방법을 모른다.	진로 상담 서비스, 지역 병원, 그리고 병원과 연계된 자선단체 등에 연락해서 봉사할 기회가 있는지 묻는다
...	...

가시적인 목표

이정표를 바탕으로 구체적인 목표를 설정하고, 이를 사용해 시간을 쪼개면 더 짧은 시간 단위에 집중할 수 있다. 이정표를 실행 단계별로 나누면 더욱 진전을 이룰 수 있다.

일정한 간격을 두고 현재의 이정표를 확인하자.

나는 이 작업을 월별 및 분기별로 수행하며, 이 시간 단위에 맞춰 작은 목표들을 더욱 세분화한다. 나는 앞으로 3개월 동안 무엇을 얻고 싶은지, 그리고 그 목표를 실현하기 위해서 노력해야 할 세 가지는 무엇인지 이야기하려 한다. 예를 들어, 이 책을 집필한다고 하자. 내가 심사숙고한 분기별 내용은 다음과 같다.

이정표	분기별 목표	분해
책을 쓴다	초안을 마친다	2부 초안 3부 초안 4부 초안

나는 이 세 가지 작은 목표를 해당 분기 동안의 **월별 목표**로 사용한다. 매달 초에 나는 이 목표를 주별 목표로 더 잘게 쪼개고, 이를 실현하는 데 필요한 기술과 경험을 고민해 본다.

월별 목표	분해	어떻게(기술/경험)
2부 초안	1주 차: 5장 초안 2주 차: 6장 초안 3주 차: 7장 초안 4주 차: 8장 초안	글쓰기/매일 쓰기 조사/관련 기사를 수집하고 메모하기

이 주간 목표는 내게 체계를 제공해 주고, 작은 목표들을 달성하는 데 필요한 과정에 집중할 수 있게 해준다. 11장에서 다룰

주간 스케줄은 이 경험들을 캘린더에 반영하고 각 목표를 효율적으로 달성할 수 있게 도와줄 것이다.

개인적으로 나는 항상 주간 목표를 달성하지는 못한다(아마도 성공률은 50:50 정도다). 목표치를 달성하지 못했을 때는 남은 일을 고려하여 다음 주 스케줄을 조정하면 된다. 이 목표치를 반드시 한 주 안에 달성할 필요는 없다(다만 한 주 안에 끝낼 수 있을 만큼 작아야 한다). 이 목표치는 당신에게 부담을 주지 않으면서도 실행을 통해 작은 목표를 달성하는 방법을 알 수 있게 해준다.

4장에서 언급했듯이, 분기별, 매년, 또는 인생에서 중요한 변화가 있을 때마다 이상적인 하루의 연습문제로 돌아와서, 지금까지 노력해 온 전반적인 목표가 여전히 당신이 원하는 바에 부합하는지 확인하도록 하자.

무작위성의 여지

가끔은 고개를 들어 당신을 목표로 이끄는 행동에서 시선을 떼고, 주변에서 무슨 일이 일어나고 있는지 살펴보자. 배경소음을 키우고, 다른 요소로 주의를 옮겨보는 것이다. 당신의 사명과 잘 통하고 목표의 나침반이 가리키는 전반적인 방향과 일치하는, 즐거우면서도 가치 있는 경험이 될 만한 일들이 더 있는가? 루틴에서 벗어나는 것이 불편하고 목표에 부합하지 않는다고 느껴질 수 있지만, 그 덕에 좁은 시야에서 탈피할 수 있다. 돌이켜보면, 내가 스스로 설정해 두었던 루틴에서 벗어나면서 낯선 사람들에게 말을 걸고, 기회를 달라고 요청하고, 평소에는 절대 가지 않던 행사에 참석하고, 조언을 구하는 등 얼마나 많은 기회가 찾아왔는지 이루다 말할 수 없다. 무작위성을 어느 정도 허용하면 당신 앞에 더 많은 기회가 주어질지도 모른다.

이번 주 혹은 이번 달에 당신의 루틴을 깨뜨리기 위해 무엇을 할 수 있을까? 어떤 행사에 참석할 수 있는가? 혹은 평소라면 하지 않았을 프로젝트가 있는가? 이러한 상황이 어떤 기회의 문을 활짝 열어줄지 우리는 결코 알 수 없다.

마무리하며

어디로 향하고 싶은지 비전을 명확하게 설정하면 주변 환경에서 목표와 관련된 기회를 찾는 데 도움이 된다. 명확한 비전을 세우면서도 당면한 과제에 집중한다면 목표에 한층 더 가까워질 수 있다. 목표를 실현하기 위해 성과나 최종적인 바람에 대해 매일 생각할 필요는 없다. 행동을 취하고 현재의 상태와 욕망하는 상태 사이의 간극을 좁히기 위해 노력하자. 과정에 푹 빠져서 한 수 위의 목표를 향해 노력하며 얻어낸 자그마한 승리를 즐겨보자. 매일

행하는 일에 집중하고, 당신이 따라가고 있는 그 궤도에 여전히 만족하는지 가끔은 고개를 들어 확인하자. 그러면 진전을 보기 시작할 것이다.

8장

'미래의 나'에
걸맞게 행동하라

세상의 변화를 보고 싶다면 나 자신부터 변해야 한다.

짐을 챙겼고, 어디로 가고 있는지 알고, 정차 지점도 지도에
표시해 두었다. 하지만 목표를 달성하기 위해 길을 나서기 전에 고
려해야 할 사항이 하나 더 있다. 누가 자동차를 몰 것인가?

그 답은 뻔해 보인다. 목표가 당신 것이라면, 당신 말고 다른
누가 운전을 할까? 하지만 자신에게 이렇게 물어보자. 지금 모습
그대로, 현재의 당신이 이 목표를 달성할 사람이 맞는가? 6장에서
확인한 실행의 장애물을 바탕으로, 아마도 지금 이 책을 읽고 있는
당신에게는 여정을 필요 이상으로 험난하게 만들 만한 성향이나

신념이 존재할 가능성이 높다. 목표를 달성하는 데 필요한 몇 가지 특성들을 파악해서 차에 싣는다면, 주행이 좀 더 원활해질 것이다.

　시동을 걸기도 전에 완전히 변화할 필요는 없다. 대부분의 교훈은 운전하는 동안 습득할 수 있다. 하지만 미래의 당신이 가질 법한 몇 가지 신념들을 상상해 보면, 나아가면서 좀 더 일관된 결정을 내릴 수 있다. 또 다른 방법은 자동차 여행에서 목표를 향해 나아갈 때, 길 안내를 도와줄 동승자를 고려해 보는 것이다. 여행에서 최적의 결정을 내려줄 롤 모델이 있다면 당신이 원하는 결과를 이룰 수 있을 것이다. 이 롤 모델은 이미 비슷한 여정을 마쳤거나 당신이 흠모하는 특성을 가졌으리라. 어느 방향으로 가야 할지 확신이 서지 않을 때, 지인이든, 우상이든, 미래의 자신이든 간에 내부적으로 질문할 수 있는 믿을 만한 기준이 있으면 잠시 멈춰 서서 다양한 관점에서 다음 움직임을 고심할 수 있다.

＊　＊　＊

　자신을 규정하는 방식은 우리가 누구인지 이해하는 데 있어 중요하다. 결정을 내리거나 대립하거나 축하해야 할 때, 우리는 특성, 필요, 욕구, 과거의 행동들로 이뤄진 내면의 참고서에서 반응을 도출하여 자아감과 일치하는 방식으로 행동한다. 자기 정체성은 스스로 어떤 사람이라고 생각하는지에 따라 행동하는 동기로 작용한다.

스스로 어떤 사람이라고 믿는지는 도덕처럼 우리가 배웠던 것들에서 비롯되지만, 어느 정도는 '보여주고 말하기'처럼 작용한다. 예를 들어, 자발적으로 매일 아침 5시에 일어나는 사람이라면, 정오까지 늦잠을 자는 사람보다는 자신을 아침형 인간으로 설명할 가능성이 높다. 매일 운동을 한다면, 아마도 자신을 건강에 관심이 많은 사람으로 볼 것이다. 당신이 취하는 행동과 자기 자신에게 들려주는 서사에 따라, 행동 방식은 정체성에 영향을 미치고 당신이 누구인지 규정하는 증거가 될 수 있다. '나는 X다 ↔ X처럼 행동한다'라는 피드백 루프는 습관을 비롯하여 우리의 행동이 정체성을 형성하는 데 도움이 될 수 있음을 뜻한다. 그리고 스스로 특정 유형의 사람이라고 생각한다면, 그 생각을 확신하게 만드는 방식으로 행동할 가능성이 높다.

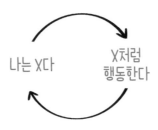

근본적으로 우리는 지난달, 지난해, 지난 10년간의 자신과 지금도 똑같은 사람이라고 느낀다. 자기 정체성은 과거의 당신, 현재의 당신, 미래의 당신을 연결하는 안정적인 구조로서 스스로를 설계한다. 그러나 우리가 누구인지를 구성하는 측면들은 평생에 걸쳐 변할 수 있다. 5년 전 '당신'을 되돌아보면, 그 사람을 거의 알아보기 어렵거나 몇 달 전에 가졌던 견해가 더 이상 맞지 않는다고 생각할 수도 있다. 이 상당히 중대한 변화를 촉발하는 정확한 사건이나 상황은 분명하지 않을 수 있다. 그러나 정체성의 측면들이 변화할 수 있다는 사실은, 우리가 어떤 사람인지 나타내는 요소들이 자신이 되고자 하는 유형의 사람에 맞춰 형성될 수 있음을 뜻한다. 공감하고 다른 사람의 동기를 지침으로 삼을 수 있는 우리의 능력은 진정으로 변화하려면 어떤 사람이 되어야 하는지 판단하는 데 도움이 된다. 우리가 누구인지 자신에게 들려주는 서사를 바꾸고 사용하는 언어도 바꿈으로써, 미래의 관점에서 오늘을 살아갈 수 있고 목표를 가까이 끌어당길 수 있다.

나 같은 경우, 내 정체성 중 가장 큰 변화는 먹는 것에서 비롯됐다. 나는 리버풀에 사는 아일랜드인 가정에서 자랐다. 그 말인즉슨 식사 대부분이 고기, 감자, 채소 위주였다는 의미다. 스튜부터 시작해 구이요리, 캐서롤까지, 어린 시절과 청소년기에 먹었던 요리 대부분은 동물성 식품으로 채워져 있었다. 그러나 대학에 가면서 뭔가 달라지기 시작했다. 주변의 다른 사람들은 내가 '평범'하다고 생각하는 음식을 먹지 않았다. 처음에 나는 이 차이를 그다지 의식하지 않았지만, 내 접시 위에 무슨 음식이 올라와 있는지 스스로에게 질문하기 시작했다. 계속해서 구이류와 스튜를 요리했지만, 다른 식습관을 가진 사람들을 접하면서 '육식주의자'라는 내 정체성을 되돌아보게 됐다. 내 입맛은 유년 시절부터 깊이 뿌리박혀 있었기 때문에 이를 내 정체성의 일부로 인식하지도 못했다. 그러나 새로운 환경에 뛰어들자 이 특성이 표면으로 드러났다. 채식주의자인 파트너와 사귀기 시작하면서 내 식습관은 서서히 바뀌었다. 우리가 함께 지낸 지 몇 달이 지났을 무렵, 나는 집에서 더 이상 고기를 먹지 않는다는 것을 깨달았고, 불과 일 년 만에 '육식주의자'에서 '채식주의자'로 변했다.

이 변화 이후 우리 가족과 고향 친구들은 충격을 받았다. "너는 고기를 좋아하잖아! 그리고 어떻게 치즈 없이 살 수 있어?" 내 변화를 목격하면서 그들은 먹거리를 중심으로 자신의 정체성을 마주했고(다른 사람들의 반발에 대해서는 15장에서 자세히 다루겠다) 내가 치즈스틱의 유혹을 거부할 수 있다는 사실에 당황했다. 그리고 솔직히, 나 역시 당황했다. 나는 밤에 놀러 나갔다가 집에 들어오면 잘 숙성된 체다 치즈 한 덩어리를 입에 쑤셔 넣어서 아빠를 깜짝 놀라게 만드는 그런 소녀였다. 유제품은 질리지가 않았다. 그러나 이제는 치즈가 잔뜩 담긴 그릇이 앞에 있어도 맛봐야겠다는 유혹이 들지 않았다. 나는 내면의 서사를 바꾸었다. '치즈를 먹을 수 없어'라고 말하는 대신(알다시피 거부는 전혀 효과가 없으며, 무언가를 가질 수 없다면 그것을 더욱 갈망하게 될 뿐이다) '나는 치즈를 먹지 않아'라고 말하기 시작했다. 내 언어는 내가 무엇을 먹고, 먹지 않는지에 대한 정체성과 함께 변화했고, 과거에 지녔던 갈망들로 인해 더 이상 괴롭지 않았다.

자, 이 장에서 식습관을 바꾸거나 쇠고기 대신 콩을 먹자는 이야기를 하려는 게 아니다. 하지만 나는 인생의 이 특별한 변화로부터 몇 가지를 주목했다. 첫째, 정체성은 비록 우리가 인식하지 못하더라도 우리의 수많은 사소한 행동과 깊이 관련되어 있다. 알람을 설정하는 시간부터 무엇을 먹을지, 어디에 돈을 쓰는지, 다른 사람들과 어떻게 대화하는지에 이르기까지 우리 성격의 작은 파편들이 다양한 행동들에 퍼진다. 특정 행동으로 인해 당신은 스스로가 더욱 당신답다고 느낀다. 둘째, '핵심 신념'이나 규범을 바꾸는 데는 오랜 시간이 걸리며, 그것이 항상 당신의 생각이었던 것처럼 느껴져야 한다. 몇 달에 걸쳐 더욱 많은 채소요리를 먹기로 선택하면서 나는 내 삶의 이러한 요소를 점차 바꿔나갔다. 누군가가 육식을 하는 나에게 다가와서 비건이 되라고 했다면, 내 뇌는 이를 현재의 정체성에 대한 심각한 위협으로 감지하고 진심으로 화가 솟구쳤을 것이다. 셋째, 나는 스스로 해낼 수 있다는 것을 보여줘야 했다. 내가 '마치' 이미 채식주의자나 비건인 양 행동해야 했고, 외식을 나가서는 일부러 메뉴에서 고기가 없는 요리를 고르고, 마트에서는 유제품이 없는 코너를 둘러보고, 사람들이 권하는 밀크 초콜릿 상자를 거절했다. 사소한 행동일지라도 각 행동은 내가 누구인지를 확인시켜 주었고, 이 새로운 정체성에 어울리게 행동하도록 유도했다. 마지막으로, 내가 스스로에게 말하는 방식이 행동에 큰 영향을 미쳤다. 내 선택과 자신을 설명하기 위해 선택한 단어들은 내 결심을 굳혀주었다. 나는 '할 수 없다', '시도해 보자', '할 수 있다'라는 말을 피하고, 대신에 '하지 않는다', '하자', '할 것이다'와

183

같은 더 확고한 언어를 사용하면서, 진지하게 임하고 있다는 믿음을 더 확실히 갖게 되었다.

내 정체성의 변화를 보여주는 이 사례는 목표와 관련해서 나 자신을 다루는 좋은 참고 자료가 되었다. 나는 이제 '이 목표를 실현하려면 어떤 사람이 되어야 하는가?'라고 묻는다. 목표를 설정하고 이를 내가 받아들일 수 있는 개인적인 특성으로 다시 해체하는 일은 일관된 결정을 내릴 수 있는 견고한 기반을 마련해주었고, 최종 결과에 유익한 행동들을 촉진했다.

과학적 근거

자기 정체성에 관한 연구는 여러 관점에서 다뤄져왔다. 철학, 사회학, 심리학, 신경과학 등에서 우리의 '핵심' 자아를 밝혀내려는 시도는 여전히 해결해야 할 과제로 남아 있다. 뇌에서 우리의 '자아'가 특정 영역에 자리 잡고 있을 가능성은 매우 낮다. 많은 기능과 뒤얽혀 있기 때문이다. 우리는 가치관, 성격의 특성, 과거의 경험, 감정 상태, 분석적 사고를 바탕으로 자신을 규정한다. 따라서 결정을 내리거나 사건을 처리할 때, 다른 사람들과 상호작용하고 정서를 파악할 때, 자아는 서로 의사소통하는 여러 뇌 부위에 의해 나타날 것이다.

자아감은 성장하는 과정에서 노출된 도덕관념을 중심으로 경

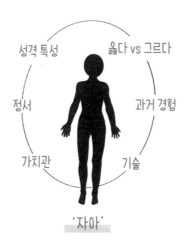

성격 특성　　옳다 vs 그르다

정서　　　　　과거 경험

가치관　　　　기술

'자아'

험과 가르침을 통해 발달한다. 우리를 키워준 양육자, 문화, 사회적 규범 등을 기반으로 다양한 상황에서 무엇이 '올바른 행동'인지를 알게 되며, 이 '올바른' 행동 방식을 지속적으로 반복하면 습관으로 전환된다.[1] 이 습관은 우리가 특정 상황에서 행동하는 방식을 좌우할 뿐 아니라, 이 행동을 우리 성격의 일부로 규정지으면서 '올바른' 것이라고 느끼게 만든다. 개인적으로 우리는 우리의 참된 자아가 선한 인간이라고 믿지만, 외부의 영향을 쉽게 받는 뇌의 특성상 우리가 도덕적이라고 느끼는 것의 발달은 옳지 않거나 유해할 수도 있다. 이 신념들이 올바르다고 마음 깊이 확신하더라도 말이다.

　　뇌에서 우리의 자아를 이루는 구성 요소들을 찾을 때, 현재로서는 여전히 검증이 필요한 모델, 즉 이론적인 개념에 의존하고 있다. 이 이론들이 사실인지 아닌지 확인하기 위해서는 실험이 필요하다. 조현병, 주요우울장애, 경계선 성격장애와 같은 다양한 신경 정신적 질환을 앓으면 정체성이 손상된다. 연구자들은 자아가 뇌에서 어떻게 나타나는지 이해함으로써 이 질환들에 대한 통찰을 얻고, 정체성 상실이나 변화된 자아감으로 어려움을 겪는 사람들에게 도움이 될 것으로 기대하고 있다. 한 사람의 계획, 야망, 감정, 욕망, 가치관 사이의 일치를 설명할 때 사용되는 용어인 '통합된 자아integrated self'[2]의 한 모델은 이 이 연결고리들이 통일되어 보이는 것으로 보아 연결망이 뇌의 한쪽에 자리했을 거라 추정한다. 마치 한가운데를 관통하는 강이 있는 도시의 교통망과 같다. 강 한쪽에 신속하게 작동하는 통합된 연결망을 만드는 것이 몇 개의 교차지점을 통해 강의 양쪽을 가로지르는 것보다 훨씬 쉽다.

이 모델에 따르면 자아 연결망은 동시에 여러 가지 문제를 처리하여 결론을 내릴 수 있다고 한다. 과거의 기억, 정서적 감각, 가치관, 목표를 통해 정보를 걸러내어 일관된 선택을 내리는 것이다. 또한 통합된 자아는 우리가 속한 환경에서 개인적으로 관련된 정보들을 찾아내고 내면의 깊은 안정감과 신뢰감을 갖게 해주는 것으로 보인다. 이 자아감은 우리가 외부에 보여주는 자아, 즉 개념적인 자아와는 다르다. 개념적인 자아는 외부 자원에 의해 평가받는 우리 자신의 이미지이긴 하나, 통합된 자아가 필요로 하는 정서적·감각적 통찰력이 부족하다.

뇌의 또 다른 자아 모델은 우리의 존재감각이 세 가지 연결망에 의존한다고 설명한다.[3] 가치를 이해하는 것과 관련된 '핵심 자아' 연결망core self network, 타인에 대한 사고와 같이 외부 자원에 쏟는 사회적 주의를 통제한다고 알려진 인지 조절 연결망^{cognitive control} network, 그리고 감정과 같은 내부 신호를 감지하고 반응하는 것으로 보이는 현출성 신경망^{salience network}이다.

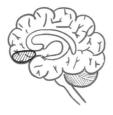
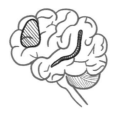
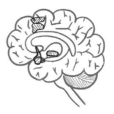

'핵심 자아' 연결망　　　　인지 조절 연결망　　　　현출성 신경망

　　이 연결망들의 관여는 심리학, 신경과학, 신경경제학의 연구에서 나온 결과이지만, 이 연결망들이 실제로 우리의 자아감을 어떻게 형성하는지를 테스트하려면 훨씬 더 많은 연구가 필요하다. 지금까지 진정한 자아를 이해하려는 많은 연구는 자기 보고를 바탕으로 이루어졌다. 이 방식은 개인적인 통찰을 제공하나 기능과 정확하게 연관 짓기는 어렵다. 또한 우리 뇌가 어떻게 자아의식을 형성하는지에 관해서 여전히 답해야 할 질문들이 많다. 이를테면, 여기에서 제시된 뇌 부위는 '이것이 나란 사람이야'라는 느낌을 산출해 내기 위해 어떻게 상호작용할까? 정확히 어느 뇌세포가 관여하며, 신호를 보내기 위해 어떤 전달물질을 사용할까? 뇌의 자아에 대해 더 깊이 이해하게 되면 우리가 누구인지를 정의하는 방식, 이 구조의 안정성 정도, 자아감이 손상된 상태에서 이를 이루는 요소들을 조정하는 방법에 대한 통찰력을 얻을 수 있다.

정체성을 행동 변화의 도구로 사용하는 개념은 상당히 최근에 시도되었다. 우리가 누구인지를 이해하는 데 있어 가장 중요한 것은 과거의 행동을 살펴보고 그 행동으로부터 추론하는 것이다. 우리는 평생을 우리가 습득해 온 평가와 과거의 경험을 활용해 우리가 누구인지 확인시켜주는 패턴들을 도출한다. 예를 들어, 나는 학교에서 높은 수준까지 수학을 배웠고 기말고사에서 고득점을 받은 경험이 있기에 여전히 수학을 잘한다는 정체성을 갖고 있다. 그러나 지금 내 앞에 기말고사 시험지를 들이댄다면 쩔쩔매고 말 것이다. A레벨 성적표는 비록 지금 내 계산 실력이 최고 수준이 아니더라도 '나는 수학을 잘한다'는 것을 보여주는 증표가 된다.

우리가 누구인지를 규정하기 위해 과거 행동의 패턴을 살필 때, 우리는 필연적으로 특정 유형의 행동, 즉 습관에 초점을 맞추게 된다. 수학을 예로 들면, 나는 시험에서 좋은 점수를 받기 위해 몇 시간씩 공부했다는 것을 안다. 따라서 나는 내 성적을 어쩌다 운이 좋아서 나온 점수가 아니라 숙제를 하고 복습하는 습관의 결과로 여긴다. 만약 내가 프랑스어에서 A레벨 시험을 치르고(나는 프랑스어로는 인사만 할 줄 아는 수준이다) 최고 점수를 받았다면, 프랑스어를 잘한다고 생각하지 않을 것이다. 시험점수가 잘못됐다거나 완벽한 요행이라고 여길 것이다. 그 시점까지의 내 행동(공부나 복습을 하지 않음)은 내가 '라 랑그 드 라무르 La Langue de l'amour(사랑의 언어라는 의미)'로 대화할 능력이 없음을 알려주기 때문이다.

우리의 정체성이 습관과 얼마나 연관되어 있는지 살펴보면,

다소 일관된 모습이 나타난다. 만약 습관이 당신의 목표 및 가치관과 관련이 있다면, 그 습관은 스스로 어떤 사람이라고 믿고 있는 모습의 일부가 될 가능성이 더 높다. 일회성 연구에 따르면 헌혈을 하는 사람들은 '헌혈인'이라는 정체성에 부합하게 행동할 가능성이 더 높으며,[4] 건강에 관심 있는 사람들은 좀 더 건강한 음식을 먹을 가능성이 높은 것으로 나타났다.[5] 이는 해로운 행동의 경우에도 동일하다고 보고됐는데, 예를 들어 과음을 하는 술꾼으로 밝혀지면 대학교에서 공부하는 동안에도 과음하는 경향을 보였다.[6] 한 설문조사에서 400명 이상의 학생을 대상으로 80가지의 다양한 행동을 얼마나 무의식적으로 자주(다시 말해 습관적으로) 행하는지, 각 행동이 그들의 진정한 모습을 얼마나 드러내는지, 그리고 이 행동들과 연관된다고 생각하는 가치관은 무엇인지 평가하도록 요청했다. 그 결과, 습관이 개인의 가치관과 관련되는 경우 정체성과도 관련될 가능성이 높은 것으로 드러났다.[7] 이 조사 결과에 따르면, 양치질과 같은 습관이 한 사람의 정체성을 대표한다고 느낄 가능성은 낮지만, 자선단체에 기부하는 것과 같은 행동은 정체성과 더욱 쉽게 결부된다. 또한 이 연구 결과는 습관적인 행동에 자아감을 부여하는 정도에는 저마다 개인차가 있음을 발견했다. 이는 일부 사람들은 정체성을 자신이 하는 행동과 연관 지을 가능성이 낮다는 의미가 된다.

정체성의 변화는 개인이 건강에 해로운 행동에서 벗어나 좀 더 유익한 상태로 전환하는 데 도움을 주는 수단으로 활용된다. 예

이게 바로 나야…

기부

를 들어, 더 이상 흡연가가 아니라고 선언하는 것은 휴식 시간에 담배 피우는 습관을 억제하게끔 돕고 금연을 촉진하는 동기를 제공한다. 현재까지 정체성을 강화하는 방법 중 과학적으로 입증된 것은 없다. 정체성 변화를 통해 행동 변화를 이끌어 내는 몇 가지 적절하게 수행된 연구에서 주로 사용된 방법은 정체성 변화를 위한 사회적 정체성 모델 social identity model이다.[8] 이 모델은 기존에 알고 지낸 가까운 동료이든 새로운 집단에 의해서든 간에, 중요한 삶의 변화가 사회적 지지를 통해 더욱 잘 다뤄질 수 있음을 시사한다.

이 분야의 연구에 따르면 인연을 맺고 관계를 형성하는 것이 정체성 변화를 촉진하는 핵심적인 방법이며, 이는 자신의 행동이 달라질 수 있다고 느끼게 도와준다. 대처 기술을 습득하고, 적응 행동을 모방하며, 사람들이 새로운 정체성에 따라 행동하도록 장려하는 일은 이들이 자신을 바라보는 방식을 바꿔놓는다고 보고됐다. 그러나 대부분의 연구가 독립적으로 측정된 것이 아니라 스스로 얼마나 변했다고 느끼는지 기술하는 것에 의존하고 있으며, 아직은 이 분야에서 충분한 수준의 연구가 이뤄지지 않았다. 정체성을 정의하는 더 나은 방법, 정체성의 변화를 추적하는 더 구체적인

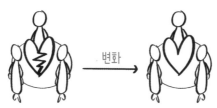

사회적 정체성 모델

방법을 갖추고, 이 변화가 유지되는지 확인하기 위해서는 장기간에 걸친 대규모 연구가 이뤄져야 한다. 그래야 개입을 통해 스스로 믿고 있는 모습을 변화시킬 수 있는지 여부를 더욱 확고하게 말할 수 있을 것이다.

정체성을 바꾸는 것이 행동 변화를 촉진하는 가장 좋은 방법인지 판단하기에는 아직 이르나, 목표에 도움이 되는 방식으로 행동하는 데 유용한 신경과학적인 특성이 있다. 바로 다른 사람들처럼 생각할 수 있는 우리의 능력이다. 4~6세 사이에 정상적인 신경 구조를 가진 사람들은 다른 사람의 관점에서 세상을 보기 시작한다. 이를 '마음 이론'이라고 부른다.[9] 당신은 영화를 볼 때 주인공의 입장에 완전히 몰입해서 그들의 감정을 느끼고, 이들이 상황을 어떻게 해석하는지 감지할 수 있다. 다른 장면에서 다른 등장인물들 사이에 오간 대화를 바탕으로 주인공을 살해하려는 음모가 있다면, 당신은 이를 알지만 주인공은 여전히 그런 계획이 펼쳐지리라고는 전혀 생각하지 못한다는 사실을 알고 있다. 다른 사람의 마음을 모델링해서 그들이 어떻게 행동할지 예측할 수 있는 능력은 우리 종족의 생존에 중요한 역할을 해왔다. 이 기술을 목표 추구에 적용하면, 어떤 행동을 해야 할지 결정을 내릴 때 다른 사람처럼 생각할 수 있다는 뜻이 된다. 주어진 상황에 반응하기 전에 충분한 여유를 가지면, 롤 모델의 입장에 서서 그 사람이라면 어떤 행동을 취했을지 생각할 수 있다.

실전에 적용하기

앞으로 당신의 정체성 중에서 목표를 달성하기 위해 바꿀 수 있는 몇 가지 특성을 파악해 보자. 이러한 정신적 재구성은 현재 상황에서 어떻게 행동할 것인지 질문하는 도구로 활용할 수 있다.

나는 누구인가

목표를 달성했을 때 자신의 모습을 상상해 본 후 그 버전의 당신에 관한 몇 가지 문장을 만들고, 이를 활용해 오늘날 행동을 장려할 수 있다. 마라톤을 뛰고 싶었고 실제로 그렇게 했다면, 당신은 아마도 자신을 러너라고 표현할 것이다. 만약 당신이 러너라고 믿는다면, 그렇지 않다고 생각할 때보다 밖으로 나가 거리를 뛰어다닐 가능성이 더 높다. 저항감을 느낄 때 마음속으로 이 말들을 읊조리면, 목표가 무엇인지, 왜 그것을 달성하고 싶은지, 목표에 도달하기 위해 지금 무엇을 해야 하는지를 상기하는 데 도움이 된다.

목표를 달성한 자신의 모습을 생각하면서, 다음의 문장을 완성해 보자.

나는 다음과 같은 유형의 사람이다…

[예] 일주일에 네 번 달리기를 한다

나는 절대…

[예] 비가 온다고 해서 달리기를 쉬지 않는다

나는 항상…

[예] 달리기를 할 시간을 낸다

나는 다음과 같은 방식으로 최선을 다한다…

[예] 훈련 계획에 충실할 수 있도록 휴식을 취하고 회복한다.

나는…

[예] 러너다.

이 연습을 할 때, 현재 당신의 정체성 중 발전을 방해하는 몇 가지 요소를 떠올려 보는 것도 유용하겠다. 예를 들어 6장에서 확인한 신념 같은 것이다. 나 같은 경우, 특히 실패를 마주했을 때 내가 얼마나 감정적으로 반응하는지 알지 못했다. 그리고 몇 차례의 사색을 거친 끝에 내가 자신을 설명하는 방식 중 상당 부분이 '모든 일을 완벽하게 해내는 사람'임을 깨달았다. 이런 식으로 나 자

신을 바라보는 것은 내가 안전지대에서 벗어나 뭔가를 시도할 때 큰 부담이 되었다. 나는 이 말을 선택한 후 '최선을 다하는 사람'으로 수정했다. 이 말은 열심히 노력한다는 점에서는 여전히 같았지만, 완벽이라는 도달할 수 없는 결과는 배제한다는 의미였다.

승리의 목록

당신이 누구인지 스스로 말하는 대로 믿기 위해 가장 중요한 요소는 그 행동을 자신에게 보여주는 것이다. 우리의 자아 인식 능력은 일상적인 행동을 살펴보고 그로부터 우리의 정체성을 추론해 나간다. 만약 당신이 과일과 채소를 더 많이 먹으려고 노력하지만, 계속해서 녹색 음식을 피하고 과자와 초콜릿을 먹는다면, '나는 건강한 음식을 먹는 사람이다'라고 말하는 것은 설득력이 떨어진다. 당신이 스스로에게 말하는 정체성과 관련된 사소한 행동을 실천할 때, 그 진술을 진실로 받아들일 수 있다. 제임스 클리어James Clear는 저서《아주 작은 습관의 힘》에서 이러한 행동을 "작은 승리small win"라고 정의했다. 즉, 당신이 되고자 하는 사람을 위한 '투표' 역할을 하는 작은 일들을 의미한다.

당신이 스스로에게 말하는 정체성 진술을 믿게 하려면 어떻게 해야 할까? 좀 더 건강하게 먹고 싶다면, 아마도 오전 간식으로 초콜릿바 대신 사과를 먹거나 접시 한구석이 채소로 가득 찬 식사를 할 것이다. 만약 책을 쓰고 싶다면, 매일 아침 20분 동안 앉아서 글을 쓸 수 있다. 이런 식으로 작게 생각하자. 작은 행동들이 쌓여서 아주 큰 변화를 만들어 낸다(다음 장에서는 작은 행동을 루틴으로 만드는 방법에 대해 자세히 다루려고 한다).

자신의 정체성을 표현하는 데 도움이 될, 매일 행할 수 있는 작은 승리로는 무엇이 있는가? 10가지를 생각해 보자. 작을수록 더 좋다!

신(信)탁이사회

원래의 루틴에서 작은 변화를 시도할 때조차 초기에는 노력이 필요하다. '미래의 나'에 부합하는 자기 정체성 진술은 작은 승리들을 달성할 동기를 부여할 수 있지만, 그럼에도 여전히 스스로에게 말하는 진술이 터무니없게 느껴질 수 있다. 당신 내면의 독백은 '그래, 맞아. 그건 진실이 아니야'라는 반응과 함께 이러한 진술에 반대하기 일쑤다. 그리하여 당신이 필요한 행동을 이행하지 못하게 방해한다. 이 단계를 통과하려면 작은 승리들을 기본 습관으로 바꾸기 위한 노력을 쏟아야 한다. 이때, 다른 사람의 머릿속으로 들어가는 우리의 능력을 발휘하면 미래자기future self를 위해 하고 싶은 행동을 선택할 수 있다.

당신과 같은 목표를 달성한 사람, 또는 당신의 삶에 적용하고 싶은 자질을 지닌 사람을 떠올려 보자. 그러고 나서 '해야 할 일'을 알고 있지만, 당장 만족을 주는 선택에 따르고 싶은 유혹에 빠질 때, 그 사람이라면 이 상황에 어떻게 대처할지 묻는 상상을 해보자. 마음 이론 덕에 우리는 다른 사람의 관점에서 우리의 딜레마를 볼 수 있고, 이를 행동 요령에 대한 지침으로 삼을 수 있다.

나에게는 이 방식이 달리기하는 사람이라는 정체성을 확립하는 데 핵심이었다. 나는 주방에서 날뛸 때 빼고는 유산소 운동에 열중해 본 적이 없었다. 그러나 달리기를 시작하고 싶었고, 이를 내 루틴으로 만들려면 꾸준히 달려야 했다. 날씨가 화창한 날에는 밖으로 나가서 공원을 한 바퀴 뛰기가 비교적 쉬웠다. 하지만 춥거나 비가 오는 날에는 조깅에 대한 저항감이 엄청나게 커졌다. 겨울이 되자 그동안 만들어 온 루틴이 무너졌고, 이듬해 봄에는 '내가 도대체 200미터 이상을 어떻게 뛰었지?' 하는 생각이 들었다.

발전하고 일관성을 유지하는 비결은 비가 오나 눈이 오나 밖으로 나가는 것이었다. 나는 일주일에 세 번 달리기로 스케줄을 짰고, 이를 날씨가 좋을 것으로 예상되는 날을 기준으로 일정표에 추가했다(자세한 내용은 11장에서 다룬다). 하지만 영국에 사는 사람이라면 누구나 알듯이, 몇 주 동안이나 '좋은' 날이 없을 수도 있다. 춥거나 비가 오는 날 아침에 달리기를 해야 하는 경우 나는 속으로 생각했다. '모 파라Mo Farah는 어떻게 할까?' 영국의 전설적인 달리기 선수인 모 파라라면 비가 와도 달리기를 빼먹지 않을 것이고, 그의 입장에서 상황을 바라보는 것이 확실히 도움이 됐다. 이제 내 달리기 루틴은 거의 굳어졌다. 하지만 가끔 정말 우울한 날이나 뭔가 사소한 일이 달리기 스케줄을 지키는 것보다 더 중요하다는 생각이 들 때면 나는 여전히 모에게 묻는다.

> 당신의 목표를 달성한 사람, 또는 당신이 작은 승리를 꾸준히 달성하는 데 도움이 될 자질을 지닌 사람을 떠올려 보자. 저항에 부딪힐 때 '내 롤 모델이라면 어떻게 대처할까?'라고 물으면 어떤 행동을 할지 결정하는 데 도움이 된다.

의미 있는 말을 하라

우리가 자기 자신과 타인에게 자신을 표현하는 방식은 정체성 형성에 큰 영향을 미친다. 언어는 강력한 도구다. 사람들을 사랑에 빠지게 만들고, 전쟁을 일으키며, 성공적인 신사업을 출범시킨다. 자신을 설명할 때 사용하는 말을 바꾸면, 목표를 달성하기 위해 되어야 하는 사람에 걸맞게 행동할 수 있다.

자신에게 권장하고 싶은 행동에 관해 이야기할 때는 그 행동을 강화하는 방식으로 말하자. 아침에 헬스장에 가기 시작했다면, 헬스장에 있는 동안 스스로(또는 그곳에 있는 다른 사람들에게) '나는 운동시간을 빼먹지 않는 편이야' 혹은 '나는 헬스장에 다니는 사람이야'라고 말해보자. 이는 행동을 수행하는 동안 당신이 어떤 사람인지 강화해 준다.

행동을 저지하려고 할 때는 단호하게 말하자. 가령, 친구가 화요일 밤에 나가서 곤드레만드레 취할 때까지 술을 마시자고 한다. 하지만 그랬다가는 아침 운동에 방해되리라는 것을 안다. 이때 유혹에서 단호하게 벗어나려면 '술을 마실 수 없어'라는 말 대신 '나는 평일에는 술을 안 마셔'라고 말하자. 아직 진전이 보이지 않아 의욕 저하로 어려움을 겪고 있다면, '더 이상 못 하겠어'라고 말하는 대신 '계속해 보자'라고 말하자. 자신에게 이야기하는 방식에 따라 특정 과제를 수행하는 동안의 전반적인 분위기가 바뀔 수 있다. 당신과 목표 사이에 또 다른 저항의 장벽을 세울 힘을 말에 부여하지 말자.

알아 　언제나

안 해 　절대로

열성적 　해

반드시 　할 거야

마무리하며

목표를 달성했을 때와 비교하여 현재 스스로 믿는 자신의 모습에 도전하는 일은 크고 작은 의사 결정을 개선하는 데 도움이 된다. 그리고 이를 통해 실제로 원하는 방향으로 나아갈 수 있다. 개입이 자아 정체성을 변화시킬 수 있는지는 아직 확실하지 않지만, 유익한 행동을 촉진하고 방해하는 습관에서 벗어나는 도구로 활용될 수 있다. 아주 사소할지라도 목표를 달성하는 데 필요한 행동을 실제로 행하고, 그러한 행동을 하는 사람이라고 스스로에게 말하자. 그러면 이러한 신념이 마음속에서 확고해질 것이다.

정체성의 여러 측면을 다루는 동안 당신이 어떤 사람인지 나타내는 다른 특성도 안정적으로 유지하는 것이 중요하다는 사실을 명심하자. 정체성 전반을 바꾸는 작업을 한꺼번에 하려고 하면, 혼란을 겪고 행동을 취할 수 없게 될 가능성이 높다. 정체성은 닻이자 인생을 살아가면서 안정감을 느끼게 해주는 우리의 일부로서, 정체성 상실은 삶을 바꿔놓는 질환들과 관련된다. 따라서 개선하고 싶은 인생의 한 측면을 선택하고, 당신이 갖추고 싶은 형태의 행동을 따라 해보자. 이와 함께 내면의 신탁이사회와 미래의 나에게 당신이 내리는 결정과 해야 할 행동을 안내해달라고 자문하라.

3부

목표를 향해 정주행하는 법

BRAINTENANCE

9장

우선순위를
정하라

루틴이란 욕망으로 채울 수도, 단조로움으로 채울 수도 있는 단어다. 그러나 좋든 싫든 루틴은 우리의 삶을 지배한다.

아침에 일어나서부터 밤에 머리를 뉠 때까지, 우리의 나날은 루틴으로 이루어진다. 우리는 서둘러 샤워하고, 강아지를 산책시키고, 커다란 컵에 커피를 마시고, 출근을 하고, 점심으로 수프를 먹고, 집에 돌아와 소파에 털썩 주저앉고, 침대로 기어들어간다. 루틴은 단조로워 보일 수 있지만, 이를 활용하여 목표를 향해 나아갈 수 있다.

일상적인 루틴을 플레이리스트에 수록된 노래라고 생각하면,

우리의 뇌는 플레이 버튼을 누르고 전곡을 모두 들은 후 다음 곡으로 넘어간다. 이 곡들 중 일부는 다소 쾌활하고, 다른 몇 곡은 최신 유행곡이며, 몇몇 곡은 그저 몹시 괴로울 뿐이다. 개입이 없는 한, 이 개인화된 플레이리스트는 당신이 선호하는 음악과 상관없이 계속해서 반복 재생될 것이다. 하지만 작고 간단한 변화로 형편없는 노래를 더 좋은 노래로 교체하여 듣기 경험을 향상시킬 수 있다. 활기차고, 즐겁고, 집중이 잘되는 루틴을 만들면, 목표를 향해 나아가기가 조금 더 쉬워질 것이다.

새로운 행동을 일상에 포함시키려고 할 때, 우리는 그것을 양치질 같은 루틴으로 만들고 싶어 한다. 그리고 오늘날 우리가 행하는 루틴이 단순하게 느껴질지라도, 어떤 행동이 중요한지 뇌에 가르치기 위해서는 지속적인 강화가 필요하다. 지속적으로 하기 위해서는 단순하고, 쉽고, 즐거워야 한다. 유익한 행동을 단순하고, 쉽고, 즐겁게 만들면 우리가 그 행동을 계속할 가능성이 높아지고, 그 결과 일상적인 사운드트랙에 수록된 곡이 향상될 수 있다.

✳ ✳ ✳

작은 행동이 쌓여 큰 성과를 만든다. 커다란 목표를 추구할 때, 우리는 종종 원하는 성과를 달성하려면 과감하게 변화해야 한다는 생각에 사로잡히곤 한다. 사실, 가장 큰 영향력을 발휘하는 것은 아주 작은 변화들이다. 첫째로, 작은 부분을 바꾸면 일관성을 유지하기가 더 쉬워지고, 변화에 직면할 때 경험하는 내면의 반발을 줄일 수 있다. 두 번째로, 작은 발걸음이 큰 발걸음을 고무한다. 마치 미지근한 물로 채워진 수영장에 몸을 담그는 것과 같다. 물에 노출된 몸 구석구석은 점차 적응하다가 추위를 덜 느끼게 되며, 결국에는 완전히 물에 잠기게 된다. 세 번째로, 우리가 하는 행동의 결과를 실제로 인식하지 못하는 '사소한' 순간들이 쌓여 현재 상태가 된다. SNS를 뒤적이며 10분을 흘려보낸다거나, 계단 대신 엘리베이터를 탄다거나 하는 식이다. 당시에는 이 행동들이 우리의 목표와 무관한 것처럼 느껴지지만, 며칠, 몇 주, 몇 년에 걸쳐 이러한 행동들이 누적되면서 우리의 시간에서 어마어마한 부분을 차지하게 된다.

루틴은 복잡해 보일 수 있지만, 습관과 행동 같은 다양한 프로세스로 구성된 일련의 작은 행동들로 이루어져 있다. 큰 목표를 작고 단순한 행동으로 쪼개면 이 행동들을 일상생활에 더 쉽게 도입할 수 있다. 토요일마다 20킬로미터를 뛰는 누군가의 이야기를 듣고 깜짝 놀랄지도 모르지만, 그들도 아마 처음에는 겨우 몇 분씩만 뛰면서 체력을 키우려는 노력을 시작했을 것이다. 우리의 목표를 처음의 작은 단계로 쪼개고 실패할 가능성이 적은 행동을 규칙적인 목표로 삼자. 그러면 꾸준히 실천하는 데 도움이 되고, 추진력이 생기며, 이정표에 도달할 수 있음을 스스로 증명하게 될 것이다.

루틴은 기폭제가 될 수 있다. 3장에서 언급했듯이, 개인의 습관은 콜 앤드 리스폰스 방식으로 환경에 의해 촉발되는 경우가 많

3부 목표를 향해 정주행하는 법

다. 여러 단계로 구성된 루틴도 마찬가지다. 예를 들어, 헬스장에 가는 것은 운동복을 입는 것과 같은 단순한 행동에서 시작될 수 있다. 이 행동은 가방을 챙기고, 집을 나서고, 마침내 운동을 하는 다음 단계를 촉발한다. 이와는 대조적으로, 스트레스를 받는 것과 같은 내면의 신호는 완전히 다른 루틴을 촉발하기도 한다. 이를테면 운동 대신 대용량 감자칩을 꺼내서 텔레비전 앞에 주저앉는 것이다. 이러한 기폭제 혹은 단서를 식별함으로써 특정 루틴으로 통하는 관문이 무엇인지 확인하고, 새로운 루틴을 만드는 데 활용할 수 있다. 우리 아빠는 언제나 내게 운동할 때 가장 힘든 것은 집을 나서는 것이라고 말씀하신다. 이 작은 '시작' 행동(또는 어떤 행동을 하지 않으려 할 때의 '정지' 행동)을 자동화하는 것이 좋으며, 이는 나머지 루틴으로 흘러가는 관문 역할을 한다.

내 삶에서 루틴을 바꿔놓은 이야기를 하자면, 내가 가장 최근에 마주한 변화는 이 책을 쓰는 것이었다. 나는 글쓰기를 습관화해야 한다는 것을 알았다. 이는 번쩍이는 영감을 받아 글을 써야 한다는 내 본래의 신념에 어긋났다. 이상세계에서는 그럴지 몰라도, 나는 마감일에 맞춰 글을 썼고 정규직으로 일하고 있었기 때문에 영감이 떠오를 때까지 기다릴 시간이 없었다. 영감이 아침 10시에 떠올라봤자 결국 무용지물이었다. 또 다른 이유로 시간을 쓰고 있을 테니까. 나는 내게 주어진 자유시간을 통제하고 글쓰기 루틴을 만들어야 했다. 나 같은 경우 아침에 일이 가장 잘 되는데, 당시에는 그 시간을 운동에 할애하고 있었다. 나는 운동 시간을 오후로

다. 여러 단계로 구성된 루틴도 마찬가지다.

옮기고, 이른 시간에는 글을 끄적이기로 결심했다.

　이 새로운 루틴을 기본값으로 바꿔놓기 위해 나는 전날 밤 책상을 정리하고, 노트북 화면에는 쓰고 있던 책의 마지막 페이지를 띄어놓고, 아침 계획을 미리 대략적으로 짜두었다. 아침에 눈을 뜨면 나는 글쓰기로 통하는 관문이 될 두 가지 간단한 행동을 하곤 했다. 먼저, 커다란 컵에 차를 담는다. 그다음, 내 글쓰기용 플레이리스트를 고수한다. 나는 글을 쓸 때마다 들을 플레이리스트 하나를 골라서, 매일 아침 똑같은 노래를 가장 먼저 틀었다. 시간이 흐르면서 내 뇌는 이 노래와 플레이리스트에 있는 나머지 노래들을 '글쓰기 시간'과 연관시켰다. 나는 매일 같은 시간에 세 문장을 쓴다는 작은 목표를 가지고 글을 썼다. 어느 날은 이 세 문장이 내가 짜낼 수 있는 전부였고, 또 다른 날은 세 문장을 넘어서 몇 페이지나 글을 쓰곤 했다. 현실적이고 명료하며 달성 가능한 목표를 가지고 '글쓰기 루틴'을 꾸준히 해나간다는 것은 내가 언제나 자리에 나타나 펜을 든다는 의미였다. 물론, 하루 중 다른 시간에 번뜩이는 영감이 떠오르면 그 순간에 떠오른 생각 중 일부를 수첩에 적어두지만, 내 기분에 따라 글쓰기 작업을 하지는 않았다. 대신에 나를 계속해서 돌아오게 하는 루틴을 만들어 냈다. 차 한 잔과 음악, 그리고 세 문장을 쓰겠다는 작고 전혀 버겁지 않은 목표가 나를 글쓰기 영역으로 이끄는 완벽한 기폭제가 되어주었다.

과학적 근거

3장에서 우리는 콜 앤드 리스폰스 습관 모델을 만나보았다.

습관 이론

상황 = 행동

(신호)　　(반응)

그리고 우리는 '침대에 간다=TV를 본다' 사례를 통해 이러한 요소를 변경하는 것이 어떻게 새로운 행동을 촉진하는지 논했다. 이 개별 구성 요소들을 좀 더 자세히 살펴보면, 쓸모없는 행동을 중단하고 새로운 행동을 유발하는 방법을 알 수 있다.

신호를 깨라

내부 혹은 외부의 신호에 따라 특정한 행동 반응을 보이는 것은 인간의 생존에 필수적이었다. 예를 들어 당신이 숲속의 어느 특정 구역에서 쐐기풀에 찔렸다고 하자. 이제 똑같은 환경에 처하면 당신은 천천히, 조심스레 걷게 될 것이다. 이 구역에 접근할 때마다 뇌는 시각을 통해 주변을 둘러싼 나무와 관엽을 보고, 특정한 새의 울음소리를 듣거나 특정 잎이 무성한 식물의 냄새를 맡으며 이 지역을 알아보고는, 또다시 쐐기풀에 찔릴까 봐 '천천히 살금살금' 움직일 것이다. 매번 살금살금 걷는 경험이 반복되면서 환경적인 신호와 조심스러운 발걸음 사이의 연결은 강화된다. 이 연결은 뇌가 신체를 보호하도록 돕는다. 그리고 이 연결은 매우 강력해져서 완전히 다른 구역에 있는 숲을 걷다가도 비슷한 나무를 보거나, 똑같은 새 울음소리를 듣거나, 익숙한 풀 냄새를 맡으면 쐐기풀이 나타날 거라는 예상과 함께 저도 모르게 자동으로 살금살금 걸을지도 모른다. 이 신호들이 이와 연관된 움직임을 유발하기 때문이다.

당신은 다음과 같이 생각할지도 모른다. 이게 직장에서 고단한 하루를 보낸 뒤 엄청나게 큰 초콜릿바를 먹어 치우는 것과 무슨 상관이 있지? 그리고 저녁에 내가 논문을 쓰는 작업을 하지 못하게 방해하는 것과는? 자, 우리가 인식하든 인식하지 못하든 간에, 신호는 계속해서 우리의 행동에 영향을 미친다. 예를 들어, 기온처럼 우리가 행동하는 방식을 바꿔놓는 확실한 환경적 신호가 있다. 춥다고 느끼면 뇌는 즉각 온기를 찾도록 유도한다. 날씨와 마찬가지로, 뇌는 신호를 처리하여 우리가 다음에 해야 할 행동을 지시한다. 이 신호는 외부에서 온 것일 수 있다. 어쩌면 직장에서 긴 일과를 마치고 집에 돌아와서 주전자를 켜면서 자연스레 초콜릿바 하나를 꺼내 들지도 모른다. '퇴근 후 차 한잔'과 '달달한 것'을 관련지어 왔기 때문이다. 또한 신호는 내부에서 온 것일 수도 있다. 극심한 스트레스를 받을 때, 당신은 내면의 분노를 달래려고 설탕이 든 주전부리에 의존하기도 한다. 설탕의 보상적인 특징은 뇌가 '초

초콜릿을 집어라!

초콜릿

콜릿을 먹음'으로써 '스트레스받는 느낌'을 완화하는 것이며, 압박
감이 가중될 때 또 다시 초콜릿을 갈망하게 만든다.

우리의 뇌에서는 신호와 행동이 자연스레 결합되지만, 새로
운 행동을 이행하려고 적극적으로 노력할 때는 의도적으로 신호를
선택할 수도 있다. 가령, 저녁에 공부를 하고 싶다고 해 보자. 현재
는 이 새로운 행동을 언제 시작해야 하는지 알려주는 아무런 '청신
호'도 존재하지 않는다. '공부 시간'을 알려주는 신호를 선택하고,
이 신호에 대한 반응으로 책상에 앉아 책을 펼침으로써 연계 과정
을 시작할 수 있다. 시간이 흐르면서 책상에 앉아 작업하는 데 필
요한 의식적인 노력은 신호로 전환되며, 이는 열심히 공부하기 시
작하는 기폭제로 작용한다.

우리가 선택하는 신호는 새로운 행동을 수행할 가능성에 영
향을 미친다. 39명의 청년을 대상으로 3주 동안 비타민C 보충제
를 복용하도록 요청한 한 연구에서는 다양한 신호가 활용됐다. 성
공적인 신호 중 일부는 편의성을 기반으로 했고(알약을 보이는 곳에
놓거나 다른 루틴에 포함시킨다), 또 다른 신호는 과거에 학습한 기억
전략을 중심으로 했다(과거에 알약을 두었던 곳에 계속 놓아둔다). 그

리고 또 다른 집단은 시행착오를 통해 신호를 선택했다(알약 복용을 루틴으로 만들기 위해 여러 가지 방법을 시도해 보았다). 가장 효과가 없었던 신호는 일관되지 않은 하나의 신호(노트북을 충전할 때 알약을 복용하는 것 등)와 일반적인 신호(테이블 위에 알약을 놓아두는 것 등)인 것으로 나타났다.[1]

이 연구는 정성적 결과에 기초해 소규모로 진행됐으며, 비타민C 복용이 습관이 되었는지와 관련한 측정은 하지 않았다는 한계가 있다. 그러나 이 결과는 즉각적인 행동을 취하는 데 도움이 되는 신호 유형에 대한 통찰을 제공한다. 노력이 적게 드는 신호를 사용해 새로운 행동을 기존의 사건과 연관시켰을 때, 피실험자들은 더 쉽게 행동에 착수했다. 새로운 공부를 시작하거나 새로운 운동 습관을 만드는 것처럼 더 복잡한 행동의 경우, 신호를 연결하는 데 더 오랜 시간이 걸릴 수도 있다('한 시간 동안 땀 흘리기'와 '알약 한 알 복용하기'는 노력의 척도가 조금 다르다). 하지만 신뢰할 수 있고 노력이 적게 드는 기폭제를 사용하면 행동을 촉구하는 데 도움이 되며, 시간이 흐를수록 행동하는 데 필요한 의식적인 노력은 줄어든다.

현재 가진 습관들을 고치려고 할 때, 신호에 의존하기가 더 어렵다. 습관적인 행동 중 상당수는 개입 없이도 발생하므로 그 기폭제를 바꾸는 것은 매우 어렵거나 불가능한 경우도 있다. 스트레스를 받는 것이 원치 않는 행동을 유발하는 경우, 다시는 스트레스를 느끼지 않기란 거의 불가능하다. 이 경우에는 원치 않는 행동 자체를 바꾸는 것이 더 유리하다.

행동을 유도하라

어떤 행동을 루틴으로 만드는 핵심적인 방법은 바로 반복이다. 행동을 정기적으로 반복하면 뇌는 그 행동을 형성하는 구성 요소 간에 강력한 연결을 형성한다. 산책을 일상적인 루틴의 일부로 만들기 위해 의식적으로 노력을 기울이면, 더 이상 억지로 문밖을 나설 필요가 없는 순간이 올 것이다.

간단하게 들릴지도 모르지만, 일관성 없는 세상에서 일관성을 유지하기란 쉽지 않다. 살다 보면 그저 흘러가는 대로 내맡기는 순간이 있고, 그럴 때 새로운 행동은 가장 먼저 뒷전으로 밀리기 쉽다. 따라서 정신없이 바쁜 시기일수록 새로운 행동을 가능한 한 단순하고 쉽게 만드는 것이 매우 중요하다. 새로운 행동을 수행할 가능성을 높이는 방법에는 다음과 같은 다양한 방식이 있다.

작게 유지하라(단순성)

3장에서 설명했듯이 우리는 변하려고 노력할 때 저항에 직면한다. 뇌는 불확실성을 바로잡으려 하고, 친숙한 것에 끌리며, 노력하는 것을 싫어하기 때문이다. 작은 행동들은 꼼수와 같아서, 브레이크를 밟지 않고도 익숙하지 않은 행동을 하도록 뇌를 속인다. '딱 두 문장만 쓰자. 별로 어렵지 않군', '윗몸 일으키기 다섯 개? 그 정도는 할 만하지' 이처럼 달성 가능한 목표는 우리 자신을 행동하도록 설득하기가 더 쉽고, 시간이 흐르면서 이 행동에 익숙해진다. 이 사소한 개입을 다룬 실제 보고서가 B.J.포그[B.J.Fogg]의 《습관의 디테일》로 출간됐다. 이 책에는 작은 행동에 매일 5분 미만의 시간을 투자함으로써 큰 변화를 일으킬 수 있다는 사실을 보여주는 사례가 나온다.

언제든 하기 쉽게 만들어라(용이성)

뇌는 언제나 한정된 양의 에너지원을 지닌다. 우리는 노력이 필요한 일을 실행하는 데 에너지를 쏟아붓곤 하지만, 스트레스를 받거나 버거운 다른 사건이 불쑥 등장하면 그 문제는 곧바로 가장 먼저 해결해야 할 우선순위가 된다. 새로운 행동을 당신의 경로에 두어 불가피하게 만들면, 자원이 다른 방향으로 향할 때도 그 행동을 계속 수행할 수 있다. 수학 문제를 풀어야만 꺼지는 알람처럼, 새로운 행동을 피할 수 없게 만들면 그 행동은 루틴으로 굳어진다. 찬장을 건강한 간식으로 채우고, 직장에서 한 블록 떨어진 곳에 차를 주차하고, 컴퓨터 화면에 리포트를 띄워두자. 당신이 해야 할 행동을 당연한 일로 만들면 그 일을 쉽게 시작할 수 있다.

재미있게 만들어라(즐거움)

당신이 정말로 좋아하는 활동을 떠올려 보자. 그 활동이 왜 그렇게 매력적이라고 생각하는가? 다른 사람들과 시간을 함께 보내기 때문일 수도 있고, 창의성을 발휘해 문제를 해결하는 기회이기 때문일 수도 있고, 아니면 크게 소리 내어 웃을 수 있기 때문일 수도 있다. 새로운 행동에 재미를 녹여내면, 뇌는 이를 보상의 전조로 받아들이면서 우리가 그 행동을 계속할 수 있게 돕는다. 보상은 동기를 불러일으키는 가장 큰 원동력 중 하나이며(자세한 내용은 14장에서 다룬다), 습관 형성에 강력한 영향을 미친다. 어렵거나 지루한 활동을 뭔가 재미있는 것과 결합하면 그 행동을 수행하고 루틴이 될 가능성이 커진다. 행동 변화 전문가인 케이티 밀크맨^{Katy Milkman}은 이러한 즐거움/고통의 조합을 '유혹 묶기^{temptation bundling}' 전략이라고 부르며, 이는 헬스장에 가는 것과 같은 행동을 촉진하는 데 효과적인 기술로 밝혀졌다.[2]

부차적인 것들을 고려하라

우리는 활동들을 분리된 사건으로 보지만, 활동을 끝까지 수행할 수 있는 능력은 활동 이외의 시간을 어떻게 보내는지에 따라 좌우된다. 우리의 수행 능력에 영향을 미치는 다른 사건으로는 충분한 수면, 식사, 다운타임(16장에서 논의한다), 사전 준비('앞서 계획하기'는 11장에서 다룬다)가 있다.

단순성   용이성   즐거움   부차적인 것들

옛 습관을 타파하라

도움이 되지 않는 습관적인 행동을 고치기 위해서는, 그 행동을 수행하기 어렵거나 거의 불가능하게 만든 다음 뭔가 유익한 행동으로 교체하면 된다.

행동을 수행할 가능성을 없애면, 그 행동에 대한 갈망을 느낄 것이다. 특정한 음식을 정말 먹고 싶지만 찬장을 들여다봐도 없으리라는 것을 알 때, 당신의 머릿속은 오직 그 음식 생각으로만 가득 찰 것이다. 음식과 관련 없는 갈망 역시 마찬가지다. TV를 보고 싶든, 뉴스를 확인하고 싶든 똑같다. TV 리모컨에서 배터리를 빼버리거나 전자기기에서 뉴스 앱을 지우는 등 그 행동을 수행할 능력을 없애버리면, 갈망을 느끼게 될 것이다. 안절부절못하는 그 근질근질한 기분을 말이다. 한번 습관이 되면 그 행동을 수행하는 것과 관련된 뇌세포는 이미 신호에 반응하여 활성화되고, 몸은 주어진 명령을 필사적으로 따르려고 한다.

습관을 고치려면 무의식적으로 반복하는 행동을 중단하는 것이 중요하다. 자극이 줄면 연결선이 약화되기 때문이다. 따라서 행동을 (어렵거나 불가능하게 만들어서) 방지하는 것이 필수적이다. 하지만 그렇다고 해서 갈망이 사라지지는 않는다. 갈망을 멈추려면 의도적인 개입이 필요한데, 이 개입은 억제를 담당하는 전전두엽 뇌 영역이 억누르는 형식으로 이뤄진다. 내리막으로 흐르는 물줄기처럼, 그 흐름을 막기 위해서는 상당한 노력이 필요하다. 그러므로 아무런 제지 없이 갈망을 참으려고 하는 대신, 쓸모없는 행동이 어떤 욕구를 채워주는지 파악하고, 이 욕구를 충족시켜 줄 뭔가 다른 자극의 행동으로 대체하자. 이렇게 하면 유혹에 빠지는 것을 막고, 뇌가 중요한 연결을 재구성할 수 있는 시간을 확보할 수 있다.

실전에 적용하기

전반적인 목표를 고려할 때, 옛 습관을 타파하는 데 도움이 되는 루틴을 만들기 위해서는 작게 생각하라.

잘게 쪼개기

최소한의 노력이 필요한 단순한 행동은 일상에 끼워 넣고 지키기가 더 쉽다. 더 건강한 식습관을 원한다면 아침에 일어나 물 한 잔을 마시는 것이 단순한 목표가 될 수 있다. 이러한 행동을 선택할 때 작은 목표를 세우되, 너무 소소해서 무의미하게 느껴지지 않도록 해야 한다. 4장에서 언급했듯이, 도전적이지만 달성 가능한 목표가 행동 변화를 가져올 가능성이 가장 높다. 매일 한 모금 이상의 물을 마시는 것을 물 마시기 목표로 삼으면, 이 행동이 아무런 영향을 미치지 않는 것처럼 느껴질 수 있다. 그에 비해 한 잔의 물은 당신이 충분히 성취감을 느낄 수 있는 수준의 목표다.

당신의 전반적인 목표를 떠올리고, 이제 그 목표를 잘게 쪼개보자. 가장 단순하면서도 노력이 적게 드는 행동은 무엇인가? 8장에서 나왔던 '작은 승리' 중 하나를 활용해도 좋다. 예를 들면 다음과 같다.

종합목표	단순한 행동
마라톤 뛰기	5분 동안 달린다
기말고사 A학점 받기	교과서 한 페이지를 읽는다
사업 시작하기	하루에 비즈니스 기사 한 편을 읽는다
근력 키우기	운동을 다섯 세트 반복한다

루틴 중독자

이 행동을 일상에 끼워 넣는 일은 간단해 보일지도 모른다. 우리는 가끔 작은 행동들이 단순하기 때문에 쉬우리라 착각한다. 그러나 난관은 실제로 그 행동을 꾸준히 유지하기 어렵다는 데 있다. 그럴 때 특정한 시간을 선택하거나 이 행동을 당신이 매일 하는 다른 활동에 엮는 것이 도움이 될 것이다.

지금 당신의 하루를 떠올리고 이미 실행하고 있는 루틴을 고려하면, 다음과 같은 몇 가지 방법을 통해 새로운 행동을 시작할 수 있다.

의존하기

개를 산책시키는 것처럼 매일 하는 특정한 루틴이 있다면, 이 루틴에 작은 행동을 엮을 수 있다. 보충제 복용과 같은 단순한 행동에 최적인 방식이다. 현재의 루틴이 새로운 행동을 상기시켜주며, 아무것도 손해보지 않으면서도 기존 질서에 쉽게 포함할 수 있기 때문이다.

다른 루틴에 의존하고 싶다면, 반드시 안정적인 루틴을 선택해야 한다는 점을 기억하자. 매일 아침 차 한 잔을 마시는 경우, 주전자 물을 끓이는 동안 윗몸일으키기를 10회 정도 할 수 있다. 그러나 차를 마시며 하루를 시작하는 날이 들쑥날쑥하다면, 윗몸일으키기는 실패하고 말 것이다.

벗어나기

이미 일상에 정착된 '루틴 블록routine block'을 골라서 이를 단순한 행동을 하는 데 사용하는 방법이다. 이 방법은 창의적이거나 물리적으로 작은 행동을 할 때 적용할 수 있다. 앞서 언급했듯이, 나는 글쓰기 루틴을 만들 때 이 방법을 활용해 아침 운동에 할당했던 블록을 집필하는 시간으로 대체했다. 창의적인 일(예: 1분 분량의 영상 편집 등), 정신적으로 자극적인 일(예: 교과서 한 페이지 읽기 등), 육체적으로 힘든 일(예: 5분 동안 달리기 등)을 할 때, 이미 일상에 정착된 블록에 새로운 행동을 할당하면 적응하기가 더 쉬워진다.

중단하기

루틴의 변화에서 가장 극단적인 사례로, 오래된 신호와 쓸모 없는 행동을 없애기 위해 기존의 루틴 블록을 완전히 바꿔놓는 것이다. 예를 들어, 현재의 루틴이 하루를 마치고 집에 돌아와 소파에 앉아 주야장천 TV를 보는 것이라고 하자. 그 대신 몇 분 동안 팔굽혀펴기 운동을 하려고 한다면, 소파의 유혹에 저항하기가 어려울 수 있다. 이 루틴을 중단하기 위해 여러 가지 방법을 시도할 수 있다. 텔레비전 코드를 뽑거나, 리모컨을 숨기거나, 팔굽혀펴기를 마칠 때까지 거실에 들어가지 않거나, 집에 가는 길에 헬스장에 들르는 것이다. '중단하기'에서는 옛 루틴을 실행하기 어렵게 만들고(예: 리모컨에서 배터리 꺼내기) 새로운 루틴을 계획에 넣어서(예: 평소 리모컨을 놓아두는 곳에 아령 두기) 오래된 행동 양식을 타파해야 한다.

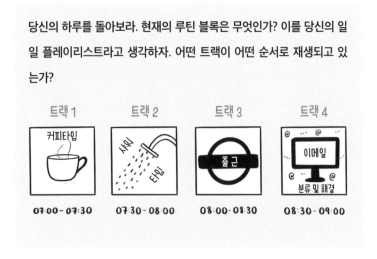

당신의 하루를 돌아보라. 현재의 루틴 블록은 무엇인가? 이를 당신의 일일 플레이리스트라고 생각하자. 어떤 트랙이 어떤 순서로 재생되고 있는가?

트랙 1	트랙 2	트랙 3	트랙 4
커피타임	샤워 타임	출근	이메일 분류 및 해결
07:00 - 07:30	07:30 - 08:00	08:00 - 08:30	08:30 - 09:00

작은 행동들을 염두에 두었을 때, 이 행동을 현재의 하루 일과 중 어디에 끼워 넣을 수 있을까? 루틴 블록에 의존할 것인가, 벗어날 것인가, 아니면 중단할 것인가? 어떻게 해야 새로운 행동을 하기가 최대한 쉬워질까?

나만의 신호를 만들어라

당신은 행동을 유발하는 신호를 만들어 낼 수 있다. 그 신호는 시각적으로 눈에 띄고, 무엇인지 명확하게끔 구체적이어야 하며, 특정 행동만 수행하도록 신성하게 만들어야 한다. 예를 들어, 나는 박사 학위 논문을 쓸 때 책상 위에 연구용 양초를 두었다. 오직 공부할 때만 이 양초에 불을 붙였고, 위의 세 가지 범주를 모두 충족시켜서 성공적인 신호를 만들어 냈다.

작은 행동들을 염두에 두고 그 행동을 수행하는 길로 통하는 관문을 떠올려 보자. 어떻게 만들어야 할까?

시각적인가?	구체적인가?	신성한가?
현관 앞 운동화	운동화를 신는다 = 달린다	이 운동화는 달리기를 할 때만 신는다

파티 타임

작은 행동을 꾸준히 수행하려면 즐겁게 만들어야 한다. 무언가가 재미있을 때, 우리는 그 일을 하고 싶어진다. 작은 행동을 하나 골라 즐거움을 더하자. 매일 물 한 잔을 마시고 싶다면, 파트너와 수다를 떨면서 마시는 방법이 있다. 또는 공부할 때 그림을 사용해 창의성의 요소를 가미할 수도 있다. 나 같은 경우, 헬스장에서 운동하거나 달리기를 할 때만 내가 가장 좋아하는 팟캐스트 두 개를 듣는다. 이러한 형태의 '유혹 묶기'는 운동하는 시간을 기대하게 만든다. 팟캐스트를 잔뜩 들을 수 있으리라는 것을 알기 때문이다. 그렇게 매일 땀 흘리는 시간이 내 루틴의 일부로 굳혀졌다.

당신의 작은 행동이 재미있으려면 어떤 모습이어야 할까? 어떻게 해야 그 행동에 더욱 마음을 동하게 할까?

시간 채우기

작은 행동들을 아무리 꾸준히 실천하더라도, 나머지 시간을 어떻게 '채우느냐'가 우리가 발전하는 데 큰 영향을 미친다. 처음으로 장기간 재택근무를 했을 때, 내 스크린 타임은 하루에 여섯 시간까지 늘어났다. 여섯 시간이라니! 스마트폰 화면을 스크롤하는 것을 좋아하긴 하지만, 일주일에 1.5일 이상을 핸드폰을 붙들고 보내는 것은 내가 시간을 보내고 싶은 방식이 아니었다. 짧은 휴식 시간과 긴 자유시간을 어떻게 사용할 것인지 의식적으로 결정하면, 목표를 향해 나아갈 수 있고 하루의 나머지 시간 동안 느끼는 기분을 개선할 수 있다. 이 시간은 휴식을 취하거나, 활력을 되찾거나, 재충전하거나 무언가와 다시 연결되는 등 당신이 실제로 누리고 싶은 것을 얻는 데 사용되어야 한다.

나는 밤마다 TV 시리즈를 정주행하는 상당히 나쁜 습관이 있었다. 한 에피소드는 다음 에피소드로 이어졌고, 결국 내가 잠들고 싶은 시간이 훨씬 지날 때까지 계속됐다. 잠들 무렵에 TV를 시청하는 것은 수면을 방해했을 뿐만 아니라 다음날 일에 집중하는 능력도 망가뜨렸다. 피곤한 아침을 무수히 보낸 후, 나는 자유로운 저녁 시간에 내가 무엇을 '하고 싶은지' 묻는 대신에 무엇이 필요한지 물었다. 내게 필요한 것은 휴식을 취하고, 불을 끄고, 잠을 푹 자는 것이었다. 나는 새로운 규칙을 도입했다. 잠자기 전에 내가 할 수 있는 유일한 활동은 독서였다. 엄밀히 말하면 새벽 2시까지 계속 책을 읽을 수도 있었지만, 밤이면 너무 피곤해져서 몇 페이지만 읽고 나면 눈이 감기기 시작했다. 10분간 쉴 때 핸드폰을 들여다보지 않는 것과 같은 일상의 작은 변화와 함께, 이 루틴의 변화는 내게 푹 쉬었다는 느낌을 주었고 목표에 더욱 전념할 수 있게 해주었다.

하루 중에 휴식이 필요한 순간이 오면, 그 시간에 무엇을 해야 할까? 휴식을 취하고, 활력을 되찾고, 재충전하고, 무언가와 다시 연결되는 것은 어떨까? 지금 당신이 하고 있는 활동으로 그렇게 할 수 있는가? 이러한 필요를 충족시킬 다른 활동으로는 무엇이 있을까?

나쁜 습관의 배후

우리는 새로운 루틴을 만들기 위해 계획된 활동을 뒤집거나 되돌릴 수 있으며, 이를 통해 쓸모없는 행동을 중단할 수 있다(6장에서 강조된 내용을 참고하자). 행동을 방지하려면 가능한 한 실행하기 어렵게 만들고, 구체적이고 신성한 신호에 차별적으로 반응하며, 쓸모없는 행동을 매력적이지 않게 만들어야 한다. 예를 들어, 일해야 할 시간에 SNS를 배회한다고 하자. 핸드폰으로부터 떨어지고 싶다면, 다른 방에 핸드폰을 놔두는 방법이 있다. '스트레스 받네. 이 일은 너무 힘들어'라는 신호가 불쑥 튀어나오더라도 기기가 손에 닿지 않게 하는 것이다. 그러면 시간이 흐를수록 '스트레스 → 스마트폰 들여다보기'로 이어지는 연결이 끊어질 것이다.

나쁜 습관은 부정적인 평가를 받는다. 우리는 나쁜 습관을 지닌 것에 대해 스스로를 꾸짖고 깎아내린다. 하지만 그리 신속하게 끊어내지는 못한다. '나쁜 습관'은 목적에 부합해서 움직이고, 보통 기분이 상하거나 지루함을 느낄 때처럼 현재의 상태에서 벗어나고 싶을 때 활성화된다(자세한 내용은 13장에서 다룬다). 특정 습관 뒤에 숨은 동기를 이해한다면, 그 욕구를 채울 수 있는 더 적절한 수단을 찾을 수 있다. 예를 들어, 사람들과 연결되고 싶은 욕구를 충족하기 위한 수단으로 하루 종일 핸드폰을 붙들고 있을 수 있다. 또는 지루할 때, 불량식품을 먹을 수도 있다. 그러면 고요한 순간에 일어나는 감정을 느끼지 않을 수 있기 때문이다. 이러한 원인을 인식하면 연결을 위해 친구에게 전화를 걸거나 자극이 부족할 때 책을 집어 읽는 등 대안적인 해결 방법을 떠올릴 수 있다.

당신이 '나쁜 것'으로 분류한 일부 습관들을 생각해 보고, 이 습관들을 통해 당신에게 필요한 욕구가 무엇인지 알아보자. 이 욕구를 충족시켜 줄 다른 활동으로는 무엇이 있을까? 어떻게 하면 이 새로운 행동을 쉽게 실천할 수 있을까?

습관	목적	대안	쉽게 하는 법
밤마다 4시간 동안 TV를 봄	할 일에서 벗어나 신경을 끄기 위해	독서	머리맡에 책을 놓아둔다

단순한 게 다가 아니다

마지막으로 주의할 점이 있다. 많은 사람이 하는 커다란 오해 중 하나는 단순한 일은 실행하기 쉬우리라 생각하는 것이다. 그러나 무언가를 개선하려 할 때는 작은 일이라도 노력이 필요하다. 헬스장에 가는 것은 루틴이 될 수 있지만, 반복적으로 세트 운동을 하는 것은 여전히 어렵다. 어떤 일을 루틴으로 만든다고 해서 그 일에서 어려움이 마법처럼 사라지지는 않는다. 그 대신에 루틴은 당신이 예정된 자리에 나타나도록 만들어준다. 변화에는 난관이 있지만, 이 난관들을 똑바로 마주할 수 있는 날들이 늘어날 것이다.

마무리하며

우리의 초기설정값이 바로 루틴이다. 따라서 목표 달성에 도움이 되는 행동을 장려하도록 루틴을 만든다면 올바른 방향으로 나아갈 수 있다. 루틴을 바꾸려면 반복이 필요하다. 특정 플레이리스트나 매일 하는 고정된 루틴처럼 구체적인 방법을 찾자. 그리고 책에 들어갈 문장 3개를 쓰거나 5분 동안 달리기를 하는 등 꾸준히 전념할 수 있게 해주는 작은 행동을 목표로 삼자. 작은 행동의 좋은 점은 제한이 없다는 데 있다. 3개 또는 5분에서 멈춰야 할 의무는 없다. 그러나 실패할 가능성이 현저히 낮은 목표를 가지면, 바쁘거나 스트레스를 많이 받은 날에도 예정된 장소에 나타나 그 일을 완수하기가 쉬워진다. 작은 행동의 목표를 달성할 때 당신은 성취감을 느낄 것이다.

10장

노력에 보상하라

우리는 특별한 날을 축하하는 행사를 마련한다. 중요한 사람의 생일일 수도, 직장에서 승진해서일 수도, 기말고사에 통과해서일 수도 있다. 그러나 오직 성취만을 축하하는 것은 성취가 우리가 추구하는 목표의 전부라고 생각하게 만든다.

축하는 호사스러운 식당에 가거나 비행기를 타고 이국적인 휴가를 떠나는 것 그 이상의 의미를 지닌다. 축하는 신호다. 인간의 뇌는 보상을 피드백으로 사용한다. 어떤 행동이나 상황을 축하하면 '유익하다'라는 낙인이 찍히고, 이는 미래에도 우리가 비슷한 상황을 추구하게 만든다. 커다란 승리를 거둔 후 자신에게 보상하는 것은 이 상황이 이로우며, 우리는 이 상황에 있고 싶다는 메시지를 두뇌에 전달한다. 이는 문제가 없다. 당신이 그 과정에서 들인 노력 또한 축하하는 한 말이다.

성취의 문제는 성취가 항상 신뢰할 만한 노력의 지표가 아니라는 데 있다. 물론, 열심히 공부해서 시험에서 최고점을 받았다면, 그 결과는 아마도 당신의 노력을 보여주는 직접적인 결과일 것이다. 그러나 다른 성취는 운이나 우연, 인맥과 특권을 통해 이뤄지는 경우도 있다. 이 성과들이 타당하지 않다는 뜻은 아니다. 어떤 경우에는 당신이 노력했기에 그만큼 운이 따른 것이니까. 그러나 오직 결과만을 축하한다면, 뇌는 그 성취 단계를 재현할 수 있는 신뢰할 만한 방법을 배우지 못하게 된다.

더 넓은 관점에서 볼 때, 업적을 이뤄야만 축하하는 것은 문제가 있다. 우리가 사는 세상은 성취에 박수를 보낸다. 대학 입학을 결정짓는 수능 점수, 연봉을 인상해 주는 직장에서의 승진, 해변에서 찍은 복근 사진으로 온라인에서 수천 개의 '좋아요'를 받는 것 등이 그렇다. 우리 문화는 우리가 성취한 것을 바탕으로 자신의 가치를 결정하도록 부추긴다. 그 결과, 이러한 '성공'의 이정표를 기준으로 개인적인 목표를 평가하고, 그 목표에 도달할 때까지 자신을 불완전하다고 느끼게 만든다.

목표 추구의 목적은 과정을 즐기고, 그 과정에서 얻은 작은 승리들을 축하하는 것이어야 한다. 축하는 한정된 자원이 아니다. 그리고 노력에 대한 보상을 통해 계속해서 발전하는 것도 중요하지만, 지금 모습 그대로도 충분하다는 사실을 스스로에게 가르쳐 주어야 한다.

＊ ＊ ＊

　노력은 부당하게도 부정적인 평판을 얻었다. 너무 열심히 노력하거나 '보여줄' 만한 게 거의 없이 밀어붙이는 것은 멋지지 않다. 파티에서 거들먹거리거나 취업을 위해 이력서에 쓸 만한 거리도 아니다. 노력은 딱히 섹시해 보이지 않는다. 우리는 성과를 원하며 대개 큰 노력 없이 얻기를 바란다. 가령, 사업을 시작하면 곧바로 성공하길 원한다. 운동을 시작하면 땀을 뻘뻘 흘린 첫 시간부터 말 그대로 몸무게가 싹 빠지는 모습을 보고 싶어 한다. 데이트를 시작하면 우리가 좋아하는 사람이 즉시 나와 미친 듯이 사랑에 빠지길 원한다. 성과는 우리가 친구들을 만났을 때 나눌 수 있는 소식이고, SNS 피드에 올릴 수 있는 콘텐츠이며, 성취감도 안겨준다. 잠시 동안은 말이다.

　승리의 기쁨이 가라앉고 성과가 정상화되면, 성과를 축하하고 또다시 인정받기 위해 다음 이정표를 모색한다. 우리는 이룬 성과에 따라 진전을 판단하지만, 성과를 사용해 현재 상태를 가늠하는 방식은 다음과 같은 면에서 결함이 있다.

1. 결과를 보려면 시간이 걸린다. 새로운 사업을 시작할 때, 처

음에는 '진전'이랄 게 거의 보이지 않는다. 모든 노력은 배움의 시기에서 시작된다. 이 시기는 기술을 갈고 닦거나 요령을 익히기 위해 노력을 쏟는 때다. 즉각적인 성공을 기대했지만 눈에 보이지 않는다면, 우리가 하는 일이 별로 효과가 없다고 정당화하며 그만두기가 훨씬 쉽다. 특히 새로운 목표라면 특정 결과를 달성하는 데 시간이 얼마나 걸리는지 알 수 있는 경험이 거의 없다. 따라서 특정 날짜까지 목표를 달성하겠다고 설정하는 일은 현실적으로 판단하기에 어렵다.

2. **당신이 보는 결과는 과거의 노력이 반영된 결과다.** 결과가 나타날 때까지는 시간이 걸리므로, 눈에 보이기 시작하는 모든 성과는 과거의 노력이 정점을 이룬 결과다. 헬스장 거울에 비친 운동선수다운 외양은 방금 막 마친 10분 달리기 때문이 아니라, 지난 몇 주간 완료한 열두 번의 10분 달리기 덕이다. 당신이 이룬 진전과 당신이 보는 결과 사이에는 지연이 있으므로, 이를 기준으로 진행 상황을 가늠하면 그 측정값은 맞지 않을 것이다.

3. **당신은 결과를 통제할 수 없다.** 오늘 우리가 쏟은 노력의 결과는 미래에 나타나기 때문에, 이를 완전히 통제하기란 매우 어렵다. 특정 성과를 거둘 가능성을 더 높이기 위해 오늘날 할 수 있는 일들이 있지만, 그렇다고 그 결과를 100퍼센트 보장할 수는 없다. 따라서 진전을 나타내는 특정 결과를 기다리는 것은 무의미할지도 모른다. 성과가 나타나지 않을 수도 있고, 피드백이 부족하면 '효과가 없다'라고 오해할 수 있기 때문이다. 어김없이 예정된 장소에

나타나 노력을 쏟으면 곧 변화가 일어날 것이다. 다만 당신이 기대했던 바와 정확히 일치하지 않을 수도 있다.

경과를 가늠하기 위해 성과를 사용하는 대신, 우리가 기울이는 노력으로 초점을 옮겨볼 수 있다. 헬스장에서 보낸 시간, 작성한 문장, 제작한 영상 또는 접속한 시간을 확인함으로써 우리는 현재, 그리고 우리가 통제할 수 있는 대상에 주의를 기울이게 된다. 우리의 성과는 과거의 노력에서 나온다. 따라서 포상에서 눈을 떼고 현재에 초점을 맞추면, 우리가 목표로 하는 결과를 만드는 데 필요한 시간과 기술을 투입할 수 있다.

진전은 차근차근 이뤄지지 않는다. '매주 훈련할 때마다 나는 X만큼의 성과를 볼 수 있을 거야' 같은 것이 아니다. 진전을 이루려면 초기에 많은 노력과 끈기가 필요하다. 처음에는 거의 아무것도 돌아오는 게 없는 듯 보이지만 계속해서 전념하면 성과는 나타나게 되어 있다. 노력이라는 관점에서 당신이 투자한 자산은 결실을 볼 것이다. 또한 우리가 통제할 수 있는 것들에 집중할 때, 그 결과는 비선형적인 방식으로 나타날 것이다. 노력에서 나온 결과가 긍정적인 피드백으로 작용하면서 더 많은 성과를 내는 연료가 된다. 진전은 이런 식으로 기하급수적으로 나타난다. 처음에는 아무 일도 일어나지 않는 듯 보이지만, 결국 상승곡선을 그리다가 하늘 높이 치솟는 그래프 모양이 된다.

《아주 작은 습관의 힘》에서 제임스 클리어는 노력과 성과 사

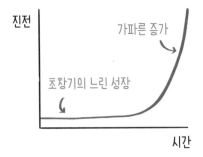

이의 관계를 "잠재력 잠복기"라고 표현했다. 근본적으로, 상황을 돌파하고 성과를 내기 위해서는 초기에 큰 노력이 든다. 하지만 일단 그 장벽이 무너지면, 더 많은 성과가 쏟아져 들어오기 시작한다. 다양한 목표에서 이를 확인할 수 있다. 유명한 유튜브 계정을 찾아서 시간의 흐름에 따라 구독자 수가 어떻게 변했는지 확인해보면, 이 곡선 그래프가 번번이 눈에 띈다. 이들은 구독자 몇 명으로 시작해서 점차 여기저기서 구독자를 늘려나간다. 이 상태는 몇 달 혹은 몇 년 동안 지속되다가 갑자기 *빵* 터진다. 영상 하나가 대박이 나고 조회 수가 급격히 증가한다. 그 이후 모든 영상을 더 많은 사람이 시청하고 홍보하면서 더 많은 구독자가 생겨난다. 각 게시물은 긍정적인 피드백 루프로 작용하고, 조회 수가 늘어날수록 크리에이터는 더 많은 사람에게 새로이 노출된다. 오늘날 높은 구독자 수는 성공의 척도로 여겨진다. 그러나 초창기에도 그 척도를 적용했다면, 아마도 대박이 날 때까지 오랫동안 이 일에 매달리지 못했을 것이다. 노력에 초점을 맞춰 평가한다면 당장의 성과가 없더라도 실망하지 않을 수 있다. 구독자 수나 근육의 크기, 또는 완성된 원고 매수 등을 들여다보며 우리의 위치를 평가하는 대신, 우리가 예정된 장소에 나타났는가 아닌가를 바탕으로 판단한다면, 항상 통제력을 갖고 일관성을 유지할 수 있다.

　나는 박사학위 논문을 쓰면서 성과 중심에서 노력 중심으로 경과를 가늠하는 방식을 전환했다. 논문은 긴 작업이다. 논문을 쓰려면 수년간의 실험연구에서 나온 결과를 모으고, 해당 분야의 연구 논문 수백 편에서 나온 결과를 다른 맥락에서 종합적으로 다뤄야 한다. 보고서는 최신문헌의 요약으로 시작하는데, 여기에는 시간을 들여 복잡한 논문을 읽고, 이를 구조화하고, 당신이 제기하는 의문에 대해 논의하는 과정 등이 포함된다. 처음에 나는 이 상당한 양의 작업을 완수하기 위해 성과에 기반한 목표를 세웠다. '이번 주말까지 A, B, C 부분을 쓸 거야'라는 식의 이정표였다. 분명히, 이전에 박사 논문을 쓴 적이 없었기 때문에 나는 이정표들을 완전히 잘못 판단했다. 목요일이 돌아오면 나는 이정표를 따라가기 위해 그 순간 내가 할 수 있는 일에 집중하기보다는, B 부분과 C 부분은 신경 쓸 겨를도 없이 A 부분을 끝내려면 얼마나 멀었는지 걱정하느라 글 쓰는 시간 대부분을 보냈다.

　몇 주 동안 이 방법을 시도했지만, 결국 좌절감을 느끼고 의욕이 꺾이고 말았다. 작업량은 점점 더 줄어갔다. 어느 날 나는 자신을 잘 타이르면서, 주별 성과 목표를 없애고 그 대신 나의 노력을 중시하기로 결심했다. 매일 몇 시간씩 글을 쓸 수 있다면 조사를 끝낼 수 있으리라고 판단했다. 나는 매일 아침 8시 30분에 글쓰기 시간을 시작하고, 작업에 발동을 걸기 위해 한 문장을 쓰겠다는 작은 목표를 세웠다. 단, 글을 작성하기에 앞서 25분 타이머를 맞추고, 매일 25분 타이머를 대여섯 개 맞춘 시간 동안 글쓰기를 하겠다고 다짐했다. 이것이 내 새로운 목표였다. 나는 할 일 목록을 열고 'A 부분 완성'이라고 쓰는 대신 'A 부분[][][][][][]'이라고 썼는데, 각 네모는 25분 타이머를 맞춘 시간을 의미했다. 타이머를 시작할 때 네모 안에 한 줄을 그었고([/]), 완료되면 줄을 하나 더 그었다([X]). 매일 오전이 지날 때쯤에는 대여섯 개의 상자에 모두 X자가 표시됐다. 이 작은 X자를 볼 때면 마치 각 표시가 내가 예정된 자리에 나타나 노력한 것에 대해 칭찬과 축하를 해주는 것만 같았다. 어느 날 아침에는 일에 너무 몰두해서 더 많은 네모를 그려 넣기도 했다. 멈추고 싶지 않았기 때문이다. 목표를 내가 통제할 수 있는 것(일정 시간 동안 글쓰기)으로 바꾸고, 네모 안에 X표를 그리는 것처럼 단순한 방법으로 내 노력을 나타냄으로써 2만 단어에 달하는 문헌조사는 4주 만에 완료됐다.

과학적 근거

심리학의 목표지향이론goal orientation theory에 따르면, 목표의 성과를 설정하는 방식은 크게 두 가지가 있다. 바로 수행 목표와 숙달 목표다.[1] 수행 목표는 시험에서 최고점을 받고, 시합에서 우승하고, 높은 연봉을 받는 등 성취에 중점을 둔다. 그리고 보통은 개인적·직업적 역량을 입증하려는 욕망에 따라 움직인다. 반면에 숙달 목표는 기술을 향상하거나 배움을 확장하는 것을 목표로 하며, 더욱 향상된 지식을 습득했는지 여부로 성공을 판단한다. 교육제도와 성취를 축하하는 것이 관례가 된 현실로 인해 많은 사람이 자연스레 성과 기반의 목표를 가진다. 그러나 숙달 목표에 중점을 두면 끈기를 기를 수 있다. 끈기는 어떤 행동을 루틴으로 만드는 초기 단계에서 필요한 핵심 요소다.

걸작을 그림

수행 목표

그림 실력을 향상시킴

숙달 목표

목표지향에 관한 연구는 성공에 영향을 미치는 다양한 요인(예를 들어, 과업이 얼마나 어려운지, 또는 그 과업을 완수하려는 사람의 개인적인 상황 등)이 존재하기 때문에 다소 취약성을 가지며, 이러한 요인은 연구에서 일관되게 고려되지 않는 경향이 있다. 그러나 일부 연구에서는 숙달을 기반으로 한 목표가 좀 더 일관된 수행을 장려할 수 있음을 시사한다.[2] 수행 목표보다 숙달 목표를 더 선호하는 가장 큰 이유 중 하나는 수행 목표에서 '좌절'과 '실패'가 더 쉽게 부각되기 때문이다. 만약 당신이 빨리 달리기 기록을 향상시키고자 하는데 연습경기에서 원하는 기록을 달성하지 못했다면, 이를 자신의 능력이 반영된 결과로 받아들이면서 발전을 저해할 수 있다. 또한 '툭툭 털고 제자리로 돌아와' 수행 목표를 향해 나아가는 것이 더 어려워지기도 한다. 그러나 달리기 기술을 향상시키기 위해 주 3회 달리기를 하는 것과 같은 숙달 목표를 가진다면, '느린' 기록은 향후 행동을 취할 때 이와 같은 영향을 미치지 못할 것이다. 당신이 최선을 다하고 열정을 쏟고 있는 목표에서 학습적인 부분에 중점을 두면, 난관을 극복하는 데 필요한 근성을 기를 수 있다.

수행 기반의 목표에는 보상이라는 명확한 요소가 딸려 온다. 원하던 성적을 받거나, 운동에서 무거운 무게를 들어 올리거나, 프레젠테이션을 성공적으로 마치는 등 한 이정표에 도달했을 때 우리는 자연스레 이를 축하한다. 우리가 의식적으로 선택하지 않았더라도 이 피드백을 통해 수많은 습관이 형성됐다. 예를 들어, 큼직한 조각 케이크를 먹으면 뇌는 이 케이크에 잔뜩 들어간 설탕을 보상으로 받아들인다. '높은 설탕 함량=고칼로리'이고, 이는 곧 에너지를 의미하기 때문이다. 이 보상의 초기 가치는 도파민이라는 신호 분자의 분비를 통해 파악할 수 있는 것으로 보인다.[3]

도파민은 특정 뉴런의 시냅스에 있는 몇몇 관문을 열고 그 수다 수준을 바꿔놓는 화학물질이다. 뇌가 보상을 감지하면 도파민이 분비되어 뇌세포들 사이의 활동과 연결성을 조절한다. 이를 통해 당신은 보상을 받게 된다. 매일 산책할 때 지나가는 새로 생긴 커피숍에서 맛있는 케이크를 샀다고 가정해 보자. 케이크를 한 입 먹은 후 뇌에 도파민이 치솟아서 그 커피숍의 모습, 공기 중의 냄새, 케이크 이름 등 본질적으로 기쁨의 순간으로 이끈 모든 신호가 당신의 뇌리에 깊이 각인된다. 다음번에 산책하러 나가서 커피숍을 지나칠 때, 도파민은 이 신호들을 인식하여 당신이 가게로 들어가 다시 그 케이크를 사게끔 만든다. 그리고 시간이 흐르고 반복되면서 커피와 케이크의 조합은 습관이 된다.

도파민이 매개하고 보상을 기반으로 하는 학습은 케이크 이외에도 많다. 목표를 달성했을 때, 한바탕 박수갈채를 받았을 때, 또는 SNS 게시물이 입소문을 탔을 때도 작동하는 것으로 보인다. 이 신호는 성공으로 이끈 행동을 반복하게 만드는 동기부여 요인이 되지만, 성취 욕구도 증가시키므로 목표에 미치지 못했을 때는 자존감에 타격을 주기도 한다. 보상은 매우 강력한 신호이므로 행동을 긍정적으로 강화하기 위한 피드백 메커니즘으로 사용할 수도 있다. 숙달 목표를 수행할 때는 이러한 자연스러운 피드백이 내재되어 있지 않을 수도 있다. 이때 축하는 긍정적인 강화를 주는 도구로 사용될 수 있다. 설치류를 대상으로 한 실험에서 특정 행동을 수행한 후에 간식을 받는 것과 같은 보상 기반의 학습은 식이 습관 형성을 촉진하는 것으로 나타났다.[4] 그리고 인간에게서 이 영역은 여전히 연구 중이지만, 헬스장에 출석한 사람들을 대상으로 한 대규모 연구에 따르면, 운동을 한 번 빼먹은 후 다시 헬스장에 온 사람들에게 작은 보상을 주는 것이 헬스장 방문을 늘릴 수 있는 가장 좋은 개입임이 밝혀졌다.[5] 비록 보상이 크지는 않았지만, 아마도 부정적인 상황(운동을 빼먹음)에서 긍정적인 강화를 받은 것이 행동을 장려한 것으로 보인다.

실전에 적용하기

숙달 목표를 세워라

연구에 따르면, 지식과 기술을 향상하는 데 초점을 맞추는 숙달 목표는 수행 목표에 비해 끈기를 북돋을 가능성이 더 높다. 어떤 목표든 시작 단계에서는 성과가 늦게 나타나므로 숙달을 기반으로 목표를 세우는 것이 유용하다. 현재 수행 목표에 더 중점을 두고 있다면, 이 목표를 위해 숙달로 대체할 수 있는 것에는 무엇이 있을까?

어떤 기술이나 지식을 향상시키고 싶은가? 이에 대한 도움이 필요하면 7장으로 돌아가서 당신이 보유한 기술 목록을 살펴보자.

수행 목표	숙달 목표
1시간 안에 10킬로미터 완주하기	달리기 기술을 향상시키기 위해 주 4회 뛴다
유튜브 구독자 10만 명 확보하기	매주 한 개의 영상을 만들어서 창의성을 북돋고 편집 기술을 향상시킨다
기말고사에서 A학점 받기	수학 실력을 향상시키기 위해 일주일에 10시간씩 공부한다

당신이 걸어온 길을 기록하라

9장에서는 목표와 관련해서 당신이 할 수 있는 작은 행동을 알아봤다. 이러한 행동 기반의 목표는 자연스레 노력에 중점을 두며, 우리는 이 목표가 가져올 성과에만 의존하기보다는 진전을 평가하는 데 사용할 수 있다.

시간이나 횟수와 같이 당신이 수행하려는 행동에 가장 적합한 단위를 떠올려 보자. 투자한 시간, 써 내려간 문장 수, 완료한 운동 세트 등이 될 수 있다. 어떤 기준이든 실행이 가능하고 통제할 수 있어야 한다. 예를 들어 영상을 제작하는 경우, 편집에 소요되는 시간을 선택해 이를 20분 단위로 쪼갠 뒤, 이를 수행하는 동안 노트북에 총계를 기록할 수 있다. 공부하는 경우, 교과서를 복습할 때마다 각 페이지에 색색의 동그라미로 기록할 수 있다. 나는 손으로 그린 네모에 줄을 그어 표시하는 것이 효과적이었다. 몇 개의 네모를 그릴지는 조절할 수 있으므로 '나는 이걸 채울 수 없어. 나는 실패자야'라는 끔찍한 자기 대화를 하게 될 일이 없다. 그리고 각 네모를 표시하기 위해 정해진 시간을 단위로 사용한다(나는 25분을 가장 선호한다).

당신의 작은 행동을 기록할 수 있는 단위는 무엇인가? 다음 중 작은 행동을 기록하기에 가장 효과적인 기술은 무엇인가?

진전을 기록하기   애플리케이션으로   기록장에 기록하기
                             기록하기

좋은 시간을 축하하라

노력을 측정하는 것은 수행한 작업에 대한 즉각적인 피드백을 제공하므로 축하의 역할도 한다. 우리는 9장에서 작은 행동으로 이끄는 '청신호'와 이 신호를 우리의 일상에 끼워 넣는 방법을 다뤘다. 그러나 행동에 축하를 더하면 이를 루틴으로 굳히는 데 도움이 된다. 노력을 축하함으로써 본질적으로 지금처럼 예정된 자리에 나타나는 것이 우리에게 이롭다는 것을 뇌에 가르쳐주는 것이다.

네모에 X자를 치거나 총계를 기록하는 것은 축하하는 효과로 작용하며, 이러한 표시를 할 때 몇 초 동안 자신에게 '잘했어'라고 말함으로써 자긍심을 키울 수 있다. 허공에 펀치를 날리거나 잠깐 춤을 추는 식으로 축하를 신체적으로 표현할 수도 있다. 또한 간식으로 자신에게 보상할 수도 있는데, 이는 건강하고 지속 가능한 방식이어야 한다(즉, 운동을 마칠 때마다 거창한 배달 음식을 시키라는 게 아니다). 나 같은 경우 운동을 마치고 나면 '수고했다'는 의미로 커피숍에서 라테를 사 마신다. 커피를 헬스장에 가는 동기부여책으로 사용하는 것이다. 당신을 행복하게 만드는 작은 일들이 무엇이든, 작은 행동을 끝낸 후에 성과를 축하하는 방법으로 이를 활용하자.

짧은 시간이 걸리지만, 당신을 정말로 행복하게 만들어 주는 활동을 떠올려 보자. 맛있는 차 한 잔 마시기, 외출하기, 화분에 물 주기, 좋아하는 노래 듣기 등 무엇이든 당신이 즐기는 것이면 된다. 이 활동을 작은 행동을 한 후에 연결하고 내부적으로(또는 외부적으로, 어떤 방법이든) 수고한 자신에게 축하를 보내자!

조금씩 나아가기

헬스장 가기, 콘텐츠 만들기, 시험 공부 등 행동 기반의 목표에 초점을 맞출 때, 이러한 활동에서 약간의 개선을 위해 노력함으로써 목표를 향해 나아갈 수 있다. 시간이 흐르면서 작은 변화가 누적되어 큰 성과로 이어진다. 이러한 활동에 우리의 뇌가 동참하도록 설득하는 것은 그다지 어렵지 않다. 현재로서는 작은 행동이기 때문이다. 나는 이를 달리기에 적용했다. 처음 시작했을 때는 매번 달리기를 할 때마다 100미터씩 더 뛰었고, 몇 달이 지나자 5킬로미터를 달리게 되었다.

활동에 참여할 때마다 스스로 '지난번보다 조금 더 발전하려면 이번에는 뭘 할 수 있을까?'라고 묻자. 작은 행동부터 시작하면 금방 끝낼 수 있다. 하지만 오늘 당신에게 여력이 있다면, 어떤 능력을 조금 더 발휘할 수

있을까?

웨이트 트레이닝에서 이 기술을 '점진적 과부하'라고 부른다. 이는 운동 시간마다 추가적인 무게나 세트를 더해가는 것이다. 그러면 시간이 흐를수록 점진적으로 근력을 키울 수 있다. 목표와 관련된 활동에도 점진적 과부하를 적용할 수 있다.

활동	한 걸음 더 나아가기
헬스장 가기	한 세트 혹은 2킬로그램을 추가한다
공부	플래시 카드를 3장 더 읽는다
글쓰기	단어 20개를 더 쓴다
달리기	1분만 더 달린다
창작	새로운 아이디어를 1개 더 작성해 본다

활동을 모니터링하라

마지막으로, 노력을 평가할 때 형식적인 체크 표시에 집착해서는 안 된다. 시간이 지남에 따라 이러한 노력이 실제로 당신에게 도움이 되고 있는지 모니터링하자. 현재의 이정표를 향해 나아가고 있는가? 7장에서 제시했듯이 분기별 또는 월별 계획기간 동안 목표를 향해 발전해 나가고 있는지 확인하고, 무엇이 효과적이며 무엇이 그렇지 않은지 분석해 보자. 그러면 목표에 더욱 부합하기 위해 해야 하는, 노력이 필요한 일들을 정교하게 조정해 나갈 수 있다.

예를 들어 온라인에서 세 개의 플랫폼을 통해 창의적인 콘텐츠를 공유하고 있는데, 그중 하나가 꾸준히 인기를 얻고 있다고 가정해 보자. 검토한 결과, 구독자를 늘리기 위해서 해당 플랫폼에 더 많은 시간을 할애할 수도 있다. 때때로 과정을 확인하여 프로세스를 개선하면, 매일 노력에 집중하면서도 원하는 변화를 만들어 낼 수 있을 것이다.

3~6개월마다 측정한 기록의 단위(소요 시간, 네모 체크박스 등), 스케줄 (11장), 그 밖의 결과물을 살펴보자. 어떤 흐름이 나타나고 있는가? 원하는 목표에 더 가까워지게 해주는 작업에 어느 정도의 시간이 소요되는가? 어떤 작업에 특정한 양의 시간을 투자했을 때 원하는 것에 더 가까워 졌는가? 또는 하루 중 특정 시간대에 이 작업을 수행했거나 특정 유형의 작업이었는가? 이러한 흐름을 토대로 전략을 조정하여 일상적인 노력에서 당신에게 효과가 있는 부분을 넓혀나갈 수 있다.

3개월 리뷰

투입물	산출물	비고
운동 20회	스쿼트 60kg	오전에 더 많은 활기를 얻음

마무리하며

성취는 위대하지만, 꾸준히 실천할 수 있게 만들어줄 믿을 만한 방식은 아니다. 처음부터 노력에 중점을 두면 아무런 성과가 없더라도 나아갈 힘이 생기고, 칭찬에 눈이 멀지 않게 막아준다. 정의하고 추적할 수 있는 단위를 떠올릴 때, 이 단위는 우리가 노력하고 있다는 지표로 활용될 수 있고, 이 지표는 우리에게 통제력을 준다. 궁극적으로, 우리는 예정된 자리에 나타나 시간을 들일지 결정할 수 있다. 노력을 우선시하고 이러한 행동들을 축하함으로써 목표를 달성하고 뛰어넘는 데 필요한 루틴을 만들 수 있다. 또한 성과가 있든 없든, 우리는 즐겁고 우리에게 유용하리라는 것을 아는 그 행동을 꾸준히 이어갈 수 있다.

노력 기반의 목표에서 일부 불리한 면이 있다면, 많은 사람이 당신의 고된 노력을 알아봐 주지 않는다는 사실이다. 노력은 성과만큼 칭송받지 못한다. 우리는 상을 수여하는 문화에서 살고 있기 때문이다. 그러나 당신이 매번 예정된 자리에 나타나서 노력을 쏟을 때마다 그 자체로 성과가 된다. 그리고 몇 번이고 그 노력을 반복한다는 점에 대해 스스로 축하해야 한다. 목표를 달성하거나 이 정표에 도달했을 때, 주변 사람들은 당신의 등을 두드리며 축하해 줄 것이다. 이 순간을 마음껏 즐겨라. 그러면서도 그 명예를 과거의 당신에게 돌려줘라. 이 순간을 만들어 낸 것은 당신이 쏟은 그 고된 노력이니까.

11장

결정을 내려라

나중에 후회했던 결정을 내렸던 때를 떠올려 보자.

장담컨대, 그 선택을 사전에 계획하거나 충분히 심사숙고하지 않았을 것이다.

목표 추구는 최종 결과에 유리하게 작용하도록 수많은 사소한 결정을 내리는 과정이라고 볼 수 있다. 예를 들어, 오늘 책상 앞에 앉아 글을 쓰기, 운동 가기 전날 밤에 세 번째로 권하는 와인잔은 거절하기, 청바지 한 벌을 더 사는 대신 저축하기 등이 있다. 이짧은 순간에 내린 선택은 장기적으로 봤을 때 당신의 욕망에 도움이 될 수도, 그렇지 않을 수도 있다.

우리는 매일 수많은 의사 결정의 기로에 선다. TV에서 무슨 프로그램을 볼지 결정하는 것처럼, 가끔은 선택을 하는 행위가 분명히 드러난다. 그러나 결정이 우리의 의식적인 범위에서 벗어나는 경우도 있다. 우리는 잠시 멈춰서서 어떤 행동을 취할지 고민하기보다는 습관에 의존하거나 즉각적인 보상이 주어지는 선택을 한다.

대부분의 경우, 뇌는 눈앞에 놓인 각 선택지의 계산된 '가치'를 기준으로 결정을 내리고, 지금 당장, 현재에 최적인 선택지를 고르도록 유도한다. 우리는 스스로를 이성적이고 논리적인 존재라고 생각할지도 모르지만, 선택에 부여하는 가치는 종종 보상을 얼마나 빨리 받을 수 있는지에 따라 왜곡되며, 나중에 보상을 받는 선택지를 과소평가한다. 이로 인해 현재로서는 노력과 고된 작업이 필요하나 장기적으로는 유익함을 주는 선택이 우선순위에서 밀려나고, 그 대신 즉각적으로 만족을 주는 선택을 하게 된다.

우리는 너무나 자주 인간 시스템의 결함을 고려하지 않은 채, 현재의 자신이 미래의 욕구와 필요에 부합하는 최적의 결정을 내릴 수 있다고 믿는다. 추운 날 아침에 집을 나와 웨이트 트레이닝을 하는 것과 침대에 누워 한 시간 더 자는 것 사이에서 선택해야 하는 상황이 오면, 우리 뇌는 매번 숙면을 취하려 할 것이다. 운동을 하겠다고 굳게 마음먹었더라도 말이다. 의지가 부족하다며 자신을 자책할 수도 있다. 그러나 의사 결정을 그 순간의 자신에게 맡기다가는 따뜻한 침대의 유혹에 계속해서 저항하는 일이 반복될 것이다.

　장기적인 목표와 관련한 결정은 두 가지 방식으로 이뤄져야 한다. 바로 '사전에는 천천히, 순간에는 빠르게' 하는 것이다. 선택지를 미리 고민해 보고 어느 것이 가장 이로울지 세심하게 계획하자. 그러면 결정을 내릴 때, '무엇이 최선인지' 왜곡된 시각을 지닌 오늘날의 당신이 짊어질 부담을 덜 수 있다. 그러나 아무리 최선의 계획을 세우더라도, 행동해야 할 때가 오면 뇌는 여전히 즉각적인 만족을 주는 선택지를 더 중시할 수도 있다. 이런 순간에 계획을 따르기로 신속하게 결정하자. 그러면 유혹적인 선택지에 끌려가지 않고 계획을 끝까지 이행할 수 있다.

＊　＊　＊

　새로운 루틴을 만들 때, 기존의 초기설정값을 거스르고, 적극적으로 낯선 행동을 해보기로 결심해야 한다. 장기적인 목표에 도움이 되는 새로운 행동은 보통 뇌에는 매력이 없다. 노력이 필요하고, 즉시 만족감을 주지 않으며, 이 결정은 '더 나은' 선택지를 버린다는 의미이기 때문이다. 작은 행동을 할 때조차 초기에는 뭔가 다른 일을 하고 싶은 정신적인 끌림을 마주할 것이다. 소파 위에 늘어져 TV를 보든, 저녁 식사 전에 대용량 감자칩을 먹든, 아니면 인스타그램 릴스나 틱톡 영상을 30분 더 보는 것이든, 우리의 뇌는 노력이 적게 들고 보상이 큰 일, 그리고 기존에 프로그래밍된 초기

설정을 중시한다.

　미리 계획하고 작은 행동을 확실한 선택지로 만들면 다른 선택지에 맞서 싸워야 하는 저항을 건너뛸 수 있다. 뭔가 새로운 일을 벌이지 말자고 자기 자신을 설득하는 건 당연하다. 따라서 이에 대한 답변과 만일의 상황에 대비해 두면, 자신에게 유용하리라는 것을 아는 일을 끝까지 수행하는 데 도움이 된다. 의사 결정의 갈림길에 도착하기 전에, 작은 행동들을 최대한 원활하게 수행하기 위해 다음과 같은 노력을 할 수 있다. 언제 행동을 취할 것인지 분명히 정하고, 가능한 한 많은 것을 미리 설정하며, 내면의 수다에 어떻게 대응할지 준비하는 것이다. 갈림길에 섰을 때 주요 목표는 최대한 빨리 다른 선택지를 지워버려서 더 유혹적인 선택지로 끌려가는 것을 막는 것이다.

　나의 경우, 새벽 운동을 루틴으로 만들 때 미리 결정을 내리고 순간에는 빠르게 행동하는 것이 무엇보다 중요했다. 나는 너무 붐빌 때는 헬스장에 가기 싫었고, 내가 사는 런던 중심부의 경우, 출퇴근 전후는 당연히 혼잡한 시간이었다. 원하는 운동기구를 사용할 수 없었고, 운동이 끝나고 샤워를 기다리는 줄도 길었으며, 무슨 수를 써서도 거울 근처에 갈 수가 없었다. 그래서 화장을 할 때면 화장실 세면대에 의존해 아슬아슬하게 화장품을 올려두어야 했다. 운동을 하고 싶었지만, 지금과 같은 상태가 너무나 불만족스러웠기 때문에 운동시간을 바꿔야만 했다.

　나는 저녁 시간에는 아무것도 할 수 없었기 때문에 혼잡한 시간을 피해 일찍 헬스장에 가기로 결심했다. 즉 헬스장이 문을 여는 시간에 맞춰 도착하는 기차를 타려면 오전 5시에 알람을 맞춰야 한다는 뜻이었다. 이 루틴에서 처음 몇 번의 시도는 완전히 실패했다. 나는 늦게까지 잠을 자지 않았고, 새벽녘에 알람이 울리기 시작하면 내 내면의 목소리가 이렇게 소리쳤다. '너는 더 자야 해. 알람을 꺼' 그래서 나는 7시까지 선잠을 자다가 결국은 운동을 완전히 빼먹었고, 하루를 그냥 보낸 나 자신에게 실망했다. 나는 새벽 5시의 줄리아에게 맡겼다가는 헬스장에 가지 못할 것임을 깨달았다. 따라서 그녀를 위해 가능한 한 일을 쉽게 만들어야만 했다.

먼저, 이른 아침 계획대로 움직이지 못하게 하는 주요 원인들을 파악했다. 첫째, 피곤했다. 둘째, 잠에서 깨어 문밖을 나서려면 어마어마한 노력이 필요하다고 느껴졌다. 셋째, 운동시간을 놓쳐도 크게 문제가 되지 않는다고 느꼈다. 나 말고는 아무도 실망하지 않았으니까(흑흑). 각각의 이유를 두고, 나는 그 핑계들을 상쇄할 방법을 생각해 냈다. 나는 매주 내 운동시간을 블록으로 잡아둔 캘린더를 사용하여 나 자신을 위해 하고 싶은 일이 중요하다는 것을 상기시켰다. 그리고 주 3~4회 개인 트레이너와 함께 운동하고 이를 기록해야 하는 온라인 피트니스 시스템에 가입했다. 현관문을 나서기 위해 전날 밤에 가방을 미리 싸두었고, 침대 옆 바닥에 운동복을 펼쳐놨으며, 기차 안에서 마시려고 텀블러에 티백을 넣어두었다. 피곤할 수 있으니 밤 10시 이전에는 잠자리에 들었고, 알람이 울리자마자 불을 켤 수 있도록 침대 옆 전등 스위치가 손에 닿는 거리에 있는지 확인했다. 또한 머릿속의 '피곤해'라는 말에 대해 '나는 7시간 동안 잤어. 괜찮아'라는 대답을 생각해 두었다. 이 모든 선택은 알람이 울릴 때 떠오르는 갖가지 핑계에 정면으로 맞설 준비가 됐다는 의미였다.

시간이 흐를수록 이 행동들과 내 이른 운동시간은 더 이상 항의하며 아우성 치는 내면의 소리가 들리지 않을 정도로 특별할 것 없는 루틴이 되었다. 가능한 한 많은 결정을 사전에 내리고 유혹에 맞서 재빨리 대응하면서, 아침 일찍 헬스장에 가는 일은 내가 가장 좋아하는 루틴이 됐다.

과학적 근거

의사 결정에는 많은 두뇌 활동이 필요하다. 넷플릭스에서 어떤 프로그램을 볼지 선택하는 것처럼, 사소해 보이는 선택에서조차 그렇다. 우리는 이 과정을 프로그램을 수동적으로 휙휙 넘기는 행위로 볼지도 모르지만, 머릿속에서는 각 선택지마다 정보가 넘쳐난다. 우리는 어떤 프로그램이 가장 재미있을지 고민한다. 앞으로 8시간 동안 우리 삶에 가장 유용한 것은 무엇일까? 또한 이전에 봤던 비슷한 시리즈를 떠올리며 즐겁게 시청했었는지도 고려한다. 현재의 감정 상태도 중요하다. 웃을 기분인가, 아니면 울고 싶은가? 이 정보로부터 각 프로그램에 대한 가치가 매겨지고, 목록상의 다른 프로그램과 비교하여 가중치가 부여된다. 이 과정의 대부분은 뇌의 전전두엽에서 일어나며,[1] 다음과 같은 세 영역이 중요한 역할을 한다.

- **배외측 전전두엽 피질**dorsolateral prefrontal cortex[2]: 제공된 정보와 과거 사건들을 비교하여 다음에 무엇을 할지 결론을 내리는 데 중요한 역할을 한다(예: 지난번 스릴러 다큐멘터리를 재미있게 보고 또 다른 스릴러를 보는 것).
- **전대상피질**anterior cingulate cortex[3]: 우리의 감정 상태를 고려하고 형편없는 시리즈를 선택하는 것과 같은 '선택 오류'를 감지하는 데 관여한다. 따라서 우리는 미래에 이와 같은 나쁜 결정을 반복하지 않는다.
- **안와전두피질**orbitofrontal cortex[4]: 어떤 행동에 따른 보상과 그 행

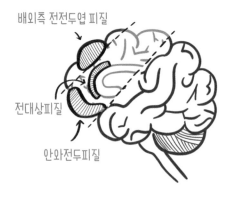

내부

배외측 전전두엽 피질

전대상피질

안와전두피질

동을 수행하는 데 필요한 노력의 가치를 비교한다(예: 시리즈 전편 정주행 vs 현실에서의 8시간)

이러한 계산은 우리 삶 전반에 걸쳐 여러 상황에서 발생한다. 그 예로는 커피숍에서 어떤 음료를 마실지, 어느 대학에 갈지, 헬스장에 갈지 말지, 직장을 옮길지 계속 다닐지 등을 결정하는 것이 있다. 우리의 선택은 과거의 경험, 감정 상태, 그리고 보상 대비 이득을 통해 계산된다. 10장에서는 뇌의 보상에 대해 자세히 다루었고, 우리는 도파민이라는 화학물질을 알게 됐다. 도파민은 결정을 내릴 때 중요한 신호로 여겨진다. 선택에 앞서 도파민이 분비된다는 것은 우리가 그 선택을 하면 얻을 수 있는 잠재적인 보상을 의미한다. 도파민 시스템은 아주 오래되었기 때문에(수백만 년 전 인간이 다른 생물종과 공유하는 공통의 조상에게서도 존재했다), '보상'에 대한 정의가 언제나 우리가 실제로 원하는 것과 일치하지는 않는다. 고칼로리 음식, 섹스, 안전, 그리고 생존은 모두 도파민의 명부에서 꽤 높은 순위를 차지한다. 즉, 논리적이고 유익한 선택보다 '기본적인' 인간의 기능을 충족시키는 선택을 하는 경향이 있다는 뜻이다.

우리는 아마도 매일 수천 가지의 결정을 내릴 것이다. 무엇을 입을지, 차에 우유를 얼마나 넣을지, 언제 집을 나설지, 마트에서 동창을 만났을 때 인사를 할지 말지 등 수많은 결정의 순간을 마주한다. 의사결정은 뇌에 있어서 많은 에너지가 소요되는 과정이기 때문에 스트레스를 받거나, 피곤하거나, 다른 문제에 정신이 팔려 있을 때는 습관이나 '적은 노력/높은 보상'의 선택지(예: TV 시청, 초콜릿바 먹기)를 따르기 쉽다.

한때 유행했던 개념인 '의사결정 피로decision fatigue', 즉 '자아 고갈ego depletion'은 우리의 정신적 자원은 한정되어 있고, 반복적으로 결정을 내리는 과정은 정신적 자원을 고갈시켜서, 더 이상 최적의 선택을 할 수 없게 된다는 의미다. 이 이론은 한때 심각한 의혹의 대상이 되었다. 한 연구에서 의사결정 피로를 경험한 사람들은 그 피로가 진짜라고 믿었던 반면, 의사결정 피로를 믿지 않는 참가자들은 그 영향력을 받지 않은 것으로 나타났기 때문이다.[5] 우리의 의지력은 한정적이고 유한한 것처럼 보이지 않는다. 오히려 뇌의 전전두엽 영역의 제한된 대역폭(전송 용량)으로 인해 전신 피로, 스트레스, 산만함, 그리고 다른 정서 상태가 의사결정 능력을 저해할 가능성이 더 높다.

우리의 뇌는 현재에 더 관심을 쏟도록 설계되었다. 이는 지금이 순간에 내리는 의사결정이 미래의 성공에 최선이 아닐 수도 있다는 의미다. 연구에 따르면 우리는 '현재 편향present bias'을 보이는데, 이는 지금 일어나는 사건들을 훗날 일어날 사건보다 더 중요하게 느끼는 것이다. 실제로, 연구실험에서 심리학자들은 우리가 '미래의 나'를 우리의 확장판으로 보지 않고 낯선 사람처럼 대한다는 사실을 관찰했다. 지금 더 적은 금액을 얻기 위해 미래의 돈을 포기하거나, 몇 주 후의 자신에게 넌더리 나는 일을 떠넘기는 등 현재의 우리는 즉시 보상을 받거나 현재의 상황에서 벗어나기 위해

현재 편향

당장의 보상　　　　　훗날의 보상

책임을 미룬다.

뇌 스캔 연구에서는 우리가 미래의 나에 대해 생각할 때와 현재의 나에 대해 생각할 때 동일하지 않은 활동을 보이는 것으로 나타났다. '미래의 나'를 떠올릴 때 관여하는 뇌 영역 중 일부는 다른 사람을 생각할 때 활성화되는 뇌 영역과 유사하다.[6] 우리가 미래의 나를 얼마나 낯선 이로 보는지는 자존감 수준, 문화적 배경, 얼마나 가까운 시일 내에 발생할 일인지, 그리고 개인의 심상이 얼마나 생생한지에 따라 달라지는 것으로 보고됐다.[7] 가상현실을 활용한 실험에서 볼 수 있듯이,[8] 미래의 나를 생생하게 떠올릴수록 미래의 자신을 위해 더 나은 결정을 할 수 있으며, '미래의 나'와의 연결감이 강화되는 것으로 추정된다.

실전에 적용하기

미리 계획하고 결정하면, 현재 뇌의 다소 결함이 있는 우선순위 결정 방식에 따르는 것을 막을 수 있다. 앞을 내다보면서 원하는 행동을 하지 못하게 방해하는 마찰 지점에 대해 생각해 보고, 지금 또는 그 순간에 이 문제들을 해결할 방법을 찾아본다면 앞으로 이루고자 하는 바를 실현할 수 있을 것이다.

마찰 없애기

당신의 루틴을 일련의 단계로 나눠보자. 이 작업들을 더 쉽게 수행하려면 사전에 무엇을 끝내놓을 수 있을까?

오늘의 목표

목표와 관련된 일이든, 직장에서의 일이든, 개인적인 노력이든, 매일 달성하고 싶은 일을 하나씩 정하고 성취감을 느껴보자. 한 주를 시작할 때 또는 매일 시작하는 시간에 오늘의 목표가 무엇인지 정하고 캘린더에 들어갈 공간을 확보하자(260페이지 참고). 나는 매일 할 일 목록 맨 위에 이 목표를 적고, 그 옆에 별표를 친다. 그래서 이것이 내가 꼭 해내고 싶은 일임을 보여준다.

체계화하기

체계화는 자발성을 파괴한다는 평도 있지만, 미래 계획을 실현하는 데 있어서 중요한 역할을 한다. 망설임을 깨부수기 때문이다. 망설임은 현재 뇌와 신체의 상태가 당신이 해야 할 일에 영향을 미칠 수 있는 여지를 준다. 언제, 어디서, 어떻게 행동할지 결정하면, 다음 차례에 무엇을 해야 할지 모를 때 순간적으로 잘못된 선택을 하는 대신 스케줄에 따라갈 수 있다.

체계화할 때 내가 가장 좋아하는 방법은 매주 캘린더에 시간 블록을 만드는 것이다. 그리고 이 시간 블록에는 목표를 달성하는 데 도움이 되는 행동들을 집어넣는다. 나는 온라인 캘린더를 사용하며, 일요일 아침에 차 한 잔과 좋은 음악 그리고 호사스러움을 원할 때면 촛불을 켜고 시간 블록을 채운다. 한 주 동안 나는 매일 캘린더에 체크리스트를 써서 계획을 완수했을 때마다 눈에 보이는 모양으로 표시하고 축하한다. 나는 박사과정 중에 시간 블록을 만들기 시작했고, 이는 내가 앞으로 나아가는 데 중요한 전환점이 되었다.

시간 블록 만드는 법

- 결코 타협할 수 없는 시간을 캘린더에 모두 표시하자.

  그 예로는 직장에서의 업무, 아이들 등·하원, 미리 약속된 파티나 행사 등이 있다.

- 기상 시간과 취침 시간을 추가하자.

  아침에 서두를 필요 없이 일어나고, 밤에 잠에 들 준비를 할 수 있도록 하루의 앞뒤로 30~60분 정도를 할당하자.

- 작은 행동(+마무리할 시간)을 위한 블록을 추가하자.

  작은 행동을 할 시간을 빼놓아야 한다. 아주 새로운 행동이라면 30분 짜리 블록을 할당해서 작업을 수행한 뒤 휴식 시간을 가지자(원한다면 그 일을 계속해도 좋다). 이미 자리 잡은 행동이라면 그 일을 하는 데 걸리는 '전체 시간'을 블록에 할당하고, 그 일에 돌입하기 위한 작은 행동부터 시작할 수도 있다.

- 몸을 움직이거나 창조할 시간을 내자.

  당신의 목표가 습작習作과 관련 있는 것이라면, 매일 창의력을 발휘할 수 있는 시간을 갖자. 책 읽기, 요리하기, 그림 그리기, 정리하기, 노래하기 등 업무모드에서 벗어날 기회를 주는 것이라면 어떤 활동이라도 괜찮다. 당신의 목표가 더 창조적인 쪽이면, 운동을 위한 블록을 추가하자. 20분 동안 걷기, 단거리 달리기, 아니면 집에서 할 수 있는 운동도 좋다. 목표를 위한 새로운 루틴을 만드는 데 집중할 수 있도록 두뇌에 여유를 주려면 당신에게 익숙한 것으로 선택하자.

• 일정 관리 업무를 추가하자.

해야 할 일이 있는데 계속 미루고 있는가? 그 일들을 처리할 시간을 캘린더에 추가하자.

• 휴식 시간 혹은 자유시간을 표시하자.

쉬기로 마음먹는 것은 일에 전념하는 것만큼 중요하므로 휴식 시간에 몇 시간을 할당하자(자세한 내용은 16장 참조).

• 각 작업을 다양한 색깔로 표시하자.

그러면 주간 스케줄이 균형을 이루고 있는지 한눈에 파악할 수 있다. 이렇게 완성!

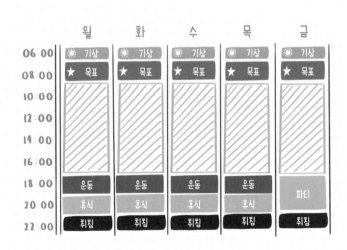

온라인으로 시간 블록을 짜는 것의 장점은 다른 상황이 발생했을 때 이를 조정하고 옮길 수 있다는 점이다. 하지만 이상적인 계획은 제자리에 두는 것이다. 체크 표시를 하는 방식을 선호한다면, 전자기기에 캘린더를 열어두고 스케줄을 바탕으로 해야 할 일 목록을 작성하자. 그러면 해야 할 일을 마칠 때마다 만족스럽게 항목을 지워나갈 수 있을 것이다.

당신의 스케줄이 꽤 규칙적이라면, 일상적인 블록들은 매주 반복되도록 설정해 두자. 그런 다음 일요일에는 차주의 캘린더를 편집하여 특정 시간에 수행해야 할 구체적인 작업을 기입하고 나머지는 필요에 따라 움직이면 된다.

빠져나갈 수 없게 만들기

비행기를 타야 하거나 시험을 앞두고 있을 때, 뇌는 당신을 꾸물거림의 장벽을 넘어 행동모드에 돌입하게 만든다(꾸물거림에 관한 자세한 내용은 13장에서 다룬다). 우리는 출발 탑승구로 서둘러 뛰어가거나 마감일에 맞춰 일해야 하는 스트레스 받는 상황에서 살고 싶지 않지만, 우리의 행동에 어느 정도 중요성을 부여한다면 나가떨어질 가능성은 낮아진다. 안타깝게도 우리는 자신을 실망시키는 것을 별로 개의치 않는다. 하지만 다른 사람이 관련되어 있거나 건너뛰는 데 따르는 폐해가 있다면 계속해서 전념할 가능성이 커진다.

자신과의 약속 지키는 법

행동을 끝까지 완수하기 위해 다음에 나오는 방법들을 시도해 보자.

• 누군가와 만난다.

개인 트레이너와 함께 운동하거나 친구와 공부하기로 약속했다면, 당신은 그 사람들이 기다리고 있다는 것을 알기 때문에 그 자리에 나타나게 된다. 하지만 그들에게 의존하지 않는 것이 중요하다. 약속이 취소되더라도, 끝까지 해내자!

• 계획 또는 프로그램에 가입한다.

매주 확인을 받게 된다는 것을 알면 책임감을 가질 수 있다.

• 어느 정도 유연한 마감 기한을 설정한다.

어떤 일을 최대한 빨리 끝내려고 노력하고 있지만, 이를 끝내야 한다는 압박감이 없다면 스스로 마감일을 정하자. 카운트다운은 실제 마감일과 마찬가지로 당신이 꾸준히 실행하는 데 도움을 준다. 하지만 이런 임의적인 날짜를 지키지 못한 것에 대해 죄책감을 느끼고 싶지는 않을 것이다. 개인적으로 나는 일할 때 유연한 마감 일자를 잡고, 필요에 따라 조정한다. 박사과정을 밟으면서 나는 스스로 마감 일자를 정하기 위해 갠트 차트Gantt chart (스프레드시트에 가로 막대그래프로 시간표를 짠 것)를 만들곤 했다. 그래서 내가 시간을 현명하게 사용하고 있는지 확인할 수 있었고, 매주 진행 상황을 평가하고 필요에 따라 이를 조정했다.

목소리를 높이기

이전에 계획을 완수하지 못한 경험이 있다면, 그 이유는 무엇인가? 뭔가 성미에 맞지 않거나 저항하고 싶게 만드는 전반적인 기분이 몸으로 느껴질 때, 당신의 두뇌가 반대할 때 토해내는 수다를 확인해 보자. 그리고 일부 핑곗거리에 대해 반박할 기회를 노리자. 몸이 아프거나 지쳤을 때는 가끔 계획된 시간을 건너뛰는 것이 옳을 수도 있다. 그러나 대부분의 경우 우리는 힘들고 불편한 일을 회피하려고 빠져나갈 구멍을 찾는다. 잠을 못 잤다면, 피곤함은 행동하지 않아도 되는 진짜 이유가 된다. 그러나 8시간 동안 푹 잤다면 피곤함은 그저 당신의 뇌가 사용하려는 비장의 카드일 수 있다.

핑계에 대응하는 법

당신이 뭔가 힘든 일을 하려고 할 때 두뇌가 당신에게 던지는 주요 핑계들을 생각해 보자. 그다음 그 일을 완수하는 데 도움이 될 대답을 미리 생각해 두자.

핑계	반박하기
나는 피곤해.	나는 8시간을 잤잖아. 곧 괜찮아질 거야.
바깥은 너무 추워.	옷을 여러 겹 껴입었고, 5분 정도 뛰고 나면 몸이 금방 풀릴 거야.
더 중요한 일이 있어.	내 스케줄은 여기에 맞춰져 있어. 다른 일은 나중에 끼워 넣을 수 있을 거야.

평계에 직면했을 때 가끔은 소음을 완전히 잠재우려고 노력하는 것이 더 쉬울 때도 있다. 내가 가장 좋아하는 간단한 실천 방법은 카운트다운을 한 후 실행에 옮기는 것이다. 동기부여전문가인 멜 로빈스^{Mel Robbins}가 제시한 '5, 4, 3, 2, 1' **방법**은 여기에 제격이다. 평계나 부정적인 수다가 머릿속에서 맴돌기 시작할 때, 5부터 거꾸로 숫자를 센 후 당신이 원하는 다음 단계를 밟아보자. 나 같은 경우, 잠에서 깬 후 침대에 누워서 걱정만 할 때 또는 설거지를 쌓아두고 소파에 널브러져 있을 때 이 방법을 사용해 일어난다. 카운트다운을 하거나 당신만의 주문을 외운 뒤, '생각'에서 벗어나 '행동'에 돌입하는 것은 익숙하고 편안한 것을 추구하는 현재 뇌의 욕망을 거스를 수 있는 효과적인 방법이다.

미래의 친구

'미래의 나'는 우리에게 낯선 사람이 되어서는 안 된다. 우리가 미래의 나를 친구로 여기면, 이 친구에게 유익한 행동을 할 수 있다. 우리는 종종 우리 자신의 욕구를 무시한다. 그렇게 함으로써 기분이 썩 좋지 않을지라도 말이다. 미래의 나를 당신이 아끼는 진짜 사람이라고 상상해 보자. 그러면 당신에게 유리한 선택을 하는 데 분명 도움이 될 것이다.

당신이 정말로 사랑하고, 아끼고, 존중하고, 절대로 실망시키고 싶지 않은 사람은 누구인가? 미래의 당신이 바로 그 사람이며, 운동하고 영상을 제작하고 공부하고 인맥을 쌓는 등 당신이 하는 행동이 모두 그 사람을 위한 것이라고 상상해 보자. 심지어 미래의 나를 생각해 보면서 그 사람이 당신에게 무엇을 하라고 말할지 상상해 볼 수도 있다.

당신이 핑계와 씨름하고 있을 때, 이 사람을 마음속에 떠올리고 이 행동이 그에게 어떤 도움이 될지 고심해 보자. 나는 이런 상황에서 미래의 나를 떠올리면, 그 사람이 '계속해 봐'라고 말하는 모습이 상상된다.

마무리하기

현재에서 벗어나 의사결정을 내린다면, 현 상태 때문에 당신이 가야 할 방향이 흔들리는 일을 줄일 수 있다. 우리가 하는 모든 선택은 우리가 무엇을 중시하는지, 무엇이 우리에게 보상을 주는지, 과거에 비슷한 상황이 어떻게 전개됐는지, 현재의 감정 상태가 어떠한지, 그리고 필요한 노력을 치를 가치가 있는지 등에 따라 신중하게 평가된다. 정확히 똑같은 선택이라도 뇌가 지금 당장 필요하다고 인식하느냐에 따라 그 가치가 달라질 수 있다. 따라서 사소한 선택일지라도 마지막 순간까지 미루는 것은 위험할 수 있다. 버겁거나, 스트레스를 받거나, 피곤하면 계획에 차질이 생기고, 훗날 자신을 자책하게 될지도 모른다. 체계화하고, 혼신의 노력을 다하고, 핑계에 대응할 말을 준비한다면, 즉각적으로 만족을 주는 유혹에 맞서야 하는 힘겨운 싸움을 줄일 수 있다. 그리고 이를 따라야 할지 말아야 할지 내면의 논쟁이 일어난다면, 빠르게 선택하라. 카운트다운을 하고, 신호를 활성화하고, 작은 행동들을 즉시 실행하여 유혹적인 선택지를 눈앞에서 치워버리자.

모든 준비와 계획에도 불구하고 현재의 당신이 승리할 때도 있을 것이다. 소파의 유혹이나 갑자기 매력적으로 보이는 관리 업무가 승리를 거둘 수도 있다. 이는 매우 자연스러운 일이다. 어떤 행동이 루틴이 되더라도, 알람을 꺼버리고 돌아누워 잠을 더 청하는 경우가 있다. 그런 자신의 모습을 받아들이고 내일 다시 싸움에 임할 준비를 하자.

12장

신념을 키워라

프로토콜과 계획이 정해지면, 우리는 종종 기회를 포착하고 목표를 향해 노력할 준비가 되었다고 느낀다. 그러나 마지막으로 한 가지 도구가 더 필요하다. 이 도구는 아마도 개발하기 가장 까다로운 도구일지도 모른다. 바로 자기 자신을 믿는 것이다.

모든 목표는 실행 가능한 단계로 나누고, 계획하고, 목표를 달성한 자신에게 보상을 주는 과정을 통해 수행하기에 쉬워진다. 자신이 이 행동 단계를 해낼 능력이 있고, 고된 노력이 곧 성과를 거두리라고 믿는 것이 바로 당신을 계속하게 만드는 마법의 가루다.

'자신을 믿어라'라고 말하거나 '당신에게는 힘이 있다'라고 말하는 명언은 읽기에는 쉽지만, 실제로 깊은 자기 신념을 기르려면 노력이 필요하다. 다른 습관이나 행동과 마찬가지로, 우리는 경험으로부터 내면의 자신감을 쌓아나간다. 뇌는 다양한 작업으로부터 피드백을 받아 우리가 무엇을 '잘하고' 무엇을 '잘 못하는지' 감을 잡게 해준다. 이는 우리가 할 수 있는 일에 대한 판단뿐만 아니라 우리가 누구인지, 그리고 우리가 받는 혹은 받지 못하는 칭찬을 통해 우리를 가치 있게 만들어 주는 요소를 판단하는 데도 영향을 미친다.

우리는 모두 어느 정도 외부 피드백을 활용하여 자신의 가치와 자기 신념을 측정한다. 그리고 사회, 당신과 가장 가까운 사람들, 그리고 당신 자신으로부터의 기대는 특정 기준이나 이미지를 유지해야 한다는 압박을 주고, 약간의 실수조차 허용하지 않는다. 우리는 실패하거나, 실수를 저지르거나, 혹은 뭔가가 뜻대로 되지 않는다고 생각하는 것만으로도 패닉에 빠진다. 그리고 '절대로 이걸 실현하지 못할 거야', '이런 시도를 하다니 어리석네', '너는 사기꾼이야. 그리고 제대로 일할 능력이 없어'와 같은 부정적인 자기 대화가 장황하게 쏟아지는 수문을 활짝 열어젖힌다.

이러한 비판은 당신을 당혹감과 사회적 배제의 위협으로부터 보호하기 위한 의도일 수도 있지만, 그 결과 당신이 시간을 지체하고, 자신의 행동에 의심을 품게 하며, 심지어 시도했다는 것 자체를 자책하게 만든다.

현재보다 훨씬 더 앞서 무언가를 할 수 있다고 믿을 필요는 없다. 대부분은 그로 인해 자신을 끌어내리고 행동하지 못하게 가로막을 가능성이 크기 때문이다. 그러나 당신의 능력과 직업윤리에 대한 믿음을 가지고, 일을 완수할 수 있다고 스스로 신뢰하는 것은 목표 달성을 위한 토대가 된다. 일이 계획대로 진행되지 않을 때 자신을 관대하게 바라보려고 노력하자. 그러면 좌절에서 벗어나 힘겨운 시기를 헤쳐 나가는 데 도움이 되며, 기대의 부담을 줄임으로써 느긋함을 가질 수 있다. 자아비판에 대처하는 방법을 알고, 당신을 정체시킬 정도로 그 비판의 목소리가 높아지지 않게 하는 것이 바로 열정을 계속 추구하기 위해 활용할 수 있는 기술이다.

✳ ✳ ✳

새로운 시작을 할 때, 자신감이 어느 정도 부족한 것은 당연하다. 처음 헬스장에 나가서 무엇이 어디에 있는지 모를 수도 있고, 새로운 직장에 나가서 새로운 시스템에 적응하는 상황이거나, 아니면 학교에서 새로운 주제의 글을 읽었지만 잘 이해가 안 될 수도 있다. 새로운 분야에서 자신감을 쌓으려면 시간과 반복적인 연습이 필요하며, 활동에 더 많이 참여할수록 자신감은 올라간다. 그러나 새로운 기술에 자신감이 없더라도 결국에는 할 수 있다는 근본적인 자기 신념을 갖는 것이 그 일을 계속하는 중요한 원동력이 된다. 이 신념은 당신이 스스로 꾸준한 노력가라고 생각하거나, 유사한 분야의 기술을 가지고 있거나, 또는 인생의 다른 영역에서 전문지식을 끌어오는 데에서 생겨난다. 지금 당장은 조금 불안할지라도 해낼 수 있다는 스스로에 대한 믿음을 충분히 가지고 있기 때문이다. 자기효능감self-efficacy이라고도 불리는 이러한 자기 신념self-belief은 새로운 행동을 일상적인 루틴으로 만들고, 기술을 발전시키고, 자신감을 높여주며, 미래의 행동을 촉진한다.

자기 자신의 능력을 믿을 때조차 가끔은 어쩔 수 없이 스스로를 의심하게 된다. 자신에게 의문을 품고, 살짝 뒤로 물러서서 지금 하는 일이 자신과 다른 사람들에게 유익한지 평가하는 것은 자연스러운 일이다. 이러한 자기 회의self-doubt는 자신의 의견이나 신념에 의문을 제기함으로써 문제를 효과적으로 해결하고, 이롭지 않은 관행을 버리고, 다른 사람에게 해를 끼치지 않게 해준다. 아무도 자기 행동을 의심하지 않는 세상에서 살아간다면 발전과 변화의 여지도 없고, 배우고 성장할 가능성도 없을 것이다. 또한 모두가 자신의 능력을 증명하고 다른 사람들에게 자기 방식이 옳고 유일한 방식임을 납득시키는 데 더 많은 관심을 기울일 것이다. 자기 회의는 잠시 멈추고, 의문을 제기하며, 다른 정보를 받아들이고, 더 효과적이고 유용하며 유익한 방식으로 행동하도록 방향을 바로잡아 주는 역할을 한다.

자기 회의의 바람직한 정도는 한정되어 있다. 요리에 향신료를 더하는 것처럼 최적의 지점이 존재한다는 의미다. 너무 적게 들어가면 맛을 느낄 수 없고, 너무 많이 들어가면 맛을 압도하게 된다. 우리가 계량스푼으로 자기 회의를 측정할 수 있다면 좋겠지만,

뇌는 마일법이나 미터법을 따르지 않는다. 가끔 자기 회의의 균형은 깨지고, '이건 너무 힘들어. 난 아무것도 할 수 없어'라는 쪽으로 크게 기울어 버린다. 이 상태는 내면의 수다가 당신에게 '그래봐야 무슨 소용이 있느냐'며 무언가를 하지 말라고 설득하거나, 당신은 형편없는 인간이고 아무것도 제대로 할 수 없다고 말하는 식으로 나타난다. 아니면 계속 노력하려고 할 때 침울해지거나 비관적인 기분이 들 수도 있다. 그리고 당신이 실제로 지위를 얻었고, 당신을 현재의 위치로 이끈 물리적인 증거가 있는 경우에도, 여전히 스스로 사기꾼처럼 느껴질 수 있다. 자기와 자기 능력을 지나치게 의심하면 스스로 회의감을 갖게 되고, 자신이 하고 있는 일에 스트레스를 받으며, 앞으로 나아가지 못하고, 당신이 얼마나 멋진 사람인지 인식하지 못하게 된다.

자기 회의 계량스푼

과다   과소   적량

이 책의 모든 장 중에서 내가 가장 많은 내용을 써야만 했던 것이 바로 이번 장이다. 나는 모든 계획을 세우고, 곧장 루틴을 만들었으며, 보상을 주어가며 스스로 동기를 부여했지만, 그날 내면의 수다가 나를 응원해 주지 않았다면 나는 거의 포기할 운명이었

3부   목표를 향해 정주행하는 법

268

다. 나는 내게 능력이 있다는 믿음을 북돋기 어려웠고, 다음과 같은 자기 회의에 시달렸다. '이게 옳은 길일까?', '나는 이 일을 잘하지 못해', '아무도 내가 하는 일을 좋아하지 않아', '지금 안 되는 일이면, 앞으로도 안 되겠지', '이게 다 무슨 소용이지? 나는 앞으로도 이 모양일 텐데', '절대로 성공할 수 없어' 지금까지 다른 사람들의 칭찬과 피드백에 지나치게 의존해 왔기에 외부로부터 즉각적인 확인을 받지 못한 채 행동을 취해야 할 때가 오자 어려움을 겪었다.

특히 박사과정을 밟는 내내 자기 회의가 만연했다. 열심히 노력했고 그에 걸맞은 결과물을 얻었지만, 나는 내 연구에 대한 칭찬을 들으면 어안이 벙벙해졌다. 그저 공손한 '과찬이세요. 하지만 감사합니다' 같은 반응이 아니었다. 내 뇌는 이 말들이 진실이라고 믿기를 완전히 거부하는 쪽에 가까웠다. 논문을 쓰고 기말고사를 준비하면서, 내 진척 상황에 관해 이야기할 때마다 주변 사람들은 모두 지난 4년 동안 내가 한 일들을 줄줄이 늘어놓으며 "너는 아주 잘 해낼 거야!"라고 말하곤 했다. 하지만 나는 그 말을 곧이곧대로 받아들일 수 없었다. 오히려 그 사람들이 나에게 거는 확신에 찬 기대가 나를 더 걱정스럽게 만들었다. 나는 시험에서 모든 것이 밝혀질까 봐 스트레스를 받았고, 내가 탈락해서 유능한 박사 후보자라는 허울이 벗겨지리라 생각했다. 내 분야에서 세계적으로 유명한 전문가 두 명과 함께 진행되는 3시간짜리 논문심사 구술시험이 끝나갈 무렵, 내 머릿속에서 '합격할 리가 없어'라고 말하던 목소리가 떠오른다. 그 후에 내가 박사가 된 것을 축하하며 건배하는 와중에도 나는 내 파트너에게 "그분들이 실수한 거 같아. 분명 뭔가 잘못된 게 틀림없어"라고 말했다. 나는 내가 해냈다는 사실을 믿을 수 없었다. 몇 년 동안 자신을 부족하다고 깎아내리고 사기꾼처럼 느끼면서 '이런 일은 절대로 일어나지 않을 거야'라는 강력한 신념이 생겨났던 터라, 시험에 통과했을 때 나는 깜짝 놀랐다. 지금 글을 쓰면서도 '이 이야기를 책에 넣어야 하나, 그러면 언젠가 다들 내가 박사학위를 받아선 안 되었다는 걸 알게 될 텐데'라고 생각했다. 내 책상 위에 공식적인 학위증이 걸려 있는데도 말이다.

혹자는 내가 박사학위를 받았기 때문에 결국에는 자기 회의가 별로 문제가 되지 않았다고 생각할지도 모른다. 그리고 어느 정도는, 자기 회의로 인해 나는 내 능력을 증명하려고 더 열심히 노력했다. 그러나 그로 인해 꾸준히 예정된 자리에 나타나는 과정이 훨씬 더 힘들었다. 내가 충분히 잘한다고 믿지 못했기 때문에 발표를 하거나 보고서를 쓰기 전에 받는 스트레스가 너무 컸다. 박사과정과 같이 체계적인 과정에서 나는 어떻게든 꾸역꾸역 해나가야 한다고 느꼈다. 내게는 마감 기한이 있었고, 자기 회의를 느끼든 아니든 간에 논문을 완성하고 싶었다. 그러나 커리어처럼 체계적이지 않은 삶의 영역에서는 지나친 자기 회의가 흘러 넘쳐 행동하지 못하게 만들었다. '이건 안 돼', '너 이거 못하잖아', '다른 사람이 더 잘할걸' 같은 말들은 실제로 그만하라는 신호로 받아들여졌다. 이러한 부정적인 생각을 완화해 줄 외부의 압박이나 마감 기한이 없었다면, 나는 모든 것을 중단하고 다시는 돌아오지 않았을 것이다. 나는 할 수 있다는 믿음을 가질 수 없었다. 그리고 내게는 그것이 가장 큰 장애물이었다.

나는 내 시끄러운 자기 회의가 조용한 자기 신념을 얼마나 압도하는지를 깨달았고, 태세를 전환하고 싶었다. 건설적인 방식으로 내 행동에 의문을 제기하는 자기 의심은 필요했지만, 자기 신념이 작동하게끔 해야 했다. 이는 '자기 신념을 강화하는 다섯 가지 방법'과 같은 시나리오처럼 쉽지 않았다. 나 자신을 드러낼 수 있게 도와주는 이 자기 신념이라는 요소는 자기 회의가 커질 때마다 내가 적극적으로 활용해야 하는 대상이다. 그리고 내 능력을 의심하는 이러한 메커니즘은 궁극적으로는 안전 기제 역할을 한다. 즉 내가 새로운 도전에 임할 때면 몇 번이고 이 메커니즘이 작동하리라는 것을 알고 있다.

과학적 근거

8장에서 살펴보았듯이, 자아감은 우리가 내리는 많은 결정을 좌우한다. 시행착오, 낙인, 시험점수, 칭찬, 처벌, 승패, 그리고 그외에 다양한 삶의 경험을 통해 뇌는 자신이 누구인지, 무엇을 할 수 있는지, 어디까지가 한계인지에 대한 개념을 만들어 낼 수 있다. 그리고 우리가 새로운 시도를 하려고 할 때, 이 개념은 우리가 그 일을 할 수 있는 능력을 가늠하는 척도가 된다.

목표를 추구하다 보면 우리는 자기 자신과 여러 차례 마주하게 된다. 더 많은 것을 얻기 위해 고군분투하는 과정에서 반복적으로 자신에 대한 신념과 마주하고, 보통은 변화하려면 그 신념에 정면으로 맞서야 한다. '나는 누구인가'에 대한 개념은 우리에게 안정감을 주고 특정 상황에서 어떻게 대처할지 예측하는 데 도움이 된다. 그러나 이러한 생각은 변화가 가능하므로 당신에게 이롭지 않다면 이를 반박해야만 한다. 목표를 추구하는 동안 우리가 주목해야 할 네 가지 자기개념은 다음과 같다.

자아존중감(일명 자존감)

자아존중감은 우리가 자신에 대해 얼마나 긍정적으로 혹은 부정적으로 느끼는지를 나타내는 척도다. 자존감은 우리가 우리의 '가치'를 어떻게 보는지에 대한 전반적인 판단으로, 우리가 무엇을 잘하고, 무슨 일을 하며, 어떻게 보이고, (우리 자신 또는 다른 사람들이 규정한) 우리의 강점과 약점은 무엇인지와 같은 요소를 바탕으로 산정된다. 자존감이 낮은 사람들은 높은 수준의 부정적인 정서를 가지고, 우울이나 불안과 관련된 증상을 보일 가능성이 더 높다. 반면에 자존감이 높은 사람들은 즐거움과 같은 긍정적인 상태를 더 자주 경험하는 것으로 추정된다. 자존감은 스트레스를 막아주는 완충제 역할을 하며, 자존감이 높은 사람일수록 회복탄력성이 높다.

그로 인해 신체 건강에도 이로운 영향력을 미치는 것으로 보인다.

실험들은 뇌에서 학습, 기억, 가치판단에 관여하는 영역과 자존감을 연관 짓는다. 이는 자존감이라는 개념이 과거의 경험을 이해하고 이를 통해 전반적인 가치평가를 만들어 내는 것을 중시한다는 점에서 타당한 이야기다. 예를 들어, 새로운 장기기억을 형성하는 데 필수적인 부위인 해마^{hippocampus}의 크기가 더 큰 것과 자존감이 더 높은 것 사이에는 상관관계가 있다.[1] 이 부위가 우리의 가치관을 형성하는 데 기여하기 때문일 수도 있고, 아니면 자존감이 높아지면 (해마에 특히나 취약한) 스트레스를 더욱 잘 다루기 때문에 이 영역의 크기가 늘어난 것일 수도 있다. 사회적으로 거부당할 때와 같이 우리의 자존감이 타격을 받는 경우, 우리 뇌는 '사회적 예측 오류'를 입력하고 전전두엽 부위의 활동에 상응하여 우리의 자존감 지수를 업데이트한다.[2]

낮은 자존감은 여러 정신건강 질환에서 흔히 발견되는 상태이므로, 치료에서는 개인의 자긍심 수준을 높이는 데 도움이 되는

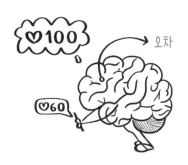

기술들을 사용하는 경우가 많다. 공공의료서비스에서는 목소리를 내거나 글을 씀으로써 부정적인 신념에 이의를 제기하고, 주변 사람들이 당신에 대해 말하는 좋은 점들과 같은 실제 증거를 사용해 이러한 진술을 뒷받침하는 기술을 권장한다.[3] 우리가 문제를 이해하거나 어떤 일이 발생한 이유를 이해하려고 노력할 때, 뇌는 (달갑지 않게도) 기존의 부정적인 생각들을 해결책이랍시고 반복적으로 제시한다. 그러나 다른 생각과 마찬가지로 이런 부정적인 생각에도 이의를 제기할 수 있으며, 그 목소리를 잠재우는 좋은 방법은 실제 증거를 사용하는 것이다.

자기효능감(일명 자기 신념 또는 자신감)

자기효능감은 우리가 자신의 능력과 기술에 얼마나 자신감을 느끼는지를 말한다. 이는 일반적인 자신감과는 다르다. 어떤 사람은 파티에서 인맥을 쌓거나 무대에 올라 연설하는 데는 전혀 문제가 없지만, 내면적으로는 여전히 자신의 능력을 확신하지 못하기도 한다. 그리고 이는 목표를 추구할 때 문제가 될 수 있다. 먼 목표를 향해 노력하려면 어느 정도 자신감이 필요하다. 따라서 자기효능감의 수준이 낮은 사람일수록 자신이 할 수 있다고 믿을 가능성은 더 낮아지며, 아예 시도조차 하지 않을 수도 있다.

자존감은 우리가 자신에 대해 어떻게 느끼는지에 중점을 두는 반면, 자기효능감은 우리가 어떤 일을 할 수 있다고 여기는지를 고려한다. 그 차이는 행동에서 나타난다. 예를 들어, 자존감이 높은 사람은 열심히 노력했기에 기회를 얻을 자격이 있다고 느낀다. 한편, 자기효능감이 높은 사람은 지금 당장 가지고 있는 기술이 없더라도 역할을 맡으려 한다. 자기가 배울 수 있다고 믿기 때문이다. 높은 수준의 자기효능감은 동기를 부여하고 자신감을 주는 자극제가 된다. 무언가를 할 수 있다고 믿을수록 그 일에 노력을 쏟고 싶은 의욕이 생기고, 노력할수록 더욱 자신감이 커지기 때문이다. 이는 긍정적인 피드백 루프로 작용하며, 동기부여와 자신감이 커지면 더 많은 성과를 얻을 수 있다. 이로써 당신이 할 수 있음을 또다시 증명하게 된다.

| 숙달 | 대리경험 | 언어적 설득 | 정서적·신체적 상태 |

심리학에서 자기효능감이론self-efficacy theory은 우리 능력에 대한 내적인 자신감 수준이 다음과 같은 네 가지 요인에 달려 있다고 한다.[4] 자신에게 도전하고 성공하는 경험을 통해 신뢰를 쌓는 '숙달', 존경하고 본받을 수 있는 롤 모델을 갖는 '대리 경험', '너는 할 수 있어'와 같은 격려의 말을 듣는 '언어적 설득', 그리고 자신의 능력을 믿는 정도에 영향을 미치는 '현재의 정서적·신체적 상태'다.

연구에 따르면 높은 수준의 자기효능감은 더 나은 업무 성과,[5] 학업 성과, 그리고 더 높은 낙천성과 관련 있는 것으로 밝혀졌다.[6] 그러나 자기효능감은 이 모든 사건에 의해 강화되므로, 자기효능감이 성공을 야기하는지 아니면 성공이 자기효능감을 야기하는지, 어느 쪽이 더 확실한지는 불분명하다. 아직까지는 뇌에서 자기효능감을 뒷받침하는 근거가 확실히 밝혀지지 않았으므로, 연관성 이상을 실험하기에는 어려움이 있다.

자기 회의

자기 회의는 큰 실수를 방지하거나 결과가 따르는 행동에 무턱대고 뛰어들지 않도록 도와주는 메커니즘이지만, 가끔은 지나칠 때가 있다. 종종 자기 회의는 절친한 자기비판을 동반하며, 보통은 거센 모욕과 비하의 형태로 나타난다. 우리 내면의 비평은 우리가 직면하는 무작위한 사건들에 대한 통제력을 확장하는 부수적인 방법으로 보인다. 좀 더 열심히 노력해서 취직을 하거나 과묵하게 굴었는데도 두 번째 데이트 기회를 얻었다면, 우리는 뜻대로 되지 않는 일들에 영향력을 가졌다고 느낀다. 건강한 수준의 자기비판은 우리가 사람들에게 상처를 주는 것을 방지하고, 원하는 것을 얻기 위해 조금만 더 노력하면 될 때 자신의 잠재력을 실현할 수 있게 도와준다. 하지만 독이 되는 지점이 있다. 높은 수준의 자기 회의와 자기비판은 우울이나 불안과 같은 증상을 악화시킬 수 있으며,

내면으로 향하는 부정적인 성향을 부추긴다.

자기 회의가 고조되면 가면 증후군^{imposter phenomenon}으로 나타난다. 가면증후군이란 현 위치에 도달한 이유를 정확히 뒷받침하는 증거가 있음에도 스스로 사기꾼처럼 느끼는 경우를 말한다. 아카데미상과 노벨상 수상자를 비롯해 수많은 찬사를 경험한 많은 사람들이 이러한 내적 갈등을 경험한다. 단지 '운이 좋았다'고 느끼거나, 누군가가 당신에게 관대했을 뿐이었다거나, 언제라도 누군가가 당신을 사기꾼이라고 폭로할 것처럼 느껴진다는 것이 흔히 보고되는 내용이다. 이러한 심리적 상태에 대한 신경과학 연구는 그다지 많지 않으나, 예기불안의 일종으로 가면을 쓴 느낌이 발생한다는 이론이 있다. 즉 현재의 구조가 무너질 경우를 대비하여 '최악의 상황'을 계획할 수 있게 해주는 것이다.[7] 뇌에서 보상체계의 불균형이 가면을 쓴 것 같은 생각에 기여할 수 있다는 주장도 제기됐다. 보상체계의 불균형이 진정한 성취도가 내면에 인식되는 것을 방해해서 외부적으로도 수용할 수 없게 되는 것이다.[8] 가면 증후군, 그리고 다른 형태의 자기 회의와 자기비판은 열심히 노력하고 자신이 현재의 지위에 걸맞은 자격이 있음을 증명하는 원동력이 될 수 있지만, 심한 자기비판은 십대를 대상으로 한 대규모의 표본집단에서 긍정적이지 못한 사건들을 예측하는 변수였다.[9] 게다가, 가면 증후군에 동반되는 고도의 불안과 스트레스로 인해 사람들은 더 쉽게 실패하며 생산성이 저하된다.[10]

자기연민

자기연민은 자기비판과 자기 회의의 해독제이다. 자기연민을 갖는다는 것은 본질적으로 친구에게 하듯이 자기 자신을 대하는 것이다. 자기연민을 갖기 위해 자존감이 높거나 자기효능감이 높을 필요는 없다. 이는 비현실적으로 긍정적이어야 한다는 것이 아니라 당신이 친한 사람들과 나누는 대화와 비슷한 어조로 내면의 대화에 접근하는 것이다. 예를 들어, 회사에서 너무 바쁜 하루를 보내서 오늘 헬스장에 가지 못했다고 가정해 보자. 자신을 게으르고 포기가 빠른 놈이라고 말하는 대신, 같은 상황에 있는 절친에게 뭐라고 말할지 생각해 보자. '오늘 정말 바쁜 하루였잖아. 자신에게 지나치게 엄격할 필요 없어'가 더 나은 말일 것이다. 이런 식으로 더 건강한 내면의 서사를 만들 수 있다.

자기연민과 내면의 독백이 이뤄지는 어조에 관한 신경과학 연구는 이제야 막 활발해지기 시작했다. 40명의 건강한 사람들을 대상으로 한 뇌스캔 연구에서 '나는 살면서 나와의 약속을 지키는 데 실패했다'와 같은 자기 비판적인 진술과 '나는 나와의 약속을 지키며 살아 왔다'와 같은 자기 확신적인 진술을 읽도록 지시했다. 그 결과, 자기 확신적인 진술을 읽은 피실험자들은 위협을 감지하는 뇌 부위인 편도체와 전대상피질의 활동이 줄어드는 것으로 나타났다.[11] 자기연민에 대한 완벽한 척도는 아니지만, 이 연구는 우리가 자기 자신에게 말하는 방식을 바꿀 때 부정적인 자기 대화에서 벗어나 더 생산적이고 건강한 마음가짐로 바뀔 수 있음을 보여준다. 이 기술이 불안과 우울을 겪는 환자들처럼 자기비판 수준이 높은 사람들에게도 장기적인 이점을 제공하는지 확인하기 위해 실험이 진행될 예정이다.

장애물이나 실패를 만났을 때 '사람은 누구나 실수를 해'와 같은 말을 건네는 것은 자기비판의 고통을 어루만져 줄 뿐 아니라, 계획을 이행하고 목표를 향해 나아갈 수 있도록 도와준다. 자기연민의 수준이 높을수록 자신의 건강과 행복감을 더욱 잘 돌보고,[12] 더 적극적으로 행동하고, 실패를 겪었을 때 더 쉽게 회복되며, 실수를 바로잡으려는 의지를 더 많이 보이는 것으로 나타났다.[13] 만약 학교에서 당신을 못난 놈이라고 말하고 쓸모없는 실패자라고 부르는 교사가 있다면, 당신은 그 과목에서 좋은 점수를 얻기 위해 얼마나 의욕적으로 노력할 수 있을까? 반면에 인내심 있고, 용기를 북돋아 주고, 격려해 주며, 현실적인 조언을 해주는 교사가 당신에게 이 시험은 그저 하나의 시험에 불과하다고 말해주면서 잘한 점과 개선할 점을 짚어준다면, 당신이 계속해서 노력할 가능성은 훨씬 더 커진다. 도전에 응할 때 자신에게 이런 교사가 되어준다면 역경 속에서도 계속 나아갈 수 있을 것이다.

실전에 적용하기

신념을 강화하는 것은 '보여주고 말하기'와 같다. 일이 돌아가는 상황에 대해 자비로운 방식으로 자신에게 말을 건네는 한편, 도전을 받아들이고 자신과의 약속을 끝까지 완수할 수 있는 능력을 보여주어야 한다. 궁극적으로 자신과 자신의 능력에 대한 신뢰를 쌓아야 모든 것이 잘못된 것 같은 위기 상황 속에서도 자신이 대처할 수 있다는 신념에 의지해 이를 극복할 수 있다.

작은 약속

어떤 관계에서든 상대방에게 신뢰와 믿음을 쌓는 방법은 자신이 한 말을 지키는 것이다. 우리는 우리 자신을 더욱더 신뢰하기 위해서 같은 방법을 적용할 수 있다. 자신과 작은 약속을 하고 이를 지키면, 계획대로 일을 완수할 수 있다는 믿음이 쌓이고, 다른 사람들을 존중하듯 자신의 요구를 존중할 수 있으며, 자신을 믿어야 하는 상황에서 물리적인 증거가 된다. 작은 약속을 보여주는 예시들은 다음과 같다.

자기 자신과 어떤 작은 약속을 하고 지킬 수 있는가?

알람 듣고 기상하기　　약속 시간 지키기　　저녁밥 하기

계획대로 청소하기　　에피소드는 하나만　　일할 때 전화 꺼두기
　　　　　　　　　　시청하기

증거를 찾아라

자기 회의나 낮은 자존감을 경험할 때, 과거의 성취를 되돌아 본다면 당신이 어떤 능력을 지녔는지 깨닫는 데 도움이 된다. '나는 창의력이 너무 부족해' 같은 부정적인 생각을 하나 택한 뒤 '글쎄, 사실은…'이라는 말을 덧붙이고, 그 생각과 반대되는 진술을 해보자. 이 예시들을 상상해 본 후, 글로 적거나 사진, 영상, 자격증, 과거의 프로젝트 같은 기록으로 물증을 찾아내면 그 일을 할 수 있음을 자신에게 보여줄 수 있다. 영상을 만들면서 내가 정말 형편없다고 느껴질 때면, 나는 가끔 예전에 만든 영상을 보며 내가 할 수 있다는 사실을 상기해 낸다.

다음의 문장에 반박하기 위해 어떤 증거를 사용할 수 있을까?

'나는 이 자리에 있을 자격이 없어.'

글쎄, 사실은…
_____

'나는 아무것도 성공하지 못할 거야.'

글쎄, 사실은…
_____

'나는 이 일을 할 수 없어. 너무 어려워.'

글쎄, 사실은…
_____

만약 – 그렇다면 – 그러니까

　자기 회의와 자기비판에 직면했을 때, 우리는 '만약'의 소용돌이에 휘말릴 수 있다. *이걸 끝내지 못하면 어쩌지? 만약 내가 부족한 사람이면 어쩌지?* 이 내면의 싸움에서 우리는 자신에게 수많은 질문을 던지지만, 구체적인 대답이 나오는 경우는 아주 드물며 불안감과 걱정만 증폭시킨다. 비록 '최악의 상황'이라 할지라도 이 질문들에 대해 잠재적인 대답을 내놓는다면, 소용돌이에서 벗어나 행동모드로 돌입하는 데 도움이 된다. 더 두려운 대답이 나오더라도 그 이후에 '그러니까 내가 해결할 수 있어'라고 말하면 내면의 공포를 잠재울 수 있을 것이다.

비판에 직면했을 때 다음과 같이 시도해 보자.

만약 [비판의 내용] **그렇다면** [무슨 일이 일어날지/내가 무엇을 할 것인 지] **그러니까 내가 해결할 수 있어.**

예 **만약** 내가 이번 시험에서 탈락하면, **그렇다면** 다시 한번 시험을 볼 것 이고 **그러니까 내가 해결할 수 있어.**

최악의 시나리오가 실제로 일어날 가능성은 희박하지만, 만 약 그런 일이 생기더라도 이제는 계획이 준비되어 있다. 따라서 당 신은 '만약'이라는 생각을 더욱 손쉽게 잠재우고, 대신에 해야 할 일에 집중할 수 있다.

숙달 – 롤 모델 – 동기부여

자기효능감 이론에 따르면 자기 신념을 쌓는 방법은 난관을 극복하고, 존경할 만한 롤 모델을 찾고, 그 과정에서 격려받는 것 이다. 이 방법들은 이미 학교와 직장에서 시도되고 있지만, 몇 가 지 간단한 방법으로 우리 자신에게도 적용할 수 있다.

- **숙달**: 쉽게 승리할 수 있는 것들을 목표로 삼자. 작은 도전에 착수하고 이를 완수하여 자신에게 성공할 수 있음을 보여주 자(9장의 작은 행동, 또는 7장의 작은 승리, 아니면 이 장에 등장하

는 작은 약속들이 이에 적합하다).

- **롤 모델**: 8장에서 설명한 롤 모델처럼, 목표를 이미 달성했거나 존경할 만한 자질을 갖춘 사람을 떠올려 보자. 그리고 그 사람이라면 당신이 직면한 난관에 어떻게 대처할지 생각해 보자.
- **동기부여**: 자기 자신을 위한 응원단이 되어 보자. 목표를 향해 노력하는 과정에서 '잘했어', '잘 이겨냈어', '나는 발전하고 있어'와 같은 말을 해서 당신만의 내적 지지 시스템을 만들자. 10장에서 강조했듯이, 중요한 것은 당신의 노력을 축하하는 것이다.

비평가에게 질문하기

우리는 가끔 우리 뇌가 만들어 내는 감정적인 말이나 추론을 진실로 받아들인다(4장에서 알 수 있듯이, 이는 현명하지 못한 행동이다). 그러나 이런 해석은 원하든 원하지 않든, 자신을 보호하려는 의도에서 비롯되는 경우가 많다. 당신에게 일어나는 내적 비판의 동기에 의문을 제기함으로써 당신은 그 동기가 (그게 뭐라고 생각하든) 당신에게 이익이 되는 무언가를 하지 못하게 막으려는 것임을 알아챌 수 있다. 영화 속에 등장하는 악당처럼, 그들의 과거사를 알게 되면 이 악당들이 어째서 뒤틀린 시각으로 세상을 바라보게 됐는지 이해하게 된다. 내적 비평이 어디에서 비롯되었고, 그 근원이 무엇인지 이해하면, 비판을 덜 심각하게 받아들이고 조금 더 자기연민을 갖는 데 도움이 된다.

내면의 수다	이유
'나는 이 일에 엉망이야.'	나는 창피를 당하고 싶지 않아. 사람들이 나를 보고 비웃는 것을 원하지 않아.
'나는 정말 끔찍한 인간이야.'	나는 내가 예전에 행동했던 방식이 마음에 들지 않아. 그것이 나를 규정하는 것처럼 느껴져.
'이제 그만 포기해야겠어.'	나는 시도했는데 성공하지 못하는 게 싫어.

바로 다음의 작은 단계

목표를 향해 노력할 때 종종 겪는 문제는 지금 당장 마지막 단계에 도달할 수 있다고 스스로 믿는 것이다. 그리고 정작 행동에 돌입했을 때, 내가 그 '이상적인 끝판왕'의 모습으로부터 얼마나 멀리 떨어져 있는지 깨닫게 된다. 이때, 기대치를 낮추고 앞에 놓인 다음의 작은 단계를 달성할 수 있다는 믿음을 발휘하는 것이 도움이 된다. 예를 들어 보디빌딩 챔피언이 되고 싶다면, 믿음을 가져야 할 다음 단계는 '나는 5킬로그램을 더 들어 올릴 수 있어'일 것이다. 절대 실수할 수 없을 정도로 골대에 아주 가까워졌을 때, 당신이 할 수 있다고 믿게 될 가능성은 더 커진다. 작은 단계는 숙달을 통해 자기효능감을 높여주고 언제나 한 단계 더 나아갈 수 있다는 믿음을 갖게 해준다.

> 11장에 나오는 '한 걸음만 더' 기준을 적용하면, 당신이 다음 단계를 해
> 낼 수 있다고 믿는가? 이 믿음은 당신에게 동기를 부여하고, 성과를 얻음
> 으로써 자기 신념을 높여주는 눈덩이 효과^{snowball effect}를 가져온다.

자비로운 수다

우리는 결코 자기 자신에게 말하는 방식으로 다른 사람에게
말하지 않을 것이다. 그러니 자신을 나무라지 말자. 왜 일이 잘 풀
리지 않았는지, 왜 계획대로 실행했는데도 성과가 없었는지 자기
비판이나 자기 회의적인 설명이 나올라치면, 마치 당신이 아끼는
누군가에게 이야기하듯이 이 걱정들을 다뤄보자. 친구, 선생님, 파
트너, 부모님 등 누군가를 떠올려 보고 다음과 같은 상황에서 그들
에게 어떻게 반응할지 상상해 보자.

- **실수를 저질렀다고?** 사람이 다 그렇지. 아무도 완벽하지 않
  아. 누구나 실수하곤 해.
- **일자리를 놓쳤다고?** 내정자가 있었을 수도 있고, 그 팀과 잘
  맞지 않았을 수도 있고, 당신이 노력해서 갈고 닦아야 할 기
  술들이 좀 있을 수도 있어. 하지만 다음에는 적절한 기회를 얼

마든지 잡을 수 있다는 의미이고, 이를 위해 노력할 수 있어.

• **헬스장에 가는데 양말을 챙기는 것을 잊었다고?** 우리는 다 무언가를 잊곤 해. 특히 바쁠 때는 더 그렇지. 가게에 들러서 새 양말을 사면 돼. 다음번에는 전날 밤에 미리 가방을 싸놓자. 그러면 서두를 필요가 없을 거야.

우리 대다수는 스스로에게 휴식을 주는 것에 익숙지 않다. 그러나 자책할 때 잠시 멈춰서서 이를 인지하고, 친절하고 자비로운 말로 개입한다면 부정적인 자기 대화를 저지하는 데 도움이 된다.

나라고 안 될 게 뭐야?

커다란 목표를 좇을 때 가만히 앉아서 '왜 나야?'라고 생각하기 쉽다. 우리는 자신이 이 일을 할 수 있다고 생각하는 특별한 이유가 무엇인지 의문을 제기한다. 그리고 우리 뇌는 자동으로 우리가 그 일을 할 수 없는 갖가지 이유를 늘어놓는다. 이런 상황에서 나는 '왜 나야?'라는 질문을 '나라고 안 될 게 뭐야?'라고 뒤집어 보길 좋아한다. 이 질문은 머릿속을 자기 비판적이고 부정적인 생각으로 가득 채우는 대신 희망적인 분위기로 바꿔놓는다. 당신의 목표는 이미 다른 누군가에 의해 달성된 경우가 많다. 할 수 있는 일이다. 그렇다면 당신도 그 목표를 달성하는 사람이 될 수 있지 않을까? 당신보다 먼저 그 목표를 이룬 사람을 찾아보자. 그리고 그들이 어떻게 해냈는지 배우고, 당신만의 방식으로 시도해 보자. '나라고 안 될 게 뭐야?'라는 질문은 당신이 가진 힘을 보여주고, 그들이 할 수 있다면 당신도 해낼 수 있다고 믿도록 도와준다.

나라고 안 될 게 뭐야?

나는… 결단력 있고, 열정적이고, 열심히 노력하고…

_____

_____

___마무리하며

삶의 여러 측면을 바꾸려고 노력할 때, 자신의 능력을 믿어야 한다는 사실은 종종 과소평가 된다. 그 능력이 특정 기술이든, 난관을 극복하거나 문제를 해결하는 방식이든, 작업을 수행하고 마무리하는 능력이든 마찬가지다. 이 능력은 쉽게 스케줄로 짜 넣거나 측정될 수 있는 것이 아니며, 사람마다 다르므로 자기효능감을 기를 수 있는 일반적인 방법을 개발하기도 어렵다. 그러나 자신에 대한 생각과 능력에 도전할 수 있음을 인식하자. 당신은 작은 승리와 롤 모델에 기반한 행동을 바탕으로 어려운 상황에서 당신의 능력을 스스로 증명할 수 있다. 연민을 가지고 자기 자신에게 말을 건넨다면, 마음속에 떠오르는 의심을 재빨리 잠재울 수 있다. 어려움을 겪을 때 다른 사람들을 대하는 방식으로, 즉 친절함과 이해심을 가지고 자기 자신을 너그럽게 대하자. 이를 통해 대다수의 사람들이 필요로 하는 격려를 얻을 수 있을 것이다. 자신에게 도전을 허락해 줄 수 있는 사람은 바로 *당신*, 노력하고 있을 때 응원해 줄 수 있는 사람도 바로 *당신*, 그리고 패배를 위로하고 성공을 축하해 줄 수 있는 사람도 바로 *당신*이다. 다음 단계로 나아갈 수 있다고 믿고, 당신의 발전이 눈덩이처럼 불어나는 모습을 지켜보자.

4부

장애물에
대처하는 법

BRAINTENANCE

13장

꾸물거림을
타파하라

우리는 대개 목표를 달성하기 위해 무엇을 해야 하는지 잘 알고 있다. 그냥 자신의 계획대로 밀어붙이는 간단한 경우여야 하고, 그러면 당신은 그 목표에 도달하기 위해 달려갈 수 있다. 하지만 그 대신 우리는 하고 싶은 일들을 두고 꾸물거리는 자신을 발견하기도 한다. 그러다가 결국에는 실망하게 될 것임을 알면서도 말이다.

겉으로 보기에 꾸물거림은 전혀 이해할 수 없는 행동이다. 우리가 하고 싶거나 해야 할 일을 불필요하게 혹은 비이성적으로 미루는 것은 전혀 이득이 되지 않기 때문이다. 그러나 미루는 습관은 대부분의 사람들이 직면하는 문제이다. 소셜미디어를 스크롤하거나 이메일을 새로고침하고, 에피소드를 몇 개 더 보고, 몇 시간 동안 게임을 하고, 방을 청소하기도 한다. 모두 우리가 해야 할 일을 회피하기 위한 명분일 뿐이며, 결국 우리의 게으름이나 형편없는 조직 능력을 탓하며 끝까지 완수하지 못하게 된다.

심리학과 신경과학 연구에 따르면, 우리는 자제력을 통제하는 시스템이 잘못된 탓에 일을 질질 끌고 그 과정에서 우리 자신을 방해한다. 작업에 집중하고 방해 요소를 차단하는 데 필요한 통제력을 무시하면 감정적인 욕구에 굴복하기 쉬워진다. 노력이 필요한 작업을 수행하려고 애쓸 때 불편함이 생기고, 우리는 그 불편함을 해소하기 위해서 좀 더 즐거운 상태를 찾는다. 보통 그 즐거운 상태란 즉각적인 보상을 주는 활동의 형태로 나타난다. 이런 점에서 미루는 습관은 우리가 불편한 상태에 대처하고 그 상태에서 벗어날 수 있게 도와주는 규제 메커니즘으로 보인다. 그리고 이 감정들이 어려운 일이나 새로운 시도를 하려는 노력의 일부임을 알더라도, 미루고 싶은 충동은 우리가 안전지대에서 벗어나려 할 때 여전히 그 방어 수단으로 튀어나온다.

꾸물거리는 이유를 알아보고 몇 가지 간단한 도구를 활용함으로써, 우리는 제자리에 나타나 일을 하는 데 바친 귀중한 시간을 낭비하지 않을 수 있다. 그리고 꾸물거림이 찾아와 문을 두드릴 때(분명 그럴 것이다), 우리는 그 문을 닫고 계획한 일을 완수할 수 있다고 믿을 수 있다.

꾸물거림은 교묘하다. 현재의 계획이 그다지 중요하지 않다고 느끼게 만든 뒤 우리의 시간을 훔쳐 간다. 그러나 장기적으로 보면, 시간이 누적되어 손실된 가치는 몇 시간에 달한다. 마치 동전으로 가득 찬 병을 가진 것과 같다. 매일 50페니나 1파운드씩 소액의 동전을 조금씩 꺼낸다면 총액에 별로 영향을 미치지 않는 것처럼 느껴진다. 그러나 마침내 병이 텅 비어버리는 날이 찾아오고, 당신은 그 돈을 모두 어디에 썼는지 전혀 기억이 나지 않는 것이다.

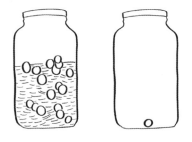

미루는 습관은 우리에게 비슷한 계산 착오를 일으키고, 지금 이 순간이 총합에 합산되지 않는다는 느낌을 갖게 한다. 뜻밖의 일에 여기저기 시간을 들이면서, 미루는 습관은 조용히 우리에게서 발전할 시간을 앗아가고, 대신에 미래의 우리에게 스트레스와 좌절을 떠넘긴다. 장기적인 목표를 생각할 때 이는 유감스러운 일이지만, 미루는 버릇은 보통 어려운 일을 하거나 생존에 필수적이지 않다고 여기는 일을 할 때 생겨난다. 지금 미룬다고 해서 세상이 끝나지 않으리라는 것을 스스로 확신하기란 매우 쉽다. 엄밀히 따지면, 그렇지 않기 때문이다. 마감일이 임박하거나 큰 위험에 처한 게 아닌 이상, 오늘의 의지를 저버린다고 해서 진행에 큰 차질이 생기지 않는다. 나머지 시간을 건실히 보낸다면, 가끔은 하루쯤 빼먹어도 전혀 문제 될 게 없다. 그러나 미루는 습관은 종종 매 순간을 독립된 개체로 취급해서, 내일의 성과를 위해 세운 오늘의 계획을 희생시킨 결과는 쉽게 용서받는다. 우리가 어떤 일을 미룰수록 그 일을 하는 데 더 불안해지는 경향이 있으며, 그러면 일을 시작하기가 더욱 어려워진다.

반복되는 모든 행동과 마찬가지로, 미루는 행동은 단순히 부정적인 감정 상태를 신속하게 없애려는 무해한 해결책을 넘어서 습관이 될 수 있다. 만약 매일 달리기와 같은 특정한 일을 미루고 그 대신 TV를 본다면, 뇌는 이 두 활동을 연결 짓기 시작할 것이다. 따라서 달리기를 하겠다는 계획은 미루고 싶은 충동을 유발한다. 이런 일은 다양한 상황에서 발생하는데, 자주 회피하는 업무 때문일 수도 있고, 또는 실패에 대한 두려움과 같은 정서 상태 때문일 수도 있다. 뇌는 회피를 이러한 상황과 연결 짓는다. 그리고 미루는 일이 항상 '나쁜' 것만은 아니다. 그 대신 방을 청소하거나 스케줄을 다시 짜는 것일 수도 있으니까. 하지만 당신이 하고 싶은 일에서 멀어지게 만드는 모든 행동은 미루는 습관이다. 예전에 꾸물거렸던 상황으로 인해 우리는 다시 꾸물거림을 갈망하게 된다. 따라서 자신에게 도움이 되리라는 것을 아는 일을 실제로 수행하려면 힘든 싸움에 직면하게 된다.

우리가 해야 할 일을 계속해서 미루는 것은 발전에도 손해가 막심할 뿐 아니라 추진력을 방해하는 것으로 보인다. 추진력은 꾸준히 노력할 때 생겨나고, 프로젝트에 투입되는 시간이 늘어날수록 발전 속도는 빨라진다. 꾸물거림은 추진력을 떨어뜨리며 작업 모드에서 벗어나게 만든다. 이메일을 재빨리 확인하는 것과 같은 아주 사소한 꾸물거림이라도 업무 효율성을 저하시킬 수 있다. 두뇌가 당면한 과제에 맞춰 다시 방향을 잡아야 하기 때문이다. 미루는 습관은 또한 스트레스 증가, 낮은 자존감, 건강 문제 등 불쾌한 상태와도 관련이 있다. 그러므로 미루는 습관을 고치면 목표 달성을 위한 노력 외에도 더 많은 이점을 얻을 수 있다.

나를 꾸물거리게 만드는 가장 큰 악습은 바로 핸드폰이다. 나는 무제한 문자메시지 서비스에 가입한 열여섯 살 때부터 핸드폰에 중독되었다. 낮이고 밤이고, 수업 시간에나 침대에서나 끊임없이 메시지를 확인했다. 나도 모르게 전자기기에 대한 의존도를 높여 온 것이다. 내 두뇌에서 핸드폰이란 연락, 학교 가십거리, 또는 파티에 초대받는 메시지를 의미했고, 이는 나를 기분 좋게 만들었다. 핸드폰이 점점 발달할수록 내 희망도 사라졌다. 소셜미디어 앱과 온라인 쇼핑, 그리고 끊임없이 업데이트되는 뉴스피드로 인해 나는 핸드폰에 지나치게 의존하게 되었다. 부정적인 감정이 들 때마다 나는 화면을 스크롤했다. 스크롤이 특별히 좋게 느껴진 것은 아니었다. 그보다는 내 뇌가 습관적으로 '기분이 나쁘다 = 핸드폰을 본다'라는 연상을 일으켰고, 내가 난관을 마주할 때마다 이 반응을 유발했다.

　오랫동안 학계에 몸담았기 때문에 나는 수차례 난관에 직면해 왔다. 시험을 치르거나 평가를 준비해야 할 때, 도서관에서 핸드폰을 내 옆에 두거나 편하게 클릭할 수 있도록 책상 위에 올려두곤 했다. 박사과정을 밟는 동안 3개월마다 데이터를 수집해서 이를 학과에 발표해야 하다 보니 스트레스가 가중됐다. 연구실에서 일이 제대로 진행되지 않을 때면, 나는 책상에 앉아 화면을 스크롤하곤 했다. 일단 핸드폰을 손에 쥐면 화면을 계속 확인하지 않기란 매우 어렵다는 걸 깨달았다. 그래서 시험 삼아 점심시간 때까지 핸드폰을 책상의 잠금 서랍 안에 넣어두어 화면으로부터 벗어나는 시간을 가졌다. 스트레스 수준이 높아지거나 복잡한 문제를 해결하려고 끙끙댈 때, 나는 내가 어느새 가방 깊숙이 손을 넣어 핸드폰을 찾고 있다는 사실을 깨달았다. 심지어 그런 행동을 하고 있다는 것조차 알아차리지 못했다. 핸드폰이 손에 닿지 않다 보니, 나는 무의식적인 수색에서 '깨어나' 일을 미루게 만드는 감정과 상황을 인식하기 시작했다. 이런 순간은 대개 일이 너무 어렵다고 느끼면서 '이 일을 제대로 하지 못할 거야. 실패하고 말 거야'라는 두려움이 생길 때 발생했다. 내 학교생활을 돌이켜보니 이와 같은 사고 패턴이 계속해서 미루는 버릇을 유발했음을 알 수 있었다. 그래서 마감일까지 과제를 미루고, 시험을 일주일 앞두고 복습하고, 내 3년 차 논문을 끝내려고 밤을 지새웠다. 나는 압박감 속에서도 곧 잘 일한다고 확신했지만, 무슨 일을 하든 나를 일하게끔 밀어붙일 압박감이 필요했고 이는 분명히 나에게 최선이 아니었다.

우리는 미루는 행동이 자신에게 해롭다는 것을 알지만, 그렇게 하면 우리가 한 일이 형편없는 이유를 설명할 수 있는 핑곗거리가 생긴다. '마지막까지 미뤄뒀지 뭐야'라는 말은 내가 대학 캠퍼스에서 가장 많이 한 말이었다. '마지막 순간 병'은 일이 잘 안 풀리면 핑곗거리가 되지만, 일이 잘 풀리면 한정된 시간을 가지고도 성공적으로 해냈다는 과한 자신감이 생길 수 있다. 나는 내 마지막 순간 병을 고치고 싶었다. 마감일을 지키지 못할 때의 스트레스와 걱정이 나를 일하게 만드는 것을 원치 않았다. 내 박사논문이나 이 책처럼 말이다. '마감의 공포'가 닥칠 때까지 기다렸다가 글을 썼다면, 나는 아마도 이를 완성하지 못했거나 일주일 동안 잠을 자지 못했을 것이다. 나는 과정을 즐기고, 매일 제자리에 나타나 최고의 프로젝트를 만들기 위해 노력하고 싶었다. 그래서 미루고 싶은 충동을 극복하기 위해 전술을 사용했다(그리고 지금도 여전히 일할 때 핸드폰은 최대한 나에게서 멀리 놓아둔다).

과학적 근거

과제에 집중할 때 우리는 통제력을 발휘한다. 그 덕분에 당면한 일에 집중할 수 있을 뿐 아니라 집중을 방해하는 요소를 차단할 수 있다. 몰입 상태에 접어든다는 것은 감정과 정신이 방황하는 상태를 떨쳐내어 우리가 눈앞에 놓인 것에 온전히 집중하고 현존하는 상태를 말한다.

꾸물거림은 노력과 관심을 쏟아야 하는 대상에 통제력을 발휘하는 능력과 당면한 상황에 대해 느끼는 감정 사이의 불균형으로 인해 발생하는 것으로 보인다. 다시 말해서, 미루는 것도 일종의 결정이다. 우리는 중요하지도, 긴급하지도 않은 이 어렵고 힘든 일을 지금 할 것인지, 아니면 노력이 덜 들고 기분을 좋게 만들어주는 다른 일을 할 것인지 결정할 수 있다. 이렇게 보면, 우리가 어느 선택을 선호할지는 고민할 필요조차 없어 보인다. 현재 편향적인 우리의 뇌는 후자에 더 높은 가치를 매기고, 이를 따르고 싶은 갈망에 불타오른다. 이러한 관계는 미루기의 감정조절이론emotional regulation theory에서 설명된다.[1] 또한 우리가 미루는 이유를 설명하는 시간적 동기이론temporal motivation theory도 있다. 이 이론에 따르면 작업을 수행하려는 동기는 마감일이 얼마나 남았는지에 따라 영향을 받는다.[2] 마감일이 아직 멀었다면 실행 욕구가 저하되는 반면, 마감일이 임박할수록 우리는 행동에 돌입해야 한다는 동기를 부여받는다. 시간적 결정모델temporal decision model이라는 새로운 이론은 행동을 결정할 때 작업이 얼마나 유용하고 얼마나 지루한지에 따라 받는 영향을 포함하고 있다.[3] 이 요인들은 우리 뇌가 선택에 부여하는 가치에 영향을 미치고, 가끔은 미루는 것이 더 나은 선택인 것처럼 느끼게 만든다.

보상이 없어서 마감일이 아직 부정적인 감정
멀어서 때문에

휴식 중인 꾸물거리는 사람의 뇌 활동을 통해 우리는 유익한 일을 하는 것과 나중으로 미루는 것 사이에서 일어나는 싸움에 대해 몇 가지 통찰을 얻었다. 자칭 미루는 사람과 그렇지 않은 사람의 두뇌 활동은 크게 두 가지 연결망에서 차이가 있었다. 바로 목표지향적 행동을 유도하는 인지 조절 체계와 감정과 자신에게 중요한 정보에 반응하는 정서적 처리 체계다.[4] 이 연결망들은 모두 우리의 자제력을 뒷받침한다. 인지 조절 체계의 활동이 활발하고 정서적 처리 체계의 활동이 저조할 때, 우리는 목표에 집중할 수 있고 특히 감정적으로 격앙된 신호를 비롯해 들어오는 정보에 방해받지 않을 수 있다.

132명의 학생을 대상으로 한 연구에서, 미루는 습관을 지닌 학생들은 전전두엽피질의 전면부에서 휴식 활동이 줄어드는 경향을 보였다. 이 부위는 사회적 감정 조절에 중요하다고 알려져 있다. 또한 이 학생들은 가치에 기반한 의사결정을 내리는 데 관여하는 부위(복내측 전전두엽 피질ventromedial prefrontal cortex), 그리고 예측이나 미래에 대한 사고를 촉발하는 것으로 보이는 부위(해마곁 피질

인지 조절   정서적 처리

parahippocampal cortex)에서 활동이 증가하는 것으로 관찰됐다.[5] 예측은 부정적인 영향을 미칠 수 있다. 예를 들어, 어려운 일을 수행해야 하는 상황에서 자신이 실패하는 모습을 상상하는 것이다. 이 결과에 따르면 미루는 사람들은 어려운 일을 해야 할 때 자신이 실패하는 모습을 상상하는 등 미래에 대해 생각할 때 부정적인 경향을 보였다. 부정적인 사고는 가치를 부여하는 의사결정 부위에 영향을 미쳐 즉시 만족감을 주는 행위를 하게 만든다.

또한 연구에서는 작업을 수행할 때의 두뇌 활동을 관찰하기 위해, 미루는 사람들이 활동 중인 모습을 살폈다. 이 실험에서는 특정 신호에 반응해 버튼을 누르는 행위에 따라 돈을 얻거나 잃을 수 있는 상황을 설정했다. 그 결과, 자주 미루는 사람들(미루는 행동에 관한 설문조사 자료를 바탕으로 선정함)이 더 충동적이고 처벌(돈을 잃음)에 더 민감한 것으로 나타났다. 뇌 스캔 연구에 따르면, 자주 미루는 사람들이 속한 그룹은 평균적으로 오류를 처리하는 능력이 저하되었으며, 더 강도 높은 상황에서 자제력을 높이는 능력이 떨어지는 것으로 나타났다.[6] 이는 '미루느냐, 미루지 않느냐'의 딜레

마에 빠졌을 때 이들이 유혹에 저항하는 능력이 떨어질 수도 있음을 시사한다. 뇌 스캐너가 아닌 전극을 사용해 뇌 신호를 측정했을 때 역시 다른 집단에서도 비슷한 결과가 나왔으며, 미루는 사람들은 특히 행동에 더 많은 노력이 필요한 상황에서 어려움을 겪는다는 점에 주목했다.[7] 이러한 소규모 연구와 휴식 중인 미루는 사람들의 뇌 활동을 연구한 바에 따르면, 큰 노력을 쏟아야 하는 상황에서 미루는 경향은 인지 통제력을 감소시켜 덜 유익한 행동을 선택하게 만드는 한편, 감정이 행동에 미치는 영향력이 큰 것으로 보인다.

지금까지의 연구는 미루는 성향이 있는가 아닌가로 사람들을 분류하는 데에만 의존해 왔고, 미루는 성향이 어떻게 생겨나는지는 아직 밝혀지지 않았다. 일부 연구에 따르면 사람들은 유전적으로 미루는 성향이 있을 수 있으며, 특히 한 연구에서는 미루는 경향이 높은 여성들이 도파민 수준에 영향을 주는 유전자의 특정 돌연변이를 가질 가능성이 더 높다는 사실을 발견했다.[8] 도파민은 동기를 유발하는 데 관여하므로, 이 연구의 결론은 도파민 농도가 높을수록 한 작업에서 다음 작업으로 전환하는 능력인 '인지적 유연성cognitive flexibility'이 강화될 수 있음을 시사한다. 이는 유용한 기술이지만, 인지적 유연성이 증가하면 주의 산만함도 강화될 수 있다. 즉, 다음에 해야 할 일을 찾아다닌다는 의미다. 이 유전적 관계는 연구에 참여한 남성에게서는 보이지 않았으며, 유전자를 행동에 연결하려는 시도는 주로 연관성을 바탕으로 한다는 점에서 문제가 된다. 예를 들어, 자기보고 설문조사와 DNA 변화를 연관 짓는 식이다. 연구자들은 이 여성들의 뇌에 도파민 농도가 높은지 여부는 알 수 없으므로 이 연구들은 아직 결론이 나지 않았다.

연관성 연구는 또한 미루는 경향이 낮은 성실성, 낮은 자기효능감, 그리고 높은 신경증과 관련되어 있음을 발견했다.[9] 미루는 습관은 완벽주의의 맥락에서도 다뤄져 왔다. 완벽주의는 비현실적인 기준으로 자기 가치를 측정하므로 실패에 대한 두려움을 유발한다. 미루는 습관은 개인이 감정을 관리하는 방식에 따라 영향을 받을 가능성이 높다. 따라서 유전적 요인으로 인해 타고난 성향일 수도 있고, 아니면 경험과 행동을 바탕으로 형성된 성향일 수도 있다. 또한 주의력을 통제하고 당면한 과제에 집중하는 데 뇌의 전두부를 얼마나 많이 사용하는지도 중요하게 작용한다.

미루는 습관은 생산성에 영향을 미치기 때문에, 이를 약화시킬 수 있는 메커니즘이 있는지 알아보는 연구가 진행되고 있다. 한 연구에서는 작업을 '게임화gamification'했을 때, 다섯 개의 글쓰기 작업을 완료하는 동안의 꾸물거림이 줄어든다는 사실을 발견했다.[10] 이 실험에서는 글쓰기 작업을 완료했을 때 참가자에게 20달러를 주었는데, 일반적인 '할 일' 목록에는 각 작업에 동일한 값의 '포인트'가 매겨져 있었다. 그리고 또 다른 목록에는 더 어려운 작업에 더 많은 값의 포인트가 매겨져 있어서 20달러의 상금 중에서 큰 몫을 차지하고 있음을 나타냈다. 그 결과, 난이도에 따라 보상이 달라지는 목록을 받은 피실험자들이 작업을 완료할 가능성이 더

높았고, 특히 더 어려운 과제일수록 더 많은 단어를 썼다. 이 결과
는 비록 최종 성과에는 아무런 영향을 주지 않는 보상일지라도, 보
상이 행동을 촉진할 수 있음을 보여준다.

정서적 처리　　　인지 조절

　　일부 연구에서는 마음챙김이 미루는 습관을 해결하는 좋은
방법일 수 있다고 주장한다.[11] 마음챙김은 미루는 습관을 유발하는
감정을 분별하는 데 도움이 된다. 한 연구에서는 일주일에 두 번씩
몇 달 후의 자신을 시각화하는 것이 회피를 방지하는 데 도움이 되
는 것으로 나타났다. 미루는 습관을 해결하는 또 다른 방법은 물리
적으로 꾸물거림을 방지하기 위해 주의를 산만하게 하는 방해 요
소를 없애고, 딱 5분만 일을 해보는 등 일을 시작할 수 있는 관문
을 마련하는 것이다. 우리 대다수는 어려운 일이나 시간이 지체되
는 상황에 직면하면 압박감을 느낀다. 따라서 작은 행동과 같이 단
기간에 거쳐 서서히 익숙해지도록 만들면, 시작하지 못하게 막는
교착상태를 타파하는 데 도움이 될 수 있다.

4부　장애물에 대처하는 법

실전에 적용하기

스스로 자제력이 있다고 생각하더라도, 우리는 인생의 어느 시점에서 꾸물거림의 패러독스*에 직면할 가능성이 높다. 특히 목표를 향해 노력할 때가 그렇다. 이 결정적인 순간에 우리의 계획을 밀어붙일 수 있도록 특정 방법들을 활용해 볼 수 있다.

집중을 방해하는 것들을 제거하고 계획하라

아마도 당신이 무언가를 미룰 때면 언제나 주의를 산만하게 만드는 요소가 있을 것이다. 핸드폰이나 인터넷일 수도 있고, 계획을 세우고 스케줄을 짜는 등 당면한 작업에 방해가 되는 모든 것이 그렇다. 작업할 때, 이런 것들을 포함해 발목을 잡는 다른 방해물들을 최대한 접근하기 어렵게 만들자. 물건이라면 서랍에 넣어두거나 아예 다른 방에 두자. 전자기기라면 전원을 끄거나 특정 애플리케이션들을 차단하자. 그러고 나서 이러한 방해 요소들을 언제 해결할지 일정에 포함시키자. 완전히 끊어버리는 대신 캘린더에 '5분 동안 핸드폰 확인하기' 또는 '10분간 청소하기'와 같은 시간을 마련해서, 당신이 미루고 싶은 순간에 이 행위들을 하지 말아야 하는 이유를 합리화하자.

___

* '얼핏 타당해 보이지만, 목표에 방해될 수 있는 행동'이라는 의미로 쓰였다.

일을 시작하려고 할 때 무엇이 당신을 방해하는가? 어떻게 하면 이 방해
요소들을 차단하기가 더 쉬워질까?

타이머 맞추기

어려운 작업은 시작하기 까다로울 수 있다. 우리는 시작도 하
기 전에 그 일이 힘들 것이라 예상하고, 결국에는 미루게 된다. 이때
타이머를 사용하여 지체하고 싶은 압도적인 충동을 극복해 보자.

**얼마나 저항감을 느끼는지에 따라 작업할 시간을 정하자(저항이 클수록
시간은 더 짧아야 한다). 그리고 이 시간이 지나면 작업을 중단할 수 있다.**

일단 작업을 시작하면 타이머가 울린 후에도 계속 일할 수 있다. 나는
'포커스 투 두Focus To-do'라는 애플리케이션을 사용하여 25분 동안 타이
머를 설정하고 5분간 휴식을 취한다. '포모도로pomodoro'라고 하는 이
작업 방식은 휴식 시간이 곧 다가온다고 아는 상태에서 일정 시간 동안
효율적으로 일하는 것이다. 익숙한 업무일수록 더 많은 시간 동안 일할
수 있다. 이 방법은 당신이 일을 시작할 수 있게 도울 뿐 아니라 장시간
집중적으로 일하는 데 두뇌가 익숙해지게 만든다. 꾸준히 연습하면 일
하기가 더욱 수월해지고, 그만큼 핸드폰에 손을 뻗어 끊임없이 스크롤
하고 싶은 욕구를 느끼지 않게 된다.

스트레스 받지 않는 시스템

중대한 작업에 직면했을 때 우리는 그 일이 복잡해 보이는 양상에 부담을 느낀다. 그러나 이런 작업은 날것의 구성 요소들로 쪼갠 뒤 레시피에 따라 좀 더 소화하기 쉬운 형태로 만들면 된다. 나 같은 경우, 9장에서 설명했듯이 '이 책의 한 장章 쓰기' 같은 작업을 하나 택해서 단계별 프로토콜을 작성해 본다. 나는 뭔가 새로운 일을 시작할 때 언제나 시스템을 만들고, 실행할 때마다 이 시스템을 개선하여 이 일에 필요한 단계들을 만든다. 그래서 이 작업이 너무 거대하고 버거운 일처럼 느껴지지 않게 방지한다.

책 한 장 쓰기

재료

노트북   종이와 펜   차 한 잔   플레이리스트   문헌조사   스케줄   타이머

만드는 법

1) 차를 끓인다
2) 문서를 연다
3) 스케줄을 확인한다
4) 플레이리스트를 재생한다
5) 타이머를 설정한다
6) 세 문장을 쓴다
7) 타이머가 울릴 때까지 일한다
8) 5분간 휴식(선택 가능)
9) 7번과 8번을 반복한다(다섯 차례까지 반복 가능)
10) 음악을 끄고 노트북을 덮는다

작업을 완수하기 위해 따라야 할 레시피나 가이드를 작성한다면, 여기에 어떤 내용이 들어갈까?

팝업 목록

미루는 습관을 방지하는 것은 그저 작업에 계속 집중하는 것만을 의미하지 않는다. 일하고자 하는 노력을 가로막는 방해 요인을 방지하는 것도 중요하다. 일을 시작하려 할 때 나중에 달리기를 하기 위해 날씨를 확인하거나 치과를 예약하기 위해 전화하고 싶은 충동을 느낄지도 모른다. 이러한 충동은 마치 팝업과 같다. 어떤 욕구는 유용하지만, 대부분은 그저 당신의 관심을 딴 데로 돌리고 경로에서 벗어나게 하려는 시도일 뿐이다.

추진력을 늦추는 이러한 충동에 따르는 대신, 이 순간을 포착해 보자.

일하는 동안 빈 종이와 펜을 옆에 두고, 모든 팝업 충동을 기록하자.

말 그대로 '지금 뉴욕은 몇 시지?'부터 '친구한테 전화해서 이번 주말에 나 시간 많다고 말해줘야지'까지 무엇이든 좋다. 일단 계획했던 휴식 시간에 도달하면 이 목록을 확인하자. 더 좋은 방법은 업무를 완수한 후에 이 목록을 살펴보고 이 중 중요한 팝업을 처리하는 것이다. 아마 팝업의

90퍼센트는 더 이상 알고 싶지 않거나 실제로 중요하지 않은 것들일 가능성이 높다. 이를 통해 일하는 동안 주의가 산만해지는 일이 얼마나 자주 발생하는지를 깨닫게 된다.

게임화하기

일을 재미있게 만드는 것은 새로운 행동이나 활동을 당신의 루틴에 접목할 수 있는 훌륭한 방법이다. 9장에서 우리는 유혹 묶기에 관해 배웠다. 즉 당신이 즐거움을 느끼는 요소들을 작업에 녹여서, 그 일을 고대하고 좀 더 실행하고 싶게 만드는 것이다. 이 작업들을 게임으로 바꾸는 것 역시 미루는 버릇을 해결하는 데 도움이 된다. 스티커 판을 가진 아이처럼, 배지나 포인트가 쌓이는 것을 보는 것은 도전과제에 직면했을 때 동기를 부여하는 힘이 된다.

당신이 계속 미루고 있는 일을 떠올려 보자. 이 일을 게임으로 만들 방법이 있는가?

나는 내가 사용하고 있는 애플리케이션에서 이 게임화 기능을 알게 됐다. 달리기를 할 때 특정 거리나 시간 동안 뛰면 보상으로 메달을 받을 수 있는 앱이다. '24일 안에 24킬로미터 달리기'와 같은 도전을 할 수 있으며, 홈페이지 상단에는 내가 그동안 이룬 진행 상황을 나타내는 막

대도 있다.

이런 게임 요소들을 제공하는 작업용 애플리케이션을 찾거나, 직접 차트를 만들어서 채워보자. 매일 달성해야 할 기록이나 목표를 부여함으로써 행동을 촉진할 수 있다.

이유를 이해하자

일을 미루다 보면 우리는 보통 자신에게 '게으르다'라는 낙인을 찍고, 여기에 곁들여 모욕과 멸시의 말을 쏟아붓는다. 하지만 보통 우리가 어떤 일을 회피하려 할 때, 그 반감 뒤에는 그럴 만한 이유가 있다.

미루기 일보 직전일 때, 잠시 멈춰서 자신에게 이렇게 묻자. '이 일을 수행하기 어려운 이유는 무엇일까?'

당신의 대답은 '그 일에 노력이 들기 때문이며 노력을 기울이느라 지금 애쓰는 중이다'일 수도 있고, 아니면 '일이 정말 어렵게 느껴진다'거나 '완벽하게 해내고 싶지만 그러지 못할까 봐 두렵다'가 될 수도 있다. 일을 미루는 근본적인 원인을 파악하면 나중에 문제를 해결하는 데 큰 도움이 될 것이다.

노력하느라 애쓰고 있는가? 자신에게 묻자. 내가 언제 마지막으로 밥을 먹었지? 내가 잠을 못 잤나? 이 작업이 익숙하지 않은가?

완벽하지 못할까봐 두렵다면, 지금 약간의 일이라도 하는 것이 아무것도 하지 않는 것보다 어떻게 상황을 더 나아지게 하는지 생각함으로써 이 두려움을 합리적으로 따져볼 수 있다. 또는 일부러 '엉망진창으로' (혼자 볼 용도, 또는 불완전한 초안으로) 작업을 시작함으로써 즉시 일에 착수하는 방법도 있다. 자신에게 연민을 가지고 미루고 싶은 욕구를 부정적인 상태를 피하려는 메커니즘으로 바라보자. 그러면 근본적인 원인을 파악하고 향후 미루는 상황을 방지하는 데 도움이 될 것이다.

실행 가능한 대안을 찾자

종종 미루려고 할 때, 뇌는 우리가 계획했던 것보다 '더 중요한' 무언가를 해야 한다는 이야기를 만들어 낸다. 앞서 얘기한 팝업과 마찬가지로, 이런 대안은 대개 우리가 우선시할 만한 것들이 아니다.

미루고 싶을 때 자신에게 묻자. '이 일을 하지 않는 대신 무엇을 할까?'

이 물음은 현재로서 필요하다고 생각하는 것이 어떻게 미루는 습관을 은폐하는지 드러나게 해준다. 예를 들어, 달리기를 하러 나갈 때면 다음과 같은 일이 일어난다. 두뇌는 나에게 '쉬는 것'이 더 낫다고 설득하려고 애쓴다. 하지만 30분 동안 조깅하는 대신 무엇을 할 것인지 실제로 자문해 보면, 보통의 대답은 핸드폰을 보는 것이다. 이 행위는 딱히 편안하지도 않고 시간을 제대로 활용하는 것도 아니다. 불필요한 대안 행동을 규정해 본다면, 당신이 본래 의도했던 계획을 완수하는 데 도움이 될 것이다.

일의 결과

우리의 두뇌는 현재를 우선시한다. 우리는 지금 당장 기분 좋은 것을 추구하고 즉각적인 불편함을 주는 것을 피한다. 미루는 습관이 가져올 장기적인 고통을 생각해 본다면, 지금 지불하는 작은 비용으로 어떻게 훗날의 더 큰 실망을 피할 수 있는지 맥락을 파악할 수 있을 것이다.

당신이 진행하려고 고군분투 중인 프로젝트, 혹은 계속 미뤄두고 있는 작업을 생각해 보자. 이 활동을 건너뛰면 무슨 일이 벌어질까?

• 열 번 건너뛰면? _____

• 쉰 번은? _____

• 백 번은? _____

• 영원히는? _____

어떤 일을 더 많이 미룰수록, 미루는 행동이 습관이 될 가능성이 높다는 것을 명심하자. 헬스장을 열 번 빼먹는다고 해서 인생이 크게 바뀌지는 않지만, 더 큰 실망으로 이어질 수 있다. 미루는 습관을 고치지 않는 한, 그 열 번의 결석이 쉰 번 혹은 백 번으로 늘어날 것이다. 당신이 어떤 활동을 건너뛰려고 할 때, 이러한 질문에 대한 답을 적거나 생각해 보고, 미루는 행동이 초래할 장기적인 고통을 떠올려 보자.

마무리하며

꾸물거림은 힘겨운 상황에 마주했을 때 우리 뇌가 선호하는 선택지다. 우리는 어렵거나 노력이 필요한 일에 관여하지 않는 것이 더 이롭다고 여긴다. 이성적으로는 그 일을 미루는 것이 자신에게 손해임을 알더라도 말이다. 뇌에서는 자제력과 감정 신호를 관리하는 능력 사이에서 상호작용이 일어나는데, 이는 꾸물거리는 상황에 놓였을 때 자제력이 지고 마는 싸움이다. 뇌는 우리에게 '빠른 해결책'을 제공하기 위해 덜 바람직한 행동에 가치를 부여하기 때문이다. 두뇌가 내놓는 단기적이고 즐거운 선택지에 굴복하는 대신, 우리 앞에 놓인 일이 어떤 이유로 덜 매력적으로 느껴지는지 파악하자. 그 근본적인 문제를 해결하는 것이 미루는 습관을 보다 일반적으로 관리하는 데 도움이 될 것이다. 방해 요소를 제거하고 스케줄을 짜는 것, 작업을 체계적으로 만들기 위해 세분화하는 것, 타이머를 사용하여 시작하기 쉽게 만드는 것, 불완전함을 목표로 삼는 것, 작업을 게임화하는 것 모두 미루는 버릇을 해결하기 위해 사용할 수 있는 효과적인 방법이다. 그러면 시간이 흐를수록 회피행동이 사라지고, 감정을 다스리려고 할 때 덜 자동적으로 반응하게 된다. 가끔은 미루는 충동이 승리할 때도 있을 것이다. 그러나 다음번에 또 충동이 들 때는 이에 맞서 대항할 수 있는 무기가 당신에게 있음을 알아두자.

14장

동기부여는 잊어라

목표를 향해 노력할 때 우리가 마음속 찬장에서 뒤적거리는 마법의 재료가 바로 동기부여다. 우리는 거창한 '동기' 한 꼬집을 뿌리는 것이 우리가 해야 할 일이라고 생각한다. 어떤 때는 수북이 쌓인 동기와 마주쳐 빨리 시작하고 싶어 안달이 나지만, 어떤 때는 약간의 흔적조차 찾아볼 수 없다. 우리는 대개 동기부여를 시작하기 위한 신호로 여기므로, 동기 없이는 목표를 달성할 수 없다거나 장기적인 목표를 좇는 데 더 이상 관심이 없다고 생각하기 십상이다.

변화를 지속할 수 있는 핵심은 동기를 잊고 어쨌든 몸을 움직이는 것이다.

동기부여는 일시적인 상태다. 인간부터 벌레에 이르기까지, 동기의 목적은 유기체를 유리한 상황으로 유도하고, 마주치는 위협으로부터 벗어나 생존 가능성을 극대화하는 것이다. 우리의 뇌는 잠재적인 이득의 원천을 향해 동기부여 신호를 따르고, 보상을 추구하며, 그 기분 좋은 감각을 기록하여 미래에 참고한다. 식량을 구하거나, 섹스를 하거나, 보금자리를 찾는 등 동기는 모든 생물종을 발전시키는 핵심 요소다.

현대의 삶에서 동기부여는 완전히 새로운 정체성을 갖게 되었다. 즐거움을 추구하고 고통에서 벗어나려는 타고난 본능 대신, 동기부여의 '변천'은 동기를 성공의 필수 요소로 낙인찍었다. 프로젝트에 더 큰 노력을 기울이거나, 시험을 위해 복습하거나, 건강한 저녁 식사를 준비하거나, 운동을 하러 나가는 등 동기부여는 아무 일도 하지 않는 무위無爲의 해독제다. 우리는 더 많은 동기를 부여받길 원한다. 동기가 생겨나지 않으면 기다린다. 어쩌면 다음 주, 다음 달, 혹은 다음 해까지 기다릴지도 모른다. 그리고 동기가 북돋아지면 마침내 일을 시작할 수 있으리라 생각한다.

변화를 일으키기 위해 특별한 의미가 있는 시점을 활용하는 것은 나쁘지 않다. 이런 표지물은 도약에 필요한 추진력을 줄 수 있다. 그러나 현재의 동기가 낮다고 해서 계획을 머나먼 미래로 계속해서 미루다가는 발전하지 못할 수 있다. 동기는 난데없이 생겨나는 것이 아니다. 장기적인 목표를 달성하기 위해 해야 하는 행동은 종종 어려움이 따르기 때문에, 처음에는 목표를 '추구'하려는 욕구가 매우 낮을 수도 있다. 그보다 동기부여는 행동을 취함으로써 생길 수 있다. 준비가 되기 전에 시작하거나 벗어나고 싶다는 생각이 들더라도 일을 완수하기 위해 자신을 밀어붙일 때, 당신의 행동은 뇌가 바라는 '이게 나한테 좋은 거야'라는 피드백을 제공한다. 동기가 부족할 때 활동을 개시하는 것은 행동을 반복하는 데 도움이 되고, 이를 루틴으로 만들어 주며, 시간이 지남에 따라 행동을 결정할 때 동기는 거의 고려할 필요가 없게 된다.

✸ ✸ ✸

맡은 일을 완수해야 한다는 책임과 동기를 떼어 놓기란 쉽지 않다. 적극적으로 시도하고 싶다는 생각이 들 때 우리는 기분이 좋아진다. 새로운 모험을 시작할 때는 의욕이 넘쳐난다. 이 새로운 개입이 우리의 삶을 어떻게 바꿔놓을지 상상할 수 있고, 이 비전을 품고 아주 이른 기상과 어려운 운동, 그리고 도전적인 운동시간에 전념한다. 이러한 방식은 며칠 혹은 몇 주 동안 지속될 테지만, 결국 미래가 변할 것이라는 가냘픈 희망의 빛은 사그라지고, 이와 함께 동기도 약해진다. 마치 새해 결심과 같다. 1월의 처음 몇 주 동안은 동기가 우리를 끌고 가겠지만, 일이 계속 고되고 '성과'가 여전히 눈에 잘 보이지 않으면 의욕은 뚝 떨어진다. 우리가 그토록 신나게 시작했던 운동은 이제 꺼리는 활동이 된다. 이 일이 궁극적으로 우리 삶에 어떤 변화를 가져올지에 대한 비전만으로는 더 이상 앞으로 계속 나아갈 욕구를 일으키기에 충분치 않다. 그리고 우리에게 동기를 북돋아 주리라 기대했던 것들, 이를테면 새로운 계획, 운동복, 다이어리나 전자기기 등은 속속 등장하는 행동에 대한 저항을 일시적으로 밀어낼 뿐이다.

운동, 글쓰기, 공부 시간에 언제나 동기가 넘칠 수는 없는 법이라고 스스로에게 아무리 주의를 주더라도, 우리는 여전히 동기부여를 욕구의 신호로 사용하는 함정에 빠지곤 한다. 의욕이 생기지 않는다면, 이것은 정말로 지금 내가 하고 싶은 일일까? 그 답은 단호하게 '분명히 아니다'라고 나온다. 따라서 우리는 느긋하게 쉬면서 계획을 건너뛰고 싶다고, 아니면 건너뛰어야만 한다고 느낀다. 이것이 바로 힘든 일이 자연스레 변천하는 순서다. 삶을 변화시키려는 행동은 시간을 낭비하고 에너지를 소모시키는 잡일이 된다. 어떻게 행동할 것인가를 결정할 때 오직 동기만 고려했다가는 파멸할 운명에 처하게 된다. 작업이 루틴이 될 때까지, 혹은 진전이나 성과가 나타나기 시작할 때까지 계속 동기의 관점에서만 접근하다 보면 우리는 점점 더 행동하지 말아야 한다고 확신하게 될 뿐이다.

동기부여를 보너스라고 생각하자. 있으면 좋으나 필수 요소는 아니다. 그 대신 헌신적이고 단호한 자세로 임하는 것에 중점을 두면 일관성을 유지하는 데 도움이 된다. 각오가 되어 있다면, 동기의 부족은 멈추라는 '적신호'가 아니라 도전해야 할 일로 보인다. 안타깝게도, 사람이 바닥을 쳐야만 동기부여가 생기는 경우가 많다. 현재의 고통이 견디기 어려울 정도로 클 때, 우리는 마침내 행동을 바꿔보겠다는 자극을 받는다. 그 전형적인 예가 바로 중독 장애로, 현재의 즐거움을 추구하다가 관계를 망치고, 건강을 해치며, 삶을 파괴하는 습관적인 행동을 하게 된다. 불행하게도 실제로 최악의 상황에 처해야만 의지를 다잡고 변화를 시도하는 경우가 많다. 건강에 문제가 생기든, 사랑하는 사람을 잃든, 아니면 현재의 상황을 혐오하게 되든 말이다.

우리 삶의 한 측면을 변화시키기 위해서 반드시 최악의 상황을 경험해야 하는 것은 아니다. 변화를 시도할 만큼 충분한 동기를 얻기 위해 힘든 시기를 겪을 필요는 없다. 우리는 지금 당장 변하기로 마음먹을 수 있다. 단, 변화로 가는 길에 항상 햇빛과 무지개만 있는 것은 아니며, 매일 아침 열정적으로 침대에서 뛰쳐나오지 못하리라는 점을 받아들여야 한다. 우리에게는 의욕이 없을 때도 계속 나아갈 수 있는 방법이 있다. 또한 행동을 일관성 있게 유지하여 그 행동이 루틴이 되면, 의지력에 덜 의존하게 될 것이다. 계속해서 나아가려면 무엇이 동기를 유발하는지 알고, 동기가 없더라도 일을 시작해야 할 때가 필연적으로 있음을 깨닫는 것이 중요하다.

개인적으로, 나는 한때 동기에 지나치게 많은 의미를 부여했던 적이 있다. 동기가 생겼다고 느낄 때면 온 세상이 내 것 같았다. 어려운 시험을 위해 복습한다고? 뭐가 문제람. 꼭두새벽에 일어나서 운동을 한다고? 물론이지. 새로운 창의적인 프로젝트 기획을 추진한다고? 한번 해보자. 동기는 내가 준비되었고, 올바른 길을 가고 있다는 신호였으며, 일을 원활하게 끝낼 수 있게 해주었다.

동기의 긍정적인 역할을 지나치게 중시한다는 것은 내 삶에서 동기가 사라졌을 때 그 반대 역시 진실처럼 느껴진다는 의미였다. 어려운 시험을 위해 복습한다고? 정말 끔찍해. 지금은 도저히 할 수가 없겠어. 꼭두새벽에 일어나서 운동을 한다고? 아니, 그럴 리가. 다시 자러 갈래. 새로운 창의적인 프로젝트 기획을 추진한다고? 어휴, 너무 어렵네. 아마 나한테 안 맞을 거야, 기존의 프로젝트로 돌아가자. 동기가 부족하다는 것은 '나는 지금 당장 이 일을 할 수 없어/해서는 안 돼/하고 싶지 않아'로 해석됐고, 나는 시간을 낭비하지 않으려고 그 일을 미루곤 했다.

그러나 힘든 일을 미루는 시간이 늘어날수록 일하고 싶은 의욕은 점점 더 떨어졌다. 이 상태는 내가 불편함을 느끼는 '통증점'에 도달할 때까지 계속됐다. 즉, 마감 일자를 못 맞춘다거나, 누군가를 실망시키거나, 아니면 내 건강과 행복을 위태롭게 할 것이라는 두려움이 들면 그때야 동기가 발동했다. 13장에서 논의한 바와 같이, 이것이 우리가 마지막 순간까지 미루는 이유다. 청신호를 켜줄 동기를 기다리는 것은 나에게 아무런 도움이 되지 않았다. 내 삶에 진정한 변화를 일궈내겠다는 동기에 이끌려 프로젝트를 계획하는 데 쌓아온 모든 노력과 흥분은 고된 현실에 직면했을 때 무너져 내렸다.

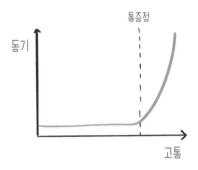

나는 진지하게 동기부여가 내 전망과 행동에 미치는 영향력을 막아야 한다는 사실을 깨달았다. 그러려면 관점을 바꿔야 했다. 현재의 부족한 동기를 내가 하지 말아야 할 일을 알려주는 지표로 해석하는 것을 멈추고, 동기가 생길 때만 행동하는 것을 멈춰야만 했다. 이 모든 것은 내 뇌에 내가 뭔가를 추구하고 즐겁다는 감각을 느낄 때만 일한다고 가르치고 있었다. 나는 동기가 있든 없든, 꾸준히 예정된 자리에 나타나야 했다. 내가 의지대로 일을 완수할 것인지 결정하는 요인이 동기가 아님을 스스로 입증하기 위해서였다. 동기가 생긴다면 좋은 일이지만, 그것이 내가 행동해야 하는 이유는 아니었다. 동기는 그저 있으면 좋은 금상첨화였다. 동기를 재해석하면서 나는 더 이상 동기를 내가 직면한 일에 대한 흥미나 능력을 측정하는 척도로 사용하지 않게 되었다. 그 결과, '준비'가 되었다고 느끼기에 훨씬 앞서 행동하게 되었고, 이로써 놀라운 기회와 도전을 누릴 수 있었을 뿐만 아니라 이러한 활동에 참여하려는 동기도 높아졌다. 동기가 부족할 때 행동하는 것은 일에 대한 의욕을 북돋아 주는 궁극적인 힘이 되었다. 그리고 당면한 작업에 주의를 집중하고 이 작업이 미래의 청사진에 어떻게 부합하는지 이해할 때 종종 동기가 생겨나곤 했다.

과학적 근거

동기는 인간의 생존에 필수적이다. 우리가 안전한 상태를 찾게 하고, 인류를 발전시켜주며, 위협을 물리치도록 만들기 때문이다. 동기는 보상이나 칭찬을 받는 등 외부의 인정으로 인해 생겨나기도 하고, 아니면 내부적으로 생기기도 한다. 이 내재적 보상은 어떤 행동을 완수한 것에 대해 뚜렷한 인정을 받지 못하는 상황에서도 사람들이 행동하는 것처럼 보일 때를 말한다.[1]

두 유형의 동기에 관여하는 핵심 매개체는 도파민이다. 보상과 운동에 관여하는 뇌 회로를 포함하여, 뇌 깊숙이 자리한 다양한 부위에 도파민을 생성하는 뉴런 지대가 있다. 도파민의 기능은 도파민이 분비되는 위치, 일정 시간 동안 분비되는 양, 도파민과 상호작용하는 뇌세포에 따라 결정된다.[2] 이 모든 요소가 뇌세포 활동에 다양한 변화를 일으키고 유기체가 작용하는 방식을 바꿔놓을 수 있다. 행동을 취하기 전에 복측피개영역ventral tegmental area, VTA이라고 불리는 영역에서 도파민이 대량으로 분비되는 것은 그 활동이 완료된 후 가져오리라 예상되는 높은 가치를 나타내는 신호로

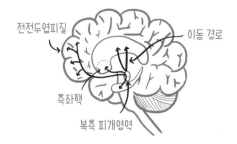

도파민 경로

전전두엽피질

이동 경로

측좌핵

복측 피개영역

여겨진다.

중독 장애는 도파민이 외적 동기에 미치는 영향을 보여주는 극단적인 사례다.[3] 물질이나 활동에 중독되는 것은 보통 즐거움을 추구하는 데서 시작한다. 예를 들어 약물, 알코올, 음식, 도박과 같은 목표물은 도파민의 분비를 유발하여 뇌로 하여금 보상으로 이어진 신호와 연상에 대한 정신적인 스냅샷을 찍게 한다. 초기 경험 이후 도파민은 선제적으로 분비되어 갈망을 불러일으킨다. 그리고 이 갈망은 개인이 그 물질을 다시 찾게 만든다. 반복되는 행동을 습관적인 행동으로 전환하는 뇌의 능력으로 인해 시간이 흐름에 따라 추구는 강박이 될 수 있다. 심지어 중독성 물질에서 오는 '쾌락'이 사그라지더라도 마찬가지다. 내성이 생겨나고, 동일한 양의 쾌락을 얻으려면 좀 더 극단적인 상호작용이 필요해진다. 뇌에서 도파민 수용체 농도가 감소하는 것은 여러 중독 장애에서 주목되어 왔다.[4] 도파민 수용체의 농도 감소로 인해 중독환자는 다른 것에 관심을 가지거나 동기를 부여받는 능력이 저하된다. 중독 장애는 근본적으로 뇌의 동기부여 시스템을 습격해서 융통성을 발휘하지 못하게 하고, 때로는 해로운 행동을 하게 만든다.

내재적 동기에서도 도파민 시스템은 행동을 추구하려는 동기와 관련된다. 그림 그리기, 글쓰기, 자원봉사 등 명백한 보상 없이 즐거움을 위해 행동을 추구하는 것은 확실히 생존에는 유리하지 않다. 이러한 활동은 실질적인 '보상'을 얻지 못하면서 에너지와 자원을 사용한다. 그러나 우리는 모두 이러한 노력에 많은 시간을 할애한다. 내재적 동기는 성장을 향해 나아가는 우리의 성향 때문에 인류에게 남아 있는 것으로 보인다. 그러한 성장을 촉진하는 기준은 자기결정이론self-determination theory에 정리되어 있다.[5] 자기결정 이론에서는 유능성(어떤 활동을 수행하고 숙달을 경험하는 기술을 보유함), 자율성(자유의지로 작업에 참여함), 관계성(다른 사람과 연결되어 있거나 돕고 있는 느낌)이 행동을 촉진한다고 설명한다. 내재적으로 동기가 부여된 느낌의 궁극적인 형태는 '몰입flow'이다. 몰입은 시간이 쏜살같이 흐르는 것처럼 느껴질 정도로 작업에 몰두하는 상태로, 그 활동에 대한 애정을 바탕으로 한 프로젝트에서 진전을

자기결정이론

유능성　　　　자율성　　　　관계성

선택 1
선택 2　　선택 3

빵 바자회

보이게 된다.

내재적 동기에 관한 연구에서 도파민 시스템이 핵심적인 역할을 하는 것으로 밝혀졌다. 연구 결과에 따르면, 몰입을 더 많이 경험한 사람들에게서 보상 영역의 도파민 수용체가 잠재적으로 증가하는 것이 두드러졌다. 어떤 사람들은 특정 도파민 수용체의 가용성을 높이는 유전적 돌연변이를 가지고 있으며, 이들은 몰입 상태를 경험할 가능성이 더 높은 것으로 밝혀졌다.[6] 또한 내재적 동기가 도파민을 꾸준히 분비시켜 사람들이 당면한 작업을 계속하도록 유도한다는 주장이 제기됐다.[7] 뇌 영상 연구에서 내적 동기가 부여된 작업을 할 때, 도파민을 생성하는 뉴런이 풍부한 뇌 영역, 그리고 가치와 관련된 영역이 활성화되었다.[8]

또한 여러 연구 결과에 따르면, 내재적 동기는 자신에 대해 생각하고 몽상하는 것과 관련된 뇌 연결망(내정상태 회로)의 활동이 감소하는 한편, 까다로운 작업을 수행하는 것과 관련된 뇌 연결망(실행제어 회로)과 주의를 집중시키는 것과 관련된 뇌 연결망(현저성 신경망)에서의 활동이 증가할 때 생겨나며,[9] 이는 작업에 총체적인 집중을 할 수 있게 해준다. 현저성 신경망은 유기체가 어디에 노력을 집중해야 할지 결정하기 위해 신호의 중요성을 고려하는 것으로 보인다. 이 연결망 중 하나인 전측 뇌섬엽anterior insula은 중독과 같은 행동을 유발하지 않으면서도, 작업에 대한 쥐의 동기를 높이는 특정 뇌세포를 포함하고 있는 것으로 밝혀졌다.[10] 이는 쥐라는 동물에게 일반적인 동기를 유발하는 뇌섬엽의 역할을 보여준다.

내재적 동기에서 뇌 연결망 활동의 변화를 통해 '자아'에 대한 관심이 감소하는 한편 외부 작업에 대한 관심이 증가하는 것은 우리가 보상 없이 작업을 수행하도록 유도하는 방식일 수 있다.

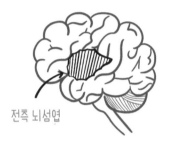

전측 뇌섬엽

동기는 일정하지 않다. 어떤 날엔 뭔가를 하고 싶은 마음이 생기다가도, 또 어떤 날엔 완전히 무관심해질 수도 있다. 동기는 우울증, 조현병, 파킨슨병과 같은 질환의 영향을 받을 수도 있다. 또한 피곤하면 동기가 저하되기도 한다. 한 연구에 따르면, 보상이 주어지더라도 피곤한 상태에서는 작업을 수행하려는 동기가 덜한 것으로 나타났다. 짧은 휴식이 처음에는 동기를 북돋아 줄 수도 있지만, 작업이 길어지고 피로가 쌓일수록 당장의 휴식이 동기부여 수준을 회복시키기는 어려워진다.[11] 뇌에서 이러한 동기의 변동은 '이 일이 노력을 들일 가치가 있는가?'를 평가하는 전두부, 그리고 도파민을 수용하는 복측피개영역에서의 뇌 활동 변화를 반영한다. 효과적인 변화를 일으키는 것은 새해, 이사, 생일처럼 사람들이 '새 출발'을 하는 시기와도 관련된다.[12] 따라서 동기부여의 물결이 출렁일 때 뛰어들어 그 파도를 타는 것이 새로운 행동을 시작하는 데 도움이 된다.

하루 중 행동하고 싶은 동기를 더 많이 느끼는 시간대는 사람마다 다를 수 있다. 동기부여에는 주의 집중이 필요하고 에너지 수준에 영향을 받기 때문이다. 인간의 몸은 거의 24시간 주기로 돌아가며, 수면 주기와 각성 주기는 물론 다양한 호르몬과 체온, 혈압이 시간에 따라 변화한다. 우리의 각성 수준 역시 이런 고점과 저점을 가지므로[13] 하루 동안 생산성의 변화를 느끼기 쉽다. 대부분의 사람들은 아침에 일어나서 몇 시간 후에 각성 수준이 최고조에 이르렀다가 오후에 약간 하락하고, 초저녁에 다시 회복되는 것으로 보인다(그렇다, 오후 슬럼프는 실제로 존재하는 모양이다). 가장 힘든 활동을 조금 더 의욕이 넘치는 시간에 할 수 있도록 스케줄을 짠다면 일을 완수하는 데 도움이 될 것이다.

실전에 적용하기

동기 없이 계획을 이행하기란 쉽지 않다. 작업을 수행하는 순간에 돌입하면, 행동해야 할지 말아야 할지를 나타내는 지표로 자연스레 동기부여 수준을 확인한다. 그러므로 동기 대신 초기설정 값에 의존하는 기술을 사용하면, 동기가 사라졌을 때도 계획을 지킬 수 있다.

같은 시간, 같은 장소

11장에서 우리는 자신이 특정 활동을 하는 시간을 정확히 파악하고, 주저하는 시간을 없애기 위해 하루 스케줄을 짜는 방법을 다뤘다. 이제 당신이 가장 정신이 맑고 생산적이라고 느낄 때가 언제인지 생각해 보자. **새로운 행동을 최대한 이 시간에 근접하게 계획하고, 이 블록을 매일 반복하자.**

나의 경우, 평일에는 오전 6시부터 7시까지, 그리고 주말에는 오전 10시부터 11시까지 운동 블록을 캘린더에 넣었다. 나는 아침에 저항감을 가장 적게 느끼므로, 퇴근 후 저녁까지 기다리는 것보다는 아침에 몸을 움직이기가 훨씬 쉬웠다. 게다가 매일 반복되는 일이니만큼 운동을 빼먹을 핑계가 생기지 않는다. 어떤 날은 이 시간대에 헬스장에 가고, 또 어떤 날은 달리기를 하거나 잠깐 산책을 하러 나간다. 운동이 얼마나 격렬하든 느긋하든, 매일 같은 시간에 나타나서 운동하는 것은 '이때가 운동 시간'이라는 인식을 강화하여 동기부여에 대한 의존성이 없어진다.

매일 같은 시간에 어떤 블록을 캘린더에 추가할 수 있을까? 운동 블록, 창작 블록, 글쓰기 블록, 공부 블록, 아니면 휴식 블록이 될 수도 있다. 그 시간에 할 수 있는, 노력의 정도가 다른 두세 가지 대안 활동을 떠올려 보자. 그래야 예정된 시간에 꾸준히 나타날 수 있다.

지금 당장 하라

때때로 우리는 사소한 일을 하기 위해 동기를 찾는다. 예를 들어, 설거지를 하거나 침대를 정돈하거나 한 문장을 더 쓰는 일이 그렇다. 이때 작업에 걸리는 시간을 고려하면 실행하는 데 도움이 된다. 데이비드 앨런David Allen이 창안한 생산성 증진 방법을 '2분 규칙two-minute rule'이라고 한다. 이는 작업을 마치는 데 2분이 걸린다면, 할까 말까 고민될 때 그냥 해버리라는 것이다. 예를 들어, 요리를 마치고 나서 설거지해야 할 프라이팬이 몇 개 있다면, 몇 시간 동안 싱크대에 그대로 내버려 두기 쉽다. 그러나 요리를 마친 후 2분 규칙을 실행하면, 설거지에 대한 저항이 생길 틈도 없이 프라이팬을 닦고 선반에 올려 건조할 수 있다. 나는 긴 하루의 끝에 옷을 치워야 할 일을 마주하면, 내 방 여기저기에 옷가지가 수북이 쌓이지 않도록 '2분이 걸리는 일이면 그냥 지금 해버리자'라고 혼잣말한다.

2분 규칙을 적용하여 작은 행동을 실행하거나 작은 행동으로 이어질 신호를 보낼 수 있다.

행동할지 말지 결정할 때, 2분 안에 끝낼 수 있는 일에는 무엇이 있을까?

팔굽혀펴기 다섯 번, 한 문장 쓰기, 공부하며 마실 차 한 잔 끓이기, 또는 운동복으로 갈아입기 등을 할 수 있다. 이 사소한 일을 2분 안에 마칠 수 있다는 것을 안다면 동기부여 없이도 행동을 시작하기가 쉬워진다. 2분은 비교적 짧은 시간이라서 작업을 완수하는 데 드는 노력도 적다고 느껴진다. 따라서 진입장벽이 낮아지고, 앞에 높인 일이 당신이 얻을 보상만큼의 가치가 있는지에 대한 뇌의 평가를 바꿔놓는다.

자동응답

사무실을 비울 때 이메일에 자동응답을 설정해 놓는 것처럼, 동기가 부족할 때 자동응답을 사용하면 동기 없이도 행동할 수 있다. 이 응답으로는 진술('동기부여는 일시적이다')이나 행동(벌떡 일어서기), 또는 카운트다운(11장에서 나온 '5, 4, 3, 2, 1' 방법) 등이 가능하다. 나 같은 경우에 동기부여가 되지 않을 때, 작은 행동을 하거나 나만의 신호를 실행하면서 '이 일은 동기부여가 필요 없어'라고 혼자 되뇌곤 한다. 이는 내가 행동하거나 행동하지 말아야 할 지표로 동기를 사용하는 것을 방지해 준다.

동기가 부족할 때, 자신에게 무슨 말을 할 것인가? 혹은 동기에 큰 의미를 두지 않기 위해 무엇을 곧장 행할 것인가?

새로운 시작

작업을 수행할 때 우리는 '동기'가 미치는 영향을 줄이고 싶어 하지만, **동기가 솟아오를 가능성이 높을 때인 '새로운 시작'을 활용해서 새로운 행동을 실행할 수도 있다.** 새해나 이사, 또는 이직과 같은 시기를 활용해서 루틴을 약간 바꿔보자. 이때는 마음이 이미 변화를 향해 열려있기 때문이다.

목표를 달성하기 위해 내년 1월까지 기다리라는 이야기가 아니다. 그보다는 동기가 정점에 달하는 시기를 활용해 당신의 행동에 더욱 박차를 가하라는 뜻이다. 서핑을 할 때처럼, 조류를 거슬러 밀고 나가야 할 때가 있고, 파도에 몸을 실어야 할 때도 있다. 이러한 동기부여의 파도를 사용해 루틴을 굳히거나 실행해 보자. 그러면 동기가 사라지기 전에 기어를 굴러가게 할 수 있다.

새로운 시작은 날짜를 변경하는 것처럼 명백한 경우도 있고, 아니면 직접 만들 수도 있다. 예를 들어, 새로 시작하고 싶은 월요

동기부여의 파도를 타라

일을 '변화의 날'로 지정하는 것이다. 어느 쪽이든 외부 환경으로 인해 동기가 자연스레 솟아날 때, 이를 행동할 수 있는 유일한 시간으로 여기지 말고, 변화를 가속화하는 기회로 활용하자.

보여주고 말하기

우리가 어떤 일을 해서 보상을 경험할 때 뇌의 도파민 신호가 자극되고, 이는 미래에 도파민을 분비하여 우리가 비슷한 일련의 행동을 다시 수행하도록 동기를 부여한다. 이 초기의 보상을 되풀이하려면 행동해야만 한다.

우리는 종종 시작하기 전에 동기가 부여되기를 기대한다. 그러나 초기의 도파민 신호처럼, 보상을 얻으려면 먼저 행동해야 하는 경우가 많으며 행동은 동기를 강화해 준다. 12장에서 설명했듯이, 우리가 어떤 일을 하면 스스로에게 능력이 있음을 보여주는 것이다. 그 결과, 다음번에 작업을 수행할 때 이미 그 일을 할 수 있는 능력에 대해 어느 정도 자신감을 갖게 된다. 이는 긍정적인 피드백 루프를 만든다. 더 많은 행동을 취할수록 행동하려는 동기는 더 높아진다. 이는 우리가 예상했던 것과는 정반대다.

동기가 생기길 기다리거나 100퍼센트 준비가 되지 않았다고 느끼기 때문에 계속 미루는 행동에는 무엇이 있는가?

이 행동을 앞으로 2주 동안의 스케줄에 짧은 시간 블록(15~30분)으로 추가하고, 이를 끝까지 완수하여 동기를 강화하자. 당신은 완벽하지 않을 것이고 아마도 엉망이겠지만, 원래 모든 새로운 시작은 그런 법이다. 하지만 단순히 예정된 자리에 나타남으로써 당신은 점차 추진력을 얻을 것이다.

더 큰 그림

그 순간에 행동할 동기를 찾을 때, 우리는 머지않아 한 가지 행동을 고려한다. '내가 지금 이 일을 하고 싶다고 느끼는가?' 아마도 그럴 가능성은 없을 것이다. 보통 더 매력적인 선택지가 있기 때문이다. 이때, 개별 행동에 대해 생각하는 대신, 더 큰 그림을 고려하자. 당신의 목표를 그려낸 거대한 직소 퍼즐처럼, 이 작은 행동은 퍼즐 한 조각을 제자리에 맞추는 것과 같다.

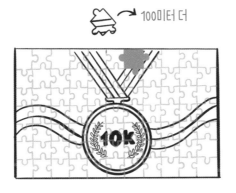

당신의 행동을 전체적인 그림 속에 맥락화하면 동기부여라는 마법의 가루를 한 꼬집 뿌릴 수 있다. **이 행동이 전반적인 목표에 어떻게 기여하는지 생각해 보면, 즉 작지만 목표에 중요한 기여를 한다고 생각하면 행동에 자극을 줄 수 있다.** 작은 행동을 통해 다양한 기술이 1퍼센트씩 향상되어 점진적으로 발전할 수 있다. 따라서 오늘 한 걸음 더 나아가는 것이 미래에 얼마나 큰 도움이 될지에 중점을 두자.

내적인 추진력

공공연히 인식하든 아니든, 우리가 지닌 목표의 상당수는 외적인 보상 요소를 가지고 있다. 이 보상들은 동기로 작용할 수 있다. 예를 들면, 냉장고에 붙인 사진, 아름다운 아파트를 보여주는 핸드폰 배경 화면, 트로피를 번쩍 들어 올리는 꿈이 그렇다. 7장에서 설명했듯이, 이 시나리오들은 우리에게 필요한 추진력을 줄 수 있지만, 더 어렵고 보람이 적은, 하지만 결국 결실을 맺게 될 일상적인 행동을 수행하기 어렵게 만들 수 있다.

자신에게 동기를 부여하기 위해 외부의 칭찬을 바라는 대신, 내적 동기를 키우려고 노력해야 한다. 즉, 일이 우리에게 가져다줄 결과보다는 그 일 자체를 즐기기 위해 참여해야 한다. 이를 위해 자기결정 이론의 세 가지 기준을 활용하여 우리가 하고자 하는 활동에 대한 성장의식을 함양할 수 있다.

구분	의미	작업에 적용하기
유능성	기술 향상 및 숙련도 증진	데드 리프트 할 때 자세를 개선함
자율성	참여 여부를 선택함	기분 전환을 위해 헬스장에 가고 싶음
관계성	타인과의 연결	그룹 근력 챌린지에 참여함

몰입의 즐거움

동기가 부족하면 활동을 시작하기가 어려울 수 있다. 이때 앞서 언급한 기법들을 사용하면 이러한 장애물을 극복하는 데 도움이 된다. 일단 시작은 했지만, 그 일을 계속하기가 어려울 때 방해 요소를 없애려면 13장에서 제시한 꾸물거림을 타파하는 요령을 활용해볼 수 있다. 그러나 일정 기간 내내 동기를 계속 유지하려면, 일하는 동안 몰입에 빠져드는 상태를 찾기 위해 노력할 수도 있다.

미하이 칙센트미하이Mihaly Csikszentmihalyi는 1990년에 출간한 저서 《몰입 FLOW》에서 '몰입'은 한 사람의 기술 수준과 작업의 난이도가 잘 맞아떨어질 때 발생한다고 보았다. 일이 너무 어려우면 걱정만 하면서 그 일을 미루기 쉽지만, 너무 쉬우면 결국 지루해지고 주의가 산만해진다.

해당 분야에서 자신이 보유한 기술과 과제의 난이도를 고려하여 당신이 몰입 상태에 빠지려고 애쓰는 활동에 대해 생각해 보

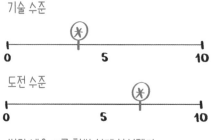

과제: 에세이 쓰기

기술 수준

0 　　　　　5 　　　　　10

도전 수준

0 　　　　　5 　　　　　10

변화 내용: X를 훨씬 쉽게 분석했다

자. 현재 기술에 맞게 도전 수준을 높이거나 낮추고, 몰입을 경험할 수 있는지 확인하자.

___ 마무리하며

목표를 달성하기 위해 동기부여에 의존하는 것은 승산 없는 싸움이다. 동기의 일시적인 특성과 즉각적인 보상을 바라는 욕구, 그리고 피로에 대한 민감도는 당신이 일에 착수할지 여부를 놓고 상담하기에 믿을 만한 코치가 아니라는 의미다. 당신이 안전지대를 넘어서 새로운 일에 착수하려고 할 때, 준비되었다는 느낌을 받는 경우는 드물 것이다. 그러나 성공한 사람들은 대부분 어쨌든 시작하고 진행하는 과정에서 알아가며, 행동을 취하면서 처음에는 부족했던 자신감과 동기가 생긴다. 그리고 꾸준함을 가진다면, 이 새로운 작업은 점차 익숙해져서 몸의 일부처럼 느껴지기 시작할 것이다.

우리의 동기는 변덕스럽다. 즉각적인 성과가 보이지 않으면 동기는 사라져 버린다. 피곤하면 떠나버린다. 더 중요하다고 느껴지는 다른 사건이 발생하면 방향을 틀어버린다. 초기의 동기 수준을 행동하기 위한 지표로 삼는 대신, 작업을 시작하고 계속 수행할 수 있도록 도와줄 기술들을 활용하자. 각각의 작은 행동이 미래의 청사진에 어떻게 기여하는지 고려하면, 계획을 이행하고 일을 추진하는 데 도움이 된다. 이를 통해 동기가 있든 없든 진전을 이룰 수 있다.

15장

반발을 예상하라

새로운 모험을 시작하고, 우리 인생에서 변화를 만들어 내기 위한 계획을 세울 때면 신이 난다. 우리는 이 변화가 우리 삶뿐만 아니라 우리가 사랑하는 사람들의 삶에도 어떤 도움이 될지 따져본다. 따라서 주변의 가까운 이들이 우리의 아이디어에 대해 함께 열광해 주지 않을 때, 큰 좌절감을 느낄 수 있다.

우리는 목표를 추구하는 과정에서 두뇌로부터 내적 저항을 예상하지만, 환경으로부터 저항을 경험하리라고는 거의 예상하지 못한다. 환경에는 당신이 일하는 곳, 사는 곳, 일상적으로 교류하는 사람들, 또는 가장 가까운 사람들이 포함된다. 우리가 변화하려고 할 때, 이 장소와 사람들은 우리를 다시 예전의 루틴으로 되돌리려고 할 수 있다.

습관을 통해 알게 됐듯이, 우리의 뇌는 주위 환경과 행동 방식을 연관 짓는다. 이 신호는 연기 냄새가 담배를 피우고 싶은 갈망을 불러일으키는 것처럼 명백할 수도 있고, 어린 시절 쓰던 방에 머물 때면 다시 십대처럼 행동하게 되는 것처럼 더 미묘할 수도 있다. 그리고 6장에서 논의했듯이, 우리의 뇌는 다른 사람의 모델을 만들어서 그 사람들과 조화롭게 상호작용할 수 있게 해준다. 우리가 다른 사람들을 모델화하는 것처럼, 다른 사람들도 우리를 모델화한다. 당신 삶의 다양한 영역에 걸쳐 있는 개개인들은 당신에게 기대하는 바에 대해 특정한 생각을 갖고 있다. 따라서 당신이 커다란 변화를 만들어 내기 시작하면, 일부 사람들은 친숙하다고 느끼는 예전의 모습으로 당신을 되돌리려 애쓴다.

다른 사람들과의 상호작용은 변화를 시도할 때 큰 영향력을 발휘할 수 있다. 어떤 사람들은 처음에(혹은 영원히) 당신이 안전지대에서 벗어나는 것을 내키지 않아 한다. 또 어떤 사람들은 당신이 새로운 목표를 향해 나아갈 때 든든한 지원군이 되어준다. 당신이 노력하는 동안 응원을 보내줄 공동체나 특정 인물이 있을 때, 내면의 저항에 부딪히더라도 계속해서 노력할 힘이 생긴다. 목표를 향해 노력할 때 우리 주변에 있는 사람과 환경이 얼마나 강력한지 인식하고, 특정 장소나 사람들이 의도치 않게 장애물로 작용한다는 사실을 이해하면 이러한 반발을 포용하고 극복할 수 있다.

목표는 종종 홀로 좇는 것으로 여겨진다. 우리는 목표를 실현하기 위해 자신을 변화시키려면 무엇을 해야 하는지에 집중한다. 그러나 우리는 다른 사람들과 우리를 둘러싼 환경과 상호작용하는 역동적인 세상에서 살아간다. 종종 날씨를 확인하고 자전거를 타러 나갈지 결정하거나, 딱 한 잔만 더 마시고 가자는 친구들의 설득에 넘어가거나, 재택근무를 할 때 집중하기가 어려울 수 있다. 우리는 외부의 존재들과 끊임없이 상호작용하며, 인지하든 인지하지 못하든, 이는 우리의 행동에 영향을 미친다.

따라서 목표를 추구할 때 자기 자신을 통제하는 것이 전부라고 생각하면 오산이다. 우리의 환경은 우리를 끌어당긴다. 과거의 경험과 특정 공간에 대한 익숙한 연상은 모두 행동 방식에 대한 당신의 선택지를 재단하며, 어느 순간 불쑥 등장한 것처럼 보이는 저항에 맞서고 있는 자신을 발견할지도 모른다. 가령, 새로운 홈 트레이닝 계획을 시작하려는 거실이 평소에 느긋하게 휴식을 취하는 장소라면, 당신은 몸을 우두둑 뒤트는 대신 소파에 앉고 싶은 충동을 느끼게 된다. 나는 어린 시절을 보낸 본가에 갈 때마다 아침에 일찍 일어나서 운동하는 것이 훨씬 더 어렵게 느껴진다. 십대 시절에 쓰던 침실을 정오까지 늦잠 자는 것과 연관시키기 때문이다. 주변 사람들 역시 목표를 달성하는 과정에 직접적으로 관여하지 않는 한, 그들이 우리의 발전에 영향을 미친다고 생각하지 않는다.

우리는 완벽한 코치, 트레이너, 사업 파트너 또는 스터디 멤버를 선택할 때 신중을 기하지만, 가장 가까운 사람들의 경우, 그들의 의견이 우리의 개인적인 노력에 엄청난 영향을 미치더라도 그리 신경 쓰지 않는다. 우리가 계획을 공표할 때 일부 사람들은 고개를 끄덕이면서 동의할 수도 있지만, 그 일이 잘 풀리지 않는다면 어떤 기분이 들지 등에 대한 질문들도 쏟아진다. 그로 인해 결정을 재고하게 된다.

이러한 저항은 변화에 대한 자연스러운 반응이다. 당신의 부모님, 파트너, 친구들, 가족들은 모두 당신에게 기대하는 바가 있다. 따라서 당신이 인생에서 중대한 요소를 바꾸려고 하면 그들은 기겁한다. 상대방 입장에서 생각해 보자면, 함께 파티를 즐기던 절친이 어느 날 건강을 챙기겠다는 장대한 계획을 공표해서 더 이상 '불금'을 보내지 못하게 될 때, 당신은 친구의 새로운 행동이 당신의 삶에 어떤 영향을 미칠지 고민하지 않을 수 없다. 변화된 상황으로 인해 당신은 친구와의 관계가 어떻게 변할지까지 생각이 흘러갈지도 모른다. 우리는 자신의 행동뿐만 아니라 인간관계에서도 예측 가능성과 친숙함을 좋아한다. 따라서 주변 사람들이 행동의 변화를 언급할 때 방어적인 태도를 취할 수 있다.

나는 반발의 양쪽 입장에 모두 서본 적이 있다. 학계를 벗어나 창의적인 커리어를 쌓기로 결심했을 때가 바로 이런 순간 중 하나였다. 나는 내가 하고 싶은 일을 찾아냈다는 사실에 정말 기뻤고, 계획을 얼른 공유하고 싶었지만, 여기저기서 우려의 목소리가 들려왔다. 축하의 말과 함께 다음과 같은 질문이 폭포수처럼 쏟아졌다. "그게 안정적인 직업이야?", "대출은 어떻게 얻어?", "실패하면 플랜 B는 뭐야?" 이 질문들이 내 행복을 걱정하는 좋은 취지에서 나왔다는 것을 알면서도, 여전히 사랑하는 사람들이 내 능력을 의심한다는 생각이 들었다. 나와 가장 가까운 사람들이 내가 해낼 수 있다고 믿지 않는다면, 나는 자신을 속이고 있는 것일까? 나는 사람들의 반발을 이 직업이 최선의 선택이 아닐지도 모른다는 신호로 받아들였다.

반면에, 나 역시 반발하는 사람이기도 했다. 여느 날과 다름없던 화요일 저녁, 내 파트너가 슈퍼마켓 한가운데서 비건이 되기로 결심했을 때, 나는 이성을 잃고 말았다. "그러면 이제 우리는 뭘 먹어? 저런 음식은 더 이상 먹을 수 없는 거야. 영양 섭취는 어떻게 하겠다는 거야? 지금 당신은 시험 기간인데 이 선택이 현명한 건지 잘 모르겠어…" 나는 마음의 변화를 감지했고 유제품 코너에서 그를 집요하게 물어뜯었다. 그의 의도가 타당하다는 것을 알면서도, 이 변화가 우리의 삶과 관계에 어떤 영향을 미칠지 곱씹어볼 수밖에 없었다. 그의 정체성에 대해 내가 갖고 있던 내적인 기대가 이 새로운 정보와 충돌했고, 나는 익숙한 것에 매달리기 위해 폭발해 버린 것이다.

우리에게는 변화, 특히나 우리의 통제 밖에서 벌어지는 변화에 저항하려는 타고난 충동이 있다. 그러므로 삶에서 비슷한 목표를 추구하며 당신의 열망을 실현한 다른 사람들을 찾아내는 것이 큰 도움이 된다. 이는 당신의 포부에서 가족과 친구들을 배제하라는 의미가 아니라, 당신의 생각이 타당한지 판단하기 위해 이들을 상담사로 사용하지 말라는 것이다. 보호하려는 의도에서 나오는 의심을 품은 질문과 의문에 직면할 수 있기 때문이다. 개인적으로, 나는 나와 비슷한 커리어를 쌓고 있는 친구들을 온라인에서 찾았고, 이들과 함께 도전과제에 관해 수다를 떨 수 있어서 정말 좋다. 가족과 친구 몇 명에게는 내가 진행하고 있는 활발한 프로젝트와 이미 끝마친 행사들을 이야기하며 핵심 일원과 함께 축하를 나눈다. 그러나 내 장대한 미래 계획에 대해서는 너무 공개적으로 이야기하지 않는다. 그래야만 집중력을 잃지 않고, 계획을 시도하기 전에 내가 '올바른' 일을 하고 있는지에 대해 지나친 질문을 받지 않을 수 있다.

과학적 근거

목표를 좇는 과정에서 오직 우리가 내린 결정만이 우리의 행동 방식에 영향을 미치는 자기만의 세상에서 살아간다면 얼마나 좋을까. 그러나 인간의 뇌는 우리가 살고 있는 이 세상의 일부로 우리를 맥락화한다. 장소, 사람, 시스템, 사회, 사건, 감정을 한 꾸러미로 묶어 필요할 때 기억할 수 있기 때문에 우리를 둘러싼 사람과 환경은 우리의 행동에 영향을 미친다.

이는 우리가 방문하는 장소들을 단순히 집, 식당, 공원, 바닷가, 마을, 그리고 도시 이상으로 만든다. 이 장소들은 생각, 감정, 행동, 추억을 촉발한다. 마치 거대한 '누구일까요 Guess Who'* 게임처럼, 당신이 좋아하는 레스토랑과 같은 특정 공간에 들어가면 보드 위의 카드들이 뒤집히면서 현재의 위치와 연관된 추억, 감정, 생각들의 패턴이 드러난다.

목표에 부합하는 새로운 행동을 루틴으로 만들려고 노력할 때, 우리는 자신이 어디에 있고 누구와 함께 있는지에 따라 머릿속에서 뒤집힌 카드들의 조합을 고려하지 않는다. 우리는 대부분 이런 연관성을 인식하지 못한다. 시간이 지나면서 맥락이 사라져 버렸기 때문이다. 하지만 이 연관성은 우리의 행동에 영향을 미칠 수 있다. 예를 들어 휴식 공간에서 일하는 것처럼, 연관성에 반하는 새로운 행동을 주입하려고 한다면, 당신은 이미 확립된 행동과 맞

---

* 2인용 보드 게임. 각자 24명의 인물 카드 중 한 명을 고른 뒤, 서로 번갈아 가며 질문을 해서 선택한 인물이 누구인지 맞추는 게임이다. 대답은 '예', '아니오'로만 할 수 있다.

서 싸워야 한다. 이미 보드에서 '안경 착용' 카테고리의 카드를 빼버린 상황에서 해당 카드를 뒤집으려고 하는 것과 같다.

목표를 염두에 두고 환경을 조성하면 우리가 원하는 방식으로 행동할 가능성을 높일 수 있다. 예를 들어, 찬장에서 모든 정크푸드를 치우거나, 지정된 업무 공간을 마련하거나, 아니면 집에서 도보로 5분 거리에 있는 헬스장에 등록하는 것이다. 변화한 환경이 행동을 어떻게 바꾸는지 측정하려는 체계를 TIPPME라고 부른다(근거리 물리적 미세환경의 개입 유형화. 기억하기 쉽도록 'Typology of Interventions in Proximal Physical Micro-Environments'의 머리글자를 딴 약어이다).[1] TIPPME 모델은 환경 내에서 행동에 영향을 미칠 수 있는 여섯 가지 개입을 포함한다. 바로 위치, 접근 가능성, 기능성, 진열, 크기, 그리고 정보다.

예를 들어, 식습관을 바꾸기 위해 TIPPME 개입을 사용하는 경우를 생각해 보자. 비스킷 섭취를 줄이려고 한다면, 비스킷을 높은 선반으로 옮기거나(위치), 집에서 아예 치워버릴 수 있다(접근 가능성). 비스킷이 여전히 주방에 남아 있다면 연상작용을 바꾸기 위

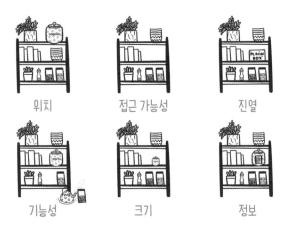

위치　　　　　접근 가능성　　　　진열

기능성　　　　　크기　　　　　정보

해 차茶와 별도로 보관하거나(기능성), 별로 예쁘지 않은 통 안에 넣어둘 수 있다(진열). 더 작게 포장된 제품을 사거나(크기), 비스킷 통에 칼로리 정보를 붙여도 좋다(정보). 지금까지 TIPPME의 특성들을 사용한 연구는 주로 식습관을 바꾸는 데 중점을 두었고, 모델이 얼마나 효과적인지 뒷받침하는 강력한 증거가 있다고 말하기에는 아직 시기상조다. 그러나 이 연구에서는 물건의 접근 가능성과 크기를 변경하는 것이 행동을 바꾸기 위해 사용된 주요한 개입이었다. 접근 가능성과 관련한 예로, 몇몇 대학교 구내식당에서 채식 메뉴가 늘어나자 식물성 식품의 선택이 증가하며, 매출이 41퍼센트에서 79퍼센트로 늘었다.[2] 크기의 경우, 사람들에게 더 많은 양의 음식을 제공하면 더 많이 먹는다는 결과가 나왔다.[3] 이 연구 분야가 확장되면 여러 개입을 결합하는 것이 훨씬 더 효과가 큰지(예를 들어, 정크푸드를 너무 많이 먹는 것의 해악을 알리는 캠페인과 함께 제공하는 음식의 양을 줄이는 것), 그리고 이것이 집단행동을 바꾸는 데 유용한 도구인지도 확인할 수 있을 것이다.

환경의 다른 측면들을 수정하는 것도 다양한 행동을 촉진하는 것으로 나타났다. 한 연구에 따르면, 깨끗하고 잘 정돈된 방에서 일하는 것이 '올바른 일'을 하는 능력(일한 후 기부를 더 많이 하고 과일을 먹음)을 향상시켜 주는 반면, 어지럽혀진 방은 창의력을 높여주는 것으로 나타났다.[4] 추가적인 연구에서는 정돈된 공간과 무질서한 공간이 자제력과 창의력에 미치는 영향이 개인의 기본적인 자제력에 따라 달라진다는 결과가 나왔다. 낮은 수준의 자제력을 가진 이들은 질서정연한 공간에서 자제력이 높아진 반면, 높은 수준의 자제력을 가진 이들은 무질서한 공간에서 창의력이 올라갔다.[5] 또한 빛 노출(특수 안경을 써서 블루라이트 수준을 변화시킴)[6]과 음악[7]이 업무 성과에 영향을 미칠 수 있다는 단서도 나왔다. 따라서 환경을 맞춤화하면 업무 능력도 바뀔 수 있다.

당신의 환경에 있는 주변 사람들의 경우, 변화에 대한 당신의

상황에 어떻게 반응하는가

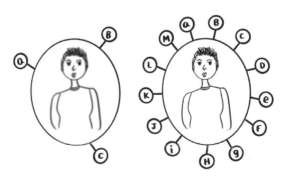

생각이 이들에게 동요를 일으키기도 한다. 특히 가장 가까운 사람들에게 그렇다. 가까운 사람일수록 오랫동안 당신의 행동 전반을 지켜보고 흡수해 왔기 때문에 당신의 정체성에 대해 더 상세한 내부모델을 가지고 있다.

우리가 삶에 변화를 일으키기로 결심할 때, 다른 사람들에게 이 아이디어를 제시하면 그들이 이미 확립한 당신에 대한 모델과 충돌이 발생할 수 있다. 당신과 상호작용하고 당신의 행동에 대해 예측할 수 있다고 인지하던 능력은 위협을 받는다. 당신이 변화하면 당신에 대해 연상하던 바도 변화하게 되고, 그들의 세계에 맞춰져 있던 방식은 절충될 수 있다. 그리고 사람들은 저마다 다양한 수준의 저항을 내보인다. 한 연구에 따르면 연인 관계에서 상대방이 변했던 시기를 떠올려 보게 했을 때, 자기개념 명확성self-concept clarity 이 낮은 사람이 이런 상황에서 가장 큰 저항을 보이는 것으로 나타났다.[8] 자기개념 명확성이 낮다는 것은 자신에 대해 일관성이 없거나 모순되는 신념을 가졌기 때문에 자기가 누구인지에 대한 일관성이 부족한 상태를 나타낸다. 설문조사를 통해 확인된 이 사람들은 파트너의 변화에 더 많은 어려움을 겪었으며, 자신 또한 변화해야 한다고 느끼면서 파트너에게 크게 지지를 보내지 못했다. 이 연구는 변화에 직면했을 때, 다른 사람들의 반발이 변화 자체를 신뢰하지 못해서가 아니라, 그들 자신의 변화에 대한 저항에서 비롯되었을 가능성이 있음을 시사한다.

가까운 친구들, 가족, 동료들로부터의 반발을 절대적인 진리로 받아들이지 않는 것이 중요하지만, 지지와 피드백은 여전히 목표를 추구하는 데 있어서 매우 유용하다. 피드백을 통해서 상황이 어떻게 흘러가고, 다음에는 어떤 선택을 해야 하는지 인식할 수 있다. 한 연구에 따르면, 연인 관계에서 상대방의 성장을 지지하는 피드백을 주고받았을 때 장기적인 관계가 더욱 강화되었다.[9] 시험 상황에서 평가자가 주는 긍정적인 피드백은 자기 신념을 강화해 주었고, 부정적인 피드백은 자기 평가를 향상시켰다.[10] 실험적인 환경에서 가장 효과적인 형태의 피드백은 손실의 관점에서 구성되었으며, 실험에 참여한 다른 사람들이 작업을 어떻게 수행했는지에 대한 정보는 포함되지 않았다.[11]

목표를 추구할 때 객관적인 피드백과 지지를 제공하는 공동체가 있다면 도움이 된다. 건강과 관련한 한 연구에서는, 친구들과 함께 운동하는 사람들이 혼자 운동하는 사람들보다 운동 프로그램을 이수하는 비율이 더 높은 것으로 나타났다(각각 95퍼센트와 76퍼센트).[12] 비슷한 집단에 속한 다른 사람들에게 목표에 관해 이야기하는 것은 목표를 더욱 열망하게 만들고,[13] 비슷한 진로를 당신보다 더 앞서 걷고 있는 사람에게 목표에 관해 이야기하면 목표를 달성할 가능성이 더 커진다.[14] 또한 사람들이 보내는 응원의 행위에만 초점을 맞출 때보다 당신에게 도움과 지지를 보내는 이유(이들은 당신을 아끼고 당신이 성공하기를 원함)를 떠올릴 때, 목표를 향해 더 열심히 노력하게 된다는 사실이 밝혀졌다.[15] 주변에 지지하는 사람들을 둔다는 것은 비슷한 목표를 가진 사람들과 경쟁한다는 의미가 아니라(한 연구에서 경쟁이 발전을 저해한다는 사실을 밝혀냈다. 다른 사람들을 '이기는 것'으로 초점이 옮겨갔기 때문이다[16]), 당신의 노력을 응원해 주는 이해심 깊은 사람들을 곁에 둔다는 것이다. 우리는 선사시대 조상의 진화 이래로 생존을 위해 타인에게 의존해 온 사회적 동물로서, 위기에 처했을 때 이를 극복할 수 있도록 도와주는 사람들의 지원 체계를 갖추면 행복감이 향상되고, 이는 계속해서 전진하는 데 도움이 된다.

실전에 적용하기

환경과 다른 사람들로부터의 반발을 예상하는 것은 성공을 위해 준비할 때 도움이 되는 유용한 정보다. 이러한 신호가 기존에 형성된 패턴에서 나오는 것임을 이해하고, 낯선 것을 피하는 것은 이를 멈추라는 신호로 받아들이지 않게 해준다.

공간을 읽어라

새로운 행동이나 활동을 루틴에 포함시킬 때, 당신이 있는 공간에서 이전에 무슨 일이 있었는지 생각해 보자. 어쩌면 과거에 스무 번쯤 빼먹었던 헬스장에서 새로운 피트니스 프로그램을 시작하려고 한다거나, 사람들과 함께 어울려 시간을 보냈던 부엌에서 창의적인 프로젝트를 시작하려는 중일 수도 있다. 당신의 공간은 무엇과 관련되어 있는가?

이 폭로는 환경을 완전히 바꾸게 하려는 것이 아니다. 어떤 경우에는 불가능할 수도 있으니까(휴우, 제가 글로벌 팬데믹 동안 침실에서 박사논문을 썼거든요). 그보다는 당신이 그 공간에서 새로운 활동을 시작할 때 마찰이 생길 수 있는 몇 가지 이유를 인식하게 하려는 것이다. 완전히 새로 시작하고 싶고 그게 가능하다면, 환경을 바꿔볼 수 있다. 예를 들어, 과거에 포기했던 경험과 연관 지을 수 없는 새로운 헬스장으로 옮기거나, 업무 전용으로 지정된 다른 방으로 책상을 옮길 수 있다. 그러나 지금 있는 곳에 계속 머무르는 상황에서도, 새로운 활동을 더욱 흥미롭게 만들기 위해 환경을 변경하거나 조정하는 것이 가능하다.

준비하기

연관성을 염두에 두고 새로운 활동을 촉진하기 위해 환경을 바꾸는 일은 행동을 가로막는 방해 요소를 줄이는 데 도움이 된다. TIPPME 체계의 개입은 아직 이론적인 수준이지만, 환경을 개선하여 작업을 수행하기 쉽게 만들 수 있는지 확인해 볼 수 있다.

침실에서 논문을 쓰는 내 모습을 예로 들어보자. 침실은 내가 긴장을 풀고 휴식을 취하는 공간이다. 글쓰기를 더 쉽게 만들기 위해 내가 시도할 수 있는 여섯 가지 개입은 다음과 같다.

개입	개입의 실행
접근 가능성	작업하기 전날 밤에 미리 컴퓨터 화면에 논문을 띄워 놓는다.
위치	책상에 앉았을 때만 논문을 쓴다.
기능성	모든 메모를 체계적으로 정리하여 글을 쓸 때 쉽게 이용할 수 있도록 한다.
진열	글 쓰는 시간임을 나타내기 위해 양초에 불을 붙이고 책상을 깔끔하게 정리한다.
크기	타이머를 사용하여 글쓰기 시간을 쪼갠다.
정보	매일 각종 지시사항이 표시된 스케줄을 보이게 해놓는다.

이 개입들이 모두 유용하지는 않겠지만, 몇 가지 환경 변화로 인해 행동을 수행하기 더 쉬워질 수 있다. 여러 가지 선택지들을 시도해 보고, 주어진 작업에 가장 적합한 방법이 무엇인지 찾아보자.

서서히 익숙해지게 하자

우리가 우리의 원대한 계획에 관해 이야기하고 나서 가장 가까운 사람들로부터 반발을 경험하게 되는 이유는 너무 많은 것을 성급하게 기대하기 때문이다. 만약 당신의 목표가 현재의 자신과 다소 거리가 있다면, 사랑하는 사람들에게 이 이야기를 했을 때 당신에 대한 그들의 모델이 뒤흔들리면서, 이 잠재적인 변화에 대한 저항을 일으킬 수 있다. 새로운 음식, 새로운 음악, 새로운 장소 등 익숙지 않은 모든 것과 마찬가지로, 약간의 정보나 친숙한 요소로 사람들을 서서히 익숙해지게 하자. 그러면 주변 사람들이 당신의 새로운 도전에 적응하는 데 도움이 될 것이다.

가장 가까운 사람들을 중심으로 조금씩 다르게 행동하고, 새로운 라이프스타일의 단면을 드러낸다면, 당신이 누구인지, 그리고 어떻게 행동하는지에 대한 그들의 모델은 무의식적으로 업데이트된다. 그 결과, 새로운 행동에 대한 저항이 줄어든다.

예를 들어, 채식 위주로 식단을 바꾸려는 목표를 세웠지만, 가족 모두 육식을 한다고 가정해 보자. 가족들과 함께할 때, 이들이 당신의 새로운 식단에 익숙해지도록 워밍업을 도와줄 몇 가지 단계가 있다.

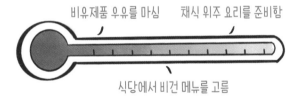

온도계를 사용해, 사랑하는 사람들이 장기적인 목표에 익숙해지도록 도와줄 작고 점진적인 행동을 생각해 보자.

7장에서 수립한 경험 및 기술과 일치할 수도 있다. 혹은 당신이 실제로 있는 지점보다 몇 단계 뒤에 있는 의식적인 행동, 즉 최근에 도달한 이정표나 달성한 작은 목표에 관해 이야기를 나누면서 당신의 새로운 면에 조금씩 적응하게 해주자.

저항을 재평가하라

다른 사람들의 저항에 직면했을 때, 이는 그들이 변화를 원하지 않거나 당신이 실망할까 봐 보호해 주고 싶은 마음에서 비롯된 것임을 인식한다면 반발에 대처하는 데 도움이 된다. 다른 사람들이 (마치 이 새로운 도전이 악영향을 주거나 유해하다는 듯이) 하는 우려 중 일부는 타당하지만, 당신이 정말로 목표에 대해 심사숙고했다면 그런 일은 아마 일어나지 않을 것이다. 만약 친구나 가족이 당신의 계획에 걱정을 내비치면, 스스로에게 이렇게 말해보자.

- 그들의 반응은 자신의 변화에 대한 두려움을 반영하는 거야.
- 그들의 우려는 자신에게 미칠 영향을 걱정하기 때문에 나온 거야.
- 이 질문은 그들이 내가 실망하는 걸 원하지 않기 때문에 한 거야.

또한 5장에서 언급한 '왜'라는 관점에서 당신의 목표를 다른 사람들에게 이야기해 줄 수 있다. 당신이 변화를 원하는 이유와 그 목표가 당신의 삶에 어떤 긍정적인 영향을 줄 것인지 강조한다면 대화를 더 쉽게 끌어갈 수 있을 것이다.

이 모든 것에 주의해야 할 사항이 있다. 만약 누군가가 당신을 정말로 지지하지 않고 제자리에 주저앉히려 한다면, 그들에게는 계획을 알리지 말자. 당신의 삶에 대한 타인의 의견이 당신이 원하는 바에 영향을 미쳐서는 안 된다. 계획을 이행하고, 당신이 이뤄낸 발전을 통해 그 사람들이 틀렸다는 것을 증명하자.

내 편을 찾아라

비슷한 목표를 추구하거나 같은 분야에 관심이 있는 사람들을 찾는 일은 조언과 지지를 얻고, 친구를 사귀고, 다른 사람들을 돕기에 훌륭한 방법이다. 다음은 이들을 찾기 위한 몇 가지 아이디어다.

지역 모임   온라인 커뮤니티   그룹수업

원대한 계획을 세세한 부분까지 공유하는 것과는 거리가 멀지만, 당신이 의구심이 들고 좌절감을 느낄 때 의지할 수 있는 버팀목을 가지는 것도 좋다. 내게는 내 커리어와 관련해서 나보다도

더 나를 믿어주는 친구들이 있다. 이 친구들은 내가 겪는 어려움을 털어놓을 때 이야기를 굉장히 잘 들어준다. 가끔은 조언이나 지침을 받는 것이 아니라, 당신의 말에 귀 기울이고 당신이 지닌 능력을 상기시켜 주는 사람들에게 솔직하게 이야기하는 것이 중요하다.

마무리하며

목표를 향해 노력할 때 우리는 자신에게 너무 많은 부담을 지운다. 스케줄을 짜고, 계획을 실행하고, 반복해서 예정된 장소에 나타나고, 저항에 직면했을 때 자신을 밀어붙인다. 그러나 우리가 쏟는 노력 밖으로 눈을 돌리면, 주변 환경과 주위 사람들이 우리와 우리의 의지 사이에 보이지 않는 장벽을 세울 수 있음을 알게 된다. 목표를 좇을 때 마주하게 되는 수많은 기득권층과 사회가 지닌 제도적인 장벽에 대해서는 말할 것도 없다. 특히나 소수 집단의 경우, 결함을 지닌 기존의 프로토콜로 인해 성공에 대한 주도권이 현저하게 줄어들었다.

특정 환경에 대해 갖고 있는 개인적인 연상을 고려하고, 이를 조정하거나 변경하면 마찰은 줄어든다. 그리고 목표에 대한 논의가 반발에 부딪힐 때, 이를 상대방이 변화를 거부하는 것이라고 재평가해서 그 중요성을 없애버리자. 작은 행동으로 사람들이 당신의 계획에 서서히 익숙해지게 만들거나 목표를 신성시하자. 이 방식이 당신 삶의 새로운 측면에 사람들이 익숙해지도록 만들어 줄 것이다. 그리고 당신의 목표를 이해해 주는 공동체와 당신의 노력을 지지해 줄 사람들을 찾는다면, 포기하고 싶을 때 계속해서 나아가게 도와줄 응원단이 될 것이다.

16장

휴식으로
재충전하라

목표를 달성하기 위해서는 잠시도 쉴 수 없다는 이미지가 강하다.
우리는 근무 시간을 최대한 활용하는 것을 우선시하고, 여분의 시
간을 어떻게 활용해서 앞으로 나아갈지 고민하며, 끊임없이 '갈리
면서' 일을 완수해야 한다는 압박감을 느낀다. 그러다가 짧은 휴식
시간을 가지거나 쉴 때면 죄책감을 느끼곤 한다. 그러나 발전하기
위해서 회복은 필수적이다.

업무에서 벗어나 일하지 않고 보내는 '오프라인' 시간은 인간
의 두뇌가 정상적으로 작동하는 데 매우 중요하다. 수면부터 놀이,
쉬는 시간까지, 휴식은 뇌세포 활동을 바꿔주고, 에너지 수준을 높

여준다. 또한 생산성을 높이고, 창의성을 강화하며, 기억력을 향상시킨다. 목표를 추구하는 과정에서 노력을 지속하려면 행동만큼이나 휴식도 중시해야 한다. 그래야만 신체적·정신적 에너지 공급원이 보충되어 장기적인 발전을 도모할 수 있다.

휴식을 취하는 것과 관련한 문제점은 크게 두 가지가 있다. 우리는 휴식을 무시하고, 충분히 휴식하지 않거나 비효율적으로 휴식을 취한다. 핸드폰 속에 펼쳐지는 무한한 오락의 세계와 함께, 쉬는 시간 대부분은 스크린을 보는 시간으로 채워진다. 스크롤링하고, 확인하고, 스트리밍을 하거나 영상을 본다. 전자기기는 손쉽게 사용할 수 있으며, 영상이나 영화를 보는 것과 같은 즐거움은 우리가 일에 신경 쓰지 않게 해준다. 따라서 무심코 자극적인 것들을 보며 아무 생각 없이 저녁 시간을 낭비할 수 있다. 어떤 사람들은 TV를 크게 틀어놓고 소파에 앉아, 손에 핸드폰을 쥐고 간식을 먹는 것을 '휴식'으로 여기곤 한다. 물론 그 순간에는 기분이 좋을지 몰라도, 이 활동들의 조합은 종종 스트레스 증가와 수면 부족, 그리고 더 큰 무기력으로 이어진다.

우리는 휴식과의 관계를 재정립해야 한다. 당신에게 실제로 필요한 진정한 회복을 제공하는 활동에 시간을 내야 한다. 그러면 기분이 더 나아지고, 목표에 더 많은 관심과 집중, 에너지를 쏟을 수 있다. 휴식은 고래 음악을 들으며 스파에 누워 있는 것만을 의미하지 않는다. 몸을 움직이고, 자연으로 나가고, 친구들과 어울리고, 문제를 해결하는 일은 모두 에너지를 재충전하는 활동이 될 수 있다. 당신의 뇌에 필요한 여유를 주기 위해 의도적으로 휴식을 취하자. 이는 당신 자신과 주변 사람들을 위해, 그리고 목표를 실현하기 위해 할 수 있는 가장 중요한 일 중 하나다.

✳ ✳ ✳

허슬문화hustle culture*는 휴식을 나약한 것으로 낙인찍었다. '잠은 죽어서 자면 된다' 식의 사고방식은 여러 산업에 스며들었고, 재택근무가 더욱 발전하면서 '항시 근무 태세'를 갖추기가 쉬워졌다. 이 상태에서 16시간 동안 깨어 있다는 것은 960분 동안 계속 성과를 내놓으며, 계속해서 일정한 속도로 작업을 이어나간다는 의미다. 휴식을 취하는 것은 나태한 것으로 여겨지고, 휴식을 취하려는 모든 시도에는 지속적인 죄책감이 뒤따른다. 얼마나 피로한지와는 상관없이, 언제나 밀어붙이고 계속 갈려 나가는 방식이 존재했다.

'항시 근무 태세' 사고방식에서 오는 문제는 이것이 우리의 생리와 맞지 않다는 것이다. 우리는 항상 일하도록 진화하지 않았다. 실제로 우리는 완전히 꺼진 상태로 있는 일정 시간대가 발달했다. 매일 우리는 거의 무의식 상태로 5~11시간을 보낸다. 수면은 우리를 환경에 취약하게 만들지만, 그럼에도 의도적으로 쉬는 휴

---

* '허슬 문화'란 개인 생활보다 업무와 회사를 우선시하는 문화를 말한다.

식 전용 기간은 모든 생물종에 걸쳐 거의 보편적인 과정으로 여겨진다. 과학은 아직 우리가 잠을 자는 정확한 이유를 밝혀내지 못했지만, 수면은 건강과 효과적인 기능을 위해 필수적이라고 알려져 있다. 하룻밤이라도 잠을 건너뛰면 반응 속도가 급격히 느려지고, 기분이 요동치며, 불안감이 커진다. 그리고 수면 부족이 장기간 지속되면 당뇨병, 심장병, 치매의 위험도 증가한다. 우리는 24시간 주기 안에서 무의식 모드로 전환되도록 설계되었다.

잠은 우리가 하루 중에 누릴 수 있는 유일한 휴식이 아니다. 우리의 주의력 수준은 깨어 있는 시간 동안 최고점과 최저점을 오가며, 이는 우리가 자연스럽게 휴식을 취해야 하는 시간을 나타내기도 한다. 그러나 이제 우리는 이러한 내부적인 휴식 신호를 대부분 무시한다. 책임과 스케줄이 우리의 통제 밖에 있기 때문이다. 수업 시간이 정해진 학교 또는 대학교에 다니고 있거나, 교대근무를 하거나, 아침 9시부터 저녁 5시까지 직장에서 근무하는 등 우리의 시간은 다른 명분을 위해 전적으로 사용된다. 그리고 내적으로 속도를 늦추라는 지시를 받을 때도 우리는 계속 '온라인' 상태를 유지한다. 현재 근무 스케줄은 산업혁명의 산물로, 산업혁명 당시에는 공장 라인에서 보내는 시간이 곧 기술적으로 생산된 제품의 수였다. '시간=생산량'이라는 선형적인 관계가 좀 더 창의적이고 인지적 요구가 많은 작업으로 전환되면서 스케줄은 우리가 생각하는 것만큼 우리에게 적합하지 않다.

안타깝게도, 우리 대다수는 이상적인 휴식 시간에 맞춰 스케

줄을 변경할 수 없다. 하지만 우리의 목표에 관한 한, 일하는 시간
과 휴식 시간 사이에서 균형을 맞추기 위해 노력할 수 있다. 재충
전을 위한 짧은 휴식이든 일에서 벗어나 장기간 주어진 휴식이든,
목표와 관련된 활동에서 시간을 떼어내는 것은 일을 완수하기 위
해 복귀했을 때 우리의 능력을 향상시켜주고 번아웃을 막아준다.
번아웃은 스트레스가 장기간 지속될 때 발생하며, 완전한 탈진으
로 이어져 며칠, 심지어 몇 주 동안 아무것도 하지 못하게 될 수 있
다. 살다 보면 마감 기한이나 기타 업무로 인해 자신의 한계를 넘
어 밀어 붙여야 하는 시기가 있다. 하지만 휴식을 고정된 루틴으로
만들면 장기적으로 생산성이 더 높아진다.

　번아웃은 슬프게도 내 친구다. 나는 너무 많은 일을 떠맡은
것에 대해 큰 죄책감을 느낀다. 나는 프로젝트에 참여하고 한껏 창
의력을 발휘하는 것을 좋아하기 때문에 일을 하지 않을 때에도 다
른 창의적인 시도를 하면서 시간을 보내는 것을 좋아한다. 균형을
잃지 않고 일할 때는 괜찮지만, 가끔은 도가 지나쳐서 밤낮을 가리
지 않고 일하는 경우가 많다. 다행인 건 밤을 새우지 못하는 체질
이라서, 밤 9시쯤 되면 눈을 뜨고 있는 게 고통스러워진다(대학시
절 한번 밤샘을 시도해 봤지만, 솔직히 내 인생에서 그때가 신체적으로나
정신적으로 가장 최악이었다). 내 몸은 하루에 7~8시간 정도 충분히
자야만 한다. 하지만 깨어 있는 동안 이 시간을 어리석게 사용하기
도 한다. 잠에서 깨어 있는 16시간 중에서, 약 13시간 동안 일을
했던 적도 있다. 그리고 일하지 않을 때는 일에 관해 생각하거나

일을 하지 않아서 죄책감을 느꼈다. 여가 시간에는 해야 할 일들에 신경을 끄기 위해 TV에 푹 빠지거나 핸드폰을 가지고 노는 등 즉각적으로 만족을 주는 일을 하면서 시간을 보내곤 했다. 이 시기 동안 나는 창의적인 작업에 대한 열의가 점점 줄어들었고, 이는 보통 더 많은 '휴식(핸드폰 사용 또는 TV 시리즈 정주행)'으로 이어졌으며, 결과적으로 덜 일하고 더 많은 죄책감을 느끼게 되었다. 캘린더에 휴식 시간을 눈에 보이게끔 표시하고 나서야 나는 이 시간을 업무만큼 진지하게 여기기 시작했다. 휴식 시간 동안, 나는 무엇이 나에게 가장 상쾌한 기분을 주는지 알아보기 위해 매우 다양한 활동들을 시도했다. 내 경우에는 산책, 빨래 개기, 운동, 요리 등이 가장 좋은 휴식 방법임을 깨달았다. 휴식을 업무와 마찬가지로 중요하고 타협할 수 없는 일처럼 대하면서 프로젝트는 빠른 속도로 진전되었고, 나는 일을 더 즐기게 되었다. 그리고 삶에서 중요한 균형감각을 찾게 됐다.

과학적 근거

뇌 활동은 우리가 깨어 있을 때와 잠잘 때 서로 다르다. 우리의 두뇌를 팬들로 가득 찬 축구 경기장과 같다고 생각한다면, 우리가 깨어 있는 시간은 관중들이 서로 수다를 떨 때다. 즉, 개인적으로 나누는 작은 대화들이 모여 전체적으로 큰 소음을 만들어 낸다.

우리가 깨어 있을 때 뇌의 여러 부위에 있는 뉴런들은 신호를 주고받으면서, 들어오는 정보를 처리해서 우리가 세상을 탐색하고 해석할 수 있도록 도와준다.

우리가 잠들면, 뇌 활동에는 커다란 변화가 생긴다. 다양한 신호들의 시끄러운 소음 대신, 수면 중에는 대부분의 시간 동안 동기화된 활동이 우세한다. 마치 이 상태는 경기가 진행되는 동안 축구 팬들이 한목소리로 응원하는 것과 같다. 더 정확하게 말하자면, 팬들이 기립해서 경기장을 따라 한 바퀴 파도타기를 하는 것과 같다. 동기화된 활동은 뇌의 한 영역에서 시작되어 파동과 같은 패턴으로 다른 영역으로 움직인다. 비록 잠에서 깨어날 때쯤 증가하는 시끄러운 수다도 있지만(이때가 우리가 많은 꿈을 꾸는 시기로 추정된다),

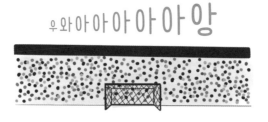

사실상 이 뇌세포 활동의 통일된 파동이 잠자는 뇌를 구별하는 중요한 요소다.

수면 중에 경험하는 동기화된 파동은 더 빠른 '알파'파부터 크고 느린 '델타'파까지 속도가 다양할 수 있다. 이 파동들은 우리가 오프라인 상태일 때 생겨나기 때문에, 인간으로부터 파동의 정확한 기능을 측정하기는 어렵다. 그러나 수면 중에 나타나는 느린 파동(서파)은 기억을 통합하고 재구성하는 데 중요하다고 여겨지며,[1] 이 유형의 뇌 활동은 수면 전 작업에서 학습하는 데 사용되는 부위에서 증가하는 것으로 밝혀졌다.[2] 또한 한 연구에서 전기 자극을 이용해 느린 파동을 증가시키자 사람들의 기억력이 향상됐다.[3] 또 다른 실험설정에서는 서파수면slow-wave sleep을 의도적으로 방해하자 운동과 지각 과제에서 사람들의 수행 능력이 저하된 것으로 나타났다.[4]

서파수면의 기간은 나이가 들수록 감소하며, 특히 치매를 유발하는 진행성 질환인 알츠하이머 질환에서 더 크게 방해받는 것으로 밝혀졌다.[5] 알츠하이머 질환을 앓는 사람들은 뇌에 '불량' 단백질이 쌓이는 것을 경험한다. 알츠하이머 질환의 일부 특성을 보유한 쥐에게서 서파수면이 방해될 때 '불량' 단백질이 점점 더 늘어났는데, 이는 서파수면이 불필요한 단백질을 제거하는 데 중요하고 최적의 기능을 촉진하는 역할을 한다는 사실을 시사한다.[6] 서파 뇌 활동의 중요성을 더 구체적으로 다룬 연구는 더 일반적인 정보들을 보완하는데, 수면 부족은 깨어 있는 동안 뇌 활동을 감소

불필요한 폐기물 처리

생산성 저하

미세수면의 증가

시키고, 인지기능을 손상시키며, 생산성을 떨어뜨리고, '행동적 미세수면behavioural microsleeps'을 증가시키는 것으로 나타났다.[7] 행동적 미세수면이란 피로로 인해 작업을 수행하는 동안 아무런 반응이 없는 기간을 의미한다. 적절한 수면 시간이 깨어 있는 동안의 수행 능력을 최적화한다는 것이 중론이다.

　수면 시간 이외에도, 인간의 뇌는 낮 동안 휴식을 취하면서 활동을 바꾸기도 한다. 우리가 '아무것도 하지 않을 때'에도, 인간의 뇌는 여전히 활동 중이다. 내정상태 회로는 우리가 휴식하거나 지루해할 때 활성화되는 것으로 밝혀졌다. 이 휴지기 활동에 지장이 생기는 것은 인지 기능 저하, 노화, 그리고 질병과 연관되었다.[8] 게다가 개인이 내정상태 회로에 얼마나 빨리 관여하는지는 예측 가능한 환경에서 신속하고 자동화된 결정을 내리는 것과 상관관계가 있었으며[9], 창의적인 아이디어를 생각해 내는 것과 연관된 것으로 보인다.[10] 이 뇌 연결망에서의 활동은 본래 자아 성찰과 미래 계획과 연관되었지만, 최근에는 더 나아가 내정상태 회로가 사건이 전개될 때 현재의 지식과 과거의 경험에서 나온 맥락을 새로운 상황에 적용함으로써 상황을 이해하는 데 매우 중요한 역할을 하는 것으로 여겨진다.[11] 이 뇌 연결망이 주로 휴식을 취할 때 활성화되는 것으로 보이는 만큼, 뇌의 건강한 기능을 위해 다운타임*을 확보하는 것이 중요하다.

휴식에 관해 이야기하자면, 하루 동안 잠시 일을 멈추고 쉬는 시간을 갖는 것은 생산성을 높여주고[12] 스트레스를 줄여주는 것으로 나타났다.[13] 짧은 대화를 나누거나, 운동을 하거나, 심지어 짧은 낮잠을 자는 등의 휴식 시간은 에너지를 회복하고 일을 더 잘할 수 있게 해준다. 한 테크 기업의 경우, 가장 생산성 높은 직원들이 평균적으로 52분 동안 일한 후 17분 동안 작업에서 완전히 분리된 휴식 시간을 가진다는 자기 보고가 있었다.[14] 자리에서 일어나거나 걸어 다니는 것이 이러한 짧은 휴식 시간을 최대한 활용하여 업무로부터 완전히 탈피하는 방법으로 제안되었다(이 데이터는 동료심사를 거치지 않았으므로, 이 수치와 개입이 이와 같은 설정에서 벗어났을 때 얼마나 효과적인지는 알 수 없다). 많은 대기업이 휴식의 중요성을 인식하고 사무실에 게임룸이나 낮잠 공간을 두거나, 직원들이 가장 편안한 시간에 일할 수 있도록 유연근무제를 허용하고 있다. 연구에 따르면 표준 근무시간인 오전 9시부터 오후 5시까지 일하는 동안 자칭 '올빼미족(늦게 자고 늦게 일어나는 사람)'이 '얼리버드(일

---

* 아무것도 하지 않거나 공상하면서 멍하게 있는 시간을 말한다.

찍 자고 일찍 일어나는 사람)'에 비해 수행 능력이 저하될 수 있다는 주장이 제기되었다. 또한 한 소규모 연구에서는 근무 시간 동안 이 두 집단을 비교했을 때, 올빼미족이 얼리버드에 비해 내정상태 회로의 연결성이 저하됐다는 사실에 주목했다.[15] 사람들의 라이프스타일과 수면 선호시간을 고려해 유연한 근무 시간을 가질수록, 개인들은 직장에서 더 최적의 성과를 내고 행복감이 향상되는 것으로 보인다(그러나 이것이 모든 직업에 일괄적으로 적용되는지 여부는 또 다른 문제다).

일에서 벗어나 긴장을 이완해 주는 다운타임을 최대한 가지는 것이 중요하다. 산책, 야외 활동, 또는 그저 자연을 바라보는 것과 같은 활동은 몸을 편안하게 만드는 긍정적인 효과가 있다. 운동역시 뇌 혈류를 촉진하고 스트레스 수준을 낮춰주므로 유익하다.[16] 현재에 집중하는 마음챙김 명상은 감정조절 능력을 강화해 주고 스트레스를 완화해 주는 것으로 나타났다.[17] 또 다른 마음챙김 활동으로는 청소, 요리, 정원 가꾸기 등이 있는데, (물론 연구를 통해 완전히 탐구되지는 않았지만) 이 역시 긴장을 완화해 주는 것으로 보인다. 눈앞에 놓인 과제에 온전히 집중하는 마음챙김은 내정상태 회로의 과도한 활동을 방지해 주는 것으로 보인다. 우리는 일에서 벗어나 다운타임을 갖기를 원하지만, 과도한 사고는 되새김과 같은 부정적인 상태를 조장할 수 있다. 눈앞의 작업에 완전히 몰두하는 마음챙김 기술을 '행동 활성화behaviour activation'라고 부르며, 현재 주요 우울장애를 겪는 사람들을 위한 치료법으로 시험 중이다.

다양한 활동은 사람마다 각기 다른 의미를 지니며, 활동과의 개인적인 연관성을 생각해 보면 휴식과 이완을 위한 방법을 찾아내는 데 도움이 된다. 책을 읽거나, 음악을 듣거나, 친구들을 만나는 것이 개인적으로 휴식과 관련된 활동일 수 있다. 또 누군가에게는 TV를 보거나 인터넷을 하는 것이 휴식일 수 있다. 전자기기를 사용하는 경우, 어떤 유형의 콘텐츠를 얼마나 오래 볼 것인지 고려하자. TV 프로그램의 경우, 뉴스와 같은 고高 스트레스 프로그램을 보면 현재를 잊을 수 있지만, 어떤 사람들에게는 더 불안감을 주는 것으로 나타났다.[18] 핸드폰을 사용할 경우, 너무 오랫동안 화면을 스크롤하면 극단적인 경우 사이버 멀미[19]로 이어질 수 있다. 온라인에서 너무 많은 시간을 보내면 메스꺼움과 어지러움을 느낄 수 있다고 보고된 바 있다. 다양한 활동에 대한 우리의 개인적인 연관성과 활동 전후로 느끼는 기분을 생각해 보면, 우리가 진정으로 휴식을 취할 수 있는 다운타임 활동을 고르는 데 도움이 된다.

실전에 적용하기

목표를 추구할 때 휴식은 일하는 시간만큼이나 중요하다. 자기 자신을 돌보고 긴장을 풀 수 있는 적절한 휴식 시간을 확보한다면, 지속 가능하고 즐겁게 목표를 추구할 수 있을 것이다. 휴식을 일만큼 중요하게 여기면, 이를 일상적인 루틴으로 굳히고 자기 자신을 위한 시간을 소홀히 할 가능성이 줄어든다.

서서히 긴장을 풀고, 서서히 준비하라

수면이 우리의 건강과 생산성에 중요한 이유는 셀 수 없이 많다. 따라서 수면 준비를 완벽하게 해놓으면, 가장 매끄러운 방식으로 꿈나라로 여행할 수 있다. 매일 밤 서서히 긴장을 풀어주는 단계적 휴식 루틴을 만들고 잠들기 전에 이를 실행하면, 안정을 찾는 데 도움이 된다. 또한 반복을 통해 취침 시간을 알리는 신호 역할도 할 수 있다.

내가 나만의 단계적 휴식 루틴을 설정한 방법은 내가 편안하고 즐겁다고 느끼는 것들을 떠올리고, 매일 밤 9시부터 이 일을 시작하는 것이었다. 우선, 매일 아침 3개의 저녁 알람을 설정했다. 단계적 휴식을 시작하고 싶은 시간으로부터 30분 전과 15분 전에 울리는 알람을 맞춰서 잠잘 시간이 다가온다는 것을 알 수 있게 했다. 그리고 마지막 알람은 잠자리에 들 준비를 시작하는 시간에 울리게 했다. 현재의 내 루틴은 침실에 있는 작은 램프를 켜고, 페퍼민트 차를 끓인 뒤 차분한 일상대화가 오가는 팟캐스트를 듣는 것이다. 나는 보통 옷을 접어서 정리하고, 그날 꺼내놓은 물건을 깔끔하게 정리한 뒤, 다음 날을 준비하고, 얼굴에 크림을 바르고, 양치질을 한다. 그다음 팟캐스트를 끄고 책 한 권을 집어 이불 속으로 들어간다. 3페이지쯤 읽고 나면 눈이 감기기 시작하고 잠이 든다. 이 루틴을 실천하기 전에는 핸드폰을 몇 시간 동안이나 들여다보면서 쏟아지는 정보를 보느라 잠과 싸웠다. 이제 나는 잠자리에 들기 전에 SNS나 뉴스를 최대한 피하려고 노력하며, 그 덕에 잠들고 싶은 내 몸의 자연스러운 충동을 따를 수 있게 됐다(물론 언제나 성공하는 것은 아니다).

현재 잠자리에 들기 위해 어떤 준비를 하는가? 좀 더 편안하게 만들려면 어떤 부분을 바꿀 수 있을까?

나는 잠에서 깬 후 쉽게 아침을 시작할 수 있도록 단계적 준비 루틴도 가지고 있다(걱정하지 마시라, 스트레스를 주는 루틴은 아니니까). 예전에는 침대에서 핸드폰을 스크롤하며 하루를 시작했지만, 이제는 팟캐스트 알람을 사용해 잠에서 깬다. 설정된 시간에 내가 선택한 팟캐스트를 트는 것이다. 보통은 10분짜리 짧은 에피소드를 고른다. 그러면 알람 소리에 깜짝 놀라 일어나서는 잠을 떨치기 위해 뉴스를 하염없이 스크롤하는 대신, 흥미로운 이야기를 들으며 잠에서 천천히 깨어날 수 있다. 또한 아침에 5분짜리 영상을 제공하는 명상 애플리케이션도 사용하는데, 몸을 일으켜 세우는 동안 그 영상을 보곤 한다. 그리고 아침 차를 끓이기 위해 곧장 주전자로 향한다.

현재 잠에서 깨는 방식을 생각해 보자. 깜짝 놀라는 방식인가, 마음을 진정시키는 방식인가? 어떻게 일어나고 싶은가?

전용 다운타임

14장에서 우리는 하루 중에 더 생산적이라고 느끼는 다양한 시간대가 존재하며, 가능하다면 어떻게 해야 목표지향적인 활동을 하며 이 시간대를 보낼 수 있는지 논했다. 이제 그 반대 상황을 생각해 보자. 기민함이 가장 떨어지는 시간대를 찾아서 휴식에 활용하면, 우리는 꾸준히 다운타임을 확보할 수 있다.

안타깝게도 기민함이 떨어지는 시간대 중 일부는 근무 시간에 포함되어 있어서, 일에서 완전히 벗어나기가 어려울 수 있다. 그러나 스케줄에 조금 더 유연성이 있다면 이 시간 동안 행정업무나 협업 등을 하며 강도 높은 업무로부터 벗어날 수 있다. 점심시간을 옮겨보는 것도 한 방법이다. 나는 가끔 오후 2시쯤에 점심을 먹고, 집중하기 어렵다고 느끼는 시간대에 운동을 하거나 뭔가 창의적인 활동을 한다.

스케줄을 유연하게 조정할 수 있다면, 근무 시간 중 언제 휴식을 배정하는 것이 재충전하는 데 도움이 될까?

유연근무가 선택지에 없을 때는 근무 시간 외에 제대로 휴식을 취하는 것이 더욱 중요하다. 나 같은 경우, 업무 외 시간에 할당된 다운타임을 목표지향적 활동처럼 다룬다.

캘린더에 매일 같은 시간을 다운타임으로 잡아둔다. 이 시간에 내가 하는 일은 계속 바뀌지만(활동에 대한 아이디어가 솟아나니까), 매일 전적으로 다운타임으로 사용할 수 있는 시간이 있음을 알면 이 시간이 다가오고 있다는 것을 알기 때문에 일을 덜 미루게 된다. 그뿐 아니라 다음 날 업무를 위해 신경을 끄고 기분전환을 하는 데에도 도움이 된다. 휴식을 루틴으로 만들려면 이 시간에 꾸준히 나타나 자신에게 이로운 활동을 해야 한다.

잠깐의 휴식

일할 때 우리는 종종 전력을 다해야 한다고 느낀다. 그러나 재충전을 위해 잠깐의 휴식을 취하는 것이 유익할 수 있다. 스케줄에 휴식 시간을 규칙적인 간격으로 넣거나(55분간 '작업'한 후 5분간 '휴식') 주의력이 떨어진다고 느낄 때 휴식을 취하자. 그러면 하루종일 작업을 계속해 나갈 수 있고, 해야 할 일을 완수하는 데 도움이 된다.

몇 초에서 몇 분 사이의 짧은 휴식 시간을 통해 업무로부터 완전히 단절되어야 한다. 누군가에게 이메일을 보내거나 전화를 걸지 말고, 한 걸음 물러나서 새로고침 버튼을 누르자. 휴식 시간에 할 수 있는 일은 현재 자신의 위치(집, 사무실, 다른 시설들)에 따라 달라지지만, 다음과 같은 짧은 단절 활동을 시도해 볼 수 있다.

산책   일광욕   차 끓이기

친구와 수다 떨기   주말 계획 세우기   빨래 개기

저녁 준비   창밖을 내다보기

지루함을 받아들여라

우리는 종종 무슨 수를 써서라도 지루함을 피하려고 하며, 지루한 상태에서 벗어나고 싶어서 애쓴다. 그러나 그저 가만히 앉아서 마음이 떠돌도록 내버려 둘 수 있는 시간을 가진다면, 아이디어가 흘러나올 수 있다. 지루함이나 아무런 자극이 없는 휴식은 내정상태 회로의 활동을 촉진하는 것으로 보이며, 따라서 우리가 뭔가를 심사숙고할 때 돌파구를 제공해 줄 수 있다. 이런 순간들은 그냥 5분 동안 가만히 앉아 있거나, 아무것도 듣지 않고 샤워를 하거나, 음악이나 말동무 없이 산책하는 것일 수 있다. 정말로 아무런 목적이 없는 활동이라면 무엇이든 당신의 생각이 배회할 수 있는 자유를 안겨줄 것이다.

마음이 자유롭게 표류할 수 있도록 하루에 몇 번 지루함의 시간을 갖자.

의도적인 스크롤

우리는 대부분 전자기기를 사용하면서 기쁨을 느낀다. 친구와 연락하는 것이든, 패션의 영감을 얻는 것이든, 콘텐츠를 만드는 것이든, 오락거리를 즐기는 것이든 마찬가지다. 오늘날 핸드폰의 문제점은 우리를 계속 스크롤하게 만든다는 데 있다. 끝없는 피드, 다양한 보상, 그리고 언제든지 흥미로운 일이 일어날 수 있다는 생각으로 인해 우리는 예상보다 훨씬 더 오랫동안 화면을 들여다본다. 이는 진정한 편안함을 주지 못한 채 우리의 다운타임을 갉아먹는다.

핸드폰을 집어 들기 전에 어떤 목적으로 사용할지 의도를 확실히 한다면, 스크롤의 늪에 빠지지 않을 수 있다.

이 일을 하는 데 얼마나 걸릴지 결정하고 타이머를 설정하자. 그러면 당신이 계속 흥미진진한 콘텐츠에 빠져들고 싶은 유혹을 느낄 때 이를 멈추도록 알림이 울릴 것이다. 이와 같은 접근법은 TV를 볼 때도 적용할 수 있다. 무엇을 보고 싶고, 왜 보고 싶으며, 얼마나 오래 보고 싶은가? 사전에 의도를 확실히 정해놓으면, 사용자를 끌어들이려고 만들어진 애플리케이션에 시간을 낭비하지 않고도 전자기기를 즐길 수 있다.

재충전 활동

휴식을 위한 전용 시간을 갖는 것도 중요하지만, 그 시간을 무엇으로 채울지에 대해서도 고민해 봐야 한다. 휴식은 그저 조용한 공간에 앉아서 심호흡하는 것이 아니다(물론 이 또한 선택 사항이다). 스트레스를 줄여주고 휴식 시간에 할 수 있는 또 다른 활동으로는 다음과 같은 예들이 있다.

나 같은 경우 목욕을 하면 엄청나게 재충전이 된다는 것을 깨달았다. 물리적으로 핸드폰을 사용할 수 없기 때문에 일에 대해 생각할 가능성이 줄어든다. 또한 나는 맛있는 저녁 식사를 준비하거나, 친구와 시간을 보내거나, 청소를 하고, 책에 푹 빠지는 것도 즐긴다. 휴식을 위해 할 수 있는 활동들이 다양하기 때문에 휴식 시간은 지루할 틈이 없다.

목욕이나 샤워	청소	요리
친구와의 식사	독서	운동
영화관 가기	명상	퍼즐

마무리하며

우리 자신을 지탱하고 건강한 방식으로 목표를 추구하려면 '신경 *끄기*' 시간을 꾸준히 가져야 한다. 적절한 수면을 취할 수 있게 해줄 루틴을 만든다면 우리가 배운 내용을 효과적으로 통합하고 더 효율적으로 기능할 수 있다. 또한 하루 종일 휴식을 취해 에너지를 회복하고 충분히 쉬어주면, 창의적인 돌파구를 찾을 수 있을 것이다. 타협할 수 없도록 다운타임을 스케줄에 넣자. 그러면 일과 휴식 사이에서 균형을 찾는 데 도움이 될 것이다. 자신을 위한 시간을 갖는 것은 이기적인 일이 아니며, 건강하고 균형 잡힌 삶을 살아가기 위해 필수적이다. 그리고 이 시간을 목표와 관련된 활동만큼이나 중요하게 여긴다면, 다시 행동해야 할 때 활력을 되찾고 상쾌한 상태로 복귀할 수 있을 것이다.

맺는 말

어느 흐린 토요일 오후, 나는 동생이 어린 시절 쓰던 연분홍색 벽으로 둘러싸인 방에서 리버풀 교외의 정원이 내려다보이는 곳에 앉아, 집필을 위해 고군분투하고 있었다. 이 책의 한 장을 쓰는 중이었다. 내 파트너는 곁에서 바닥에 주저앉아 다가오는 시험을 준비하고 있었고, 나는 자연스레 몸을 돌려 그에게 내 좌절감을 표출했다. 나는 지금 쓰고 있는 장章 때문에 좌절감을 느낀다고 한탄했고, 완벽한 '나는 실패하고 싶지 않아' 독백으로 이어졌다. 그는 내 파국화에 귀를 기울이다가 마침내 이렇게 대답했다. "우리가 실패를 바라보는 방식이 잘못됐어, 우리는 적극적으로 실패하고 또 실패하도록 장려해야 해. 왜냐하면 실패야말로 우리가 실제로 발전할 수 있는 방법이거든."

이 말을 듣자마자 나는 실패에 관해 이야기하며 이 책을 끝내야 한다는 것을 깨달았다. 이는 목표 추구에 관한 책으로서 모순적으로 보일 수 있음을 인정한다. 우리는 어떻게든 실패를 피하려고 애쓴다. 우리는 어떤 것에 전력을 다했는데 성취하지 못하거나 아이디어를 세상에 내놓았다가 실패작이 되는 모습을 보고 싶지 않아 한다. 그 대신 우리는 우리의 꿈을 고이 묻어두었다가 모든 것이 준비되고 '실패 방지' 상태가 되는 완벽한 순간이 올 때까지 기다렸다가 행동에 옮긴다. 그러나 그런 완벽한 순간은 절대 나타나지 않는다. 우리는 앉아서 기다리고, 또 기다린다. 우리의 목표는 실현하기 위한 냉혹한 현실로부터 계속 보호받는다.

우리가 원하는 대로 행동하지 않는 시간이 길어질수록 두려움이 커지고 동기가 줄어들 뿐 아니라, 다른 무언가가 점점 커진다. 바로 잠재력이다.

잠재력이 있다는 말은 칭찬이다. 그것이 현재의 기술들을 보고 미래의 결과를 예측하는 것이든, 당신이 활용하지 않는 재능을 가지고 있음을 인식하는 것이든, 잠재력을 가졌다는 것은 우리를 기분 좋게 만든다. 성공할 수 있는 능력이 우리 안에 있다는 것을 알면 위안이 되고, 어려운 시기에도 계속해서 노력할 수 있다. 그러나 잠재력이 생기면 이를 보호하고 싶은 욕구도 커진다. '타고난 재능이 있다'고 널리 인정받았지만, 일이 잘 풀리지 않을 때 꿈을 꾸는 능력은 빛을 잃고 만다. '만약에'라는 상상의 시나리오는 갈기갈기 찢긴다. 사람들이 '내가 원했더라면 최고의 *직업명*이 되었을 텐데'라고 말하는 것을 자주 듣곤 한다. 이들은 자신의 잠재력을 보호했기 때문에 여전히 자신들에게 무엇이 가능했었는지에 대해 말하며 현실도피를 한다. 의도적이든, 아니면 통제할 수 없는 상황 때문이었든, 목표를 좇고 있던 그들의 앞길을 무언가가 방해했을 것이다. 그리고 아직 개발되지 않은 재능들로 채워진 공간에서 살아가는 것이 더 기분 좋게 느껴질 수 있다. 당신이 최고의 인재가 될 수 있는 능력이 있음을 알고 있으며, 언제든 원할 때마다 이 대안적인 시나리오에 빠져들 수 있기 때문이다. 하지만 개인적으로, 나는 당신이 원하는 곳에 도달하지 못하게 가로막는 가장 큰 장벽이 바로 잠재력인 이유가 여기에 있다고 믿는다.

목표를 향해 노력할 때 좋은 기회를 잡으려면 잠재력은 잊고 실패를 장려해야 한다. 자신에게 제대로 시도해 볼 기회를 주고, '잘 풀리지 않으면' 조정해서 방향을 다시 잡자. 전략을 바꾸고 다시 한번 시도해 보자. 과거에 있었던 일로부터 교훈을 얻고, 이를 다음번에 적용해 보자. 당신이 존경하고 선망하는 모든 사람은 실패를 과정의 일부로 받아들였기에 현재의 위치에 오를 수 있었다. 실패는 당신이 특별히 애쓰고 있다는 신호이므로 새로운 노력을 시도할 때 실패를 예상하자. 실패에 부딪히고 이를 즐기자. 더 많은 기회를 자신에게 안겨줄수록, '만약'이 아닌 언제 당신이 있고 싶은 자리에 도달할 수 있게 되는지를 보여주는 사례가 된다. 기회가 늘어난다는 것은 원하는 결과를 얻지 못하는 경험을 하게 될 가능성이 높다는 의미다. 그러나 그만큼 성공의 가능성도 커진다.

잠재력은 실패로 상처받을 수 있다. 실패는 우리가 믿을 만큼

'훌륭'하거나 '재능 있는' 사람이 아닐 수도 있다는 신호로 해석하기 쉽다. 그래서 잠재력을 가방에 넣어 두고 집 한구석에 처박아둔다. 우리는 수시로 가방을 들여다보며 우리의 능력에 대한 믿음을 연료로 삼아 앞으로 나아갈 수 있다. 그러나 매일매일 그 가방을 잊어라. 한 걸음씩 나아가고, 다음의 올바른 단계를 밟고, 우리 마음이 만들어낸 이상적인 기준과 비교하는 대신 노력에 비춰 자신을 평가하는 데 초점을 맞추자.

실패는 회복탄력성을 만들어주기도 한다. 실패를 피하려고 하면, 결국 실패에 부딪혔을 때 마치 수백 톤의 벽돌처럼 당신을 무겁게 짓누를 것이다. 회복하고, 복귀하고, 다시 시도하려면 시간이 걸린다. 그리고 실패가 남긴 두려움을 완전히 떨쳐버리기 어려울지도 모른다. 그러나 실패를 예상해야 할 대상으로 받아들이고 자신을 안전지대 바깥으로 밀어내고 있다는 신호로 보면, 그로 인해 큰 충격을 받지 않을 것이다. 당신은 재빨리 적응하고 회복할 수 있으므로 다시 시도하는 것을 덜 두려워하게 된다. 더 이상 좌절은 당신을 좌절하게 만들 수 없고, 대신 다음 노력을 향해 나아갈 원동력이 된다. 실패에 대한 내성을 키우자. 무엇이 효과가 있고 무엇이 효과가 없는지를 배우려고 노력하면 스스로 예상했던 한계를 뛰어넘어 훨씬 더 가볍게 '실패'를 극복하게 될 것이다.

또한 목표를 향해 나아가는 여정 전반에 걸쳐 즐거움을 찾는 것도 중요하다. 매 순간을 사랑해야 한다는 말이 아니다. 오히려 험난하고 힘든 순간이 많을 것이다. 하지만 전반적으로 당신이 노력하고 있는 일에 대해 좋은 기분을 느껴야 한다. 그리고 당신의 가장 중요한 목표가 당신이 진정으로 믿거나 유익한 변화를 가져올 것임을 알고 있는 목적에 부합한다면, 그게 사실일 것이다. 정직하게 행동하고, 특정 행동이 당신에게 어떤 느낌을 주는지 귀를 기울이는 것은 당신이 만족하는 방향으로 계속 나아가는 데 도움이 될 것이다. 당신이 쏟는 노력에서 즐거움을 찾아보자. 창조하고 실행하는 과정을 즐기자. 열심히 일하는 순간에서 즐거움을 찾자. 목표를 달성하면 기분이 좋아지겠지만, 그 기쁨은 결국 사라지기 때문이다. 아무리 최선을 다하더라도 그 기쁨은 정상화되고, 우리는 다음에 갈구하는 바를 바라보고 있을 것이다. 실행하는 과정에서 기쁨이나 재미의 요소를 찾을 수 있다면, 목표를 향해 노력하는 과정이 우리가 바라던 것이 된다. 그리고 성취보다 발전하고 배우는 것에 중점을 둔다면, 성과는 저절로 나타날 것이다.

도입부에서 언급했듯이, 이 책은 가만히 앉아서 성과가 생겨나길 바라는 책이 아니다. 이 책은 당신 손에 변화하는 힘을 쥐여주고, 원하는 방향으로 움직일 수 있도록 당신이 통제할 수 있는 작은 것들에 노력하자는 이야기를 한다. 이 페이지를 읽을 즈음 이제 자신이 무엇을 원하고, 왜 그것을 원하는지를 알며, 그 과정에서 방해가 되는 몇몇 장애물을 볼 수 있길 바란다. 그리고 이 순간에 더 가깝게 초점을 맞추게 도와줄 계획, 당신이 원하는 위치로 움직이게 해줄 행동을 만들어 나갈 행동 단계, 그리고 당신 자신과 당신을 유지시켜줄 메커니즘에 대한 믿음을 가지고 있길 바란다.

인간의 두뇌를 들여다보고 두뇌가 작동하는 방식에 익숙해지면, 변화가 어렵게 느껴지는 이유와 그럼에도 변화가 가능하다는 사실을 알게 될 것이다. 이 책에서 탐구한 과학은 그저 이 경이로운 기관을 겉핥기로 보았을 뿐이다. 그러니 계속 호기심을 가지고 열린 마음으로 새로운 진보들을 읽고, 보고, 들으면서 뇌에 대해 더 깊이 알아가기 위해 노력하자. 새로운 계획을 이행하고 싶을 때마다 이 책을 몇 번이고 다시 펼쳐서 연습문제들을 다시 살펴보자. 작은 행동과 꾸준함으로 큰 변화를 이뤄낼 수 있다. 그리고 이 책에 담긴 도구를 통해 첫 걸음을 디디기가 조금이라도 쉬워지길 바란다.

목표를 향해 나아갈 때 자신에게 너그러워지자. 자기연민을 가지고, 다른 사람들에게 쉽게 베푸는 그 이해심을 스스로에게도 보여주자. 모든 책임이 전적으로 당신에게 있는 것은 아니다. 우리는 불평등한 사회체계 속에서 살아가며, 이로 인해 일부 사람들은 특정 이정표에 도달하기가 더 어려울 수 있다. 무언가 다른 것을 시도함으로써 고정관념이나 '규범'에 맞서 싸워야 할지도 모르고, 이는 반발이 만연하리라는 것을 의미한다. 특정한 방이나 공간, 자원에 접근하기가 더 어려울 수도 있다. 당신이 통제할 수 있는 것들에 집중하고, 이를 숙달하고, 당신의 눈부신 성과 그자체로 목소리를 내자. 이 목표들을 달성하려고 노력할 때, 종종 목표를 이행하지 못하거나, 생활이 너무 바빠지거나, 다른 우선순위들이 치고 들어오는 때도 있을 것이다. 그래도 정말 괜찮다. 이 책을 쓰는 마지막 단계에서 치열한 본업을 병행하고 있던 나는 운동을 한다거나 적당한 휴식 시간을 갖는 등 내 루틴의 요소들을 지켜나가기가 매우 어려웠다. 불평하는 목소리가 고개를 들고 '모든 것을 해낼 수 없다'고 나를 질책하는 순간들이 찾아왔다. 하지만 자기비하라는 구렁텅이에 빠지는 대신 나는 계획을 세웠다. 이 위기의 시기가 일시적이며 몇 주 안에 내 루틴으로 돌아갈 수 있으리라는 것을 알았다. 그리고 그 계획은 내 내면의 목소리에 대한 반박으로 작용했다. 살다 보면 루틴을 유지하기가 어려워지는 순간들이 있다. 그럴 때 그 이유를 자신에게 설명하고, 이 시기가 끝나면 실행할 계획을 마련한다면 '충분하지 않다'는 느낌을 떨치는 데 도움이 될 것이다.

마지막 한 마디. 당신은 지금 모습 그대로 충분하다. 당신은 이미 충분하며, 있는 모습 그대로 행복과 기쁨, 사랑을 누릴 자격이 있다. 목표를 좇거나 인생의 특정 요소를 개선하려 노력하는 것이 전부인 양 굴면서, 이정표에 도달할 때까지 자신이 충분하지 않다고 느끼는 함정에 빠지기 쉽다. 그러나 이 순간 당신이라는 사람은 축하받을 자격이 있다. 그러니 매일 스스로 축하하자. 지금까지 겪은 모든 것에 대해, 다른 사람들에게 친절하게 대하는 것에 대해, 인내하는 것에 대해, 자신에게 친절한 것에 대해, 기쁨을 좇는 것에 대해, 그리고 그냥 당신이 당신이라는 것에 대해. 그 어떤 찬사나 성취도 당신 내면의 위대함에 미치지 못한다. 그 위대함은 당신이 어디를 가든 함께 하리라. 오늘의 당신을 축하하라. 성취는 잠시 접어두고, 당신이 가치 있는 사람이라는 것을 잊지 말자.

감사의 말

이 책은 수많은 사람 덕분에 이 세상에 존재할 수 있었습니다. 그리고 그 모든 도움과 지도, 조언과 도움이 아니었더라면 저는 이 단계까지 이르지 못했을 거예요.

《미루는 습관을 이기는 힘》은 2020년 12월 처음 생명의 싹을 틔웠어요. 사라 캐머런이 제게 "지금 아무 책이나 한 권 본다면, 무슨 책을 보겠어요?"라고 물었을 때, 그 당시 인생이 조금 갈피를 잃었다고 느끼던 저는 목표를 어떻게 설정하고 지킬 수 있는지에 관한 책 한 권을 설명했지요. 그리고 그 아이디어들은 금세 열광의 대상이 되었어요. 저 자신이 그토록 필요로 했던 책을 쓸 수 있도록 제안서를 모으고, 출판사에 제출할 수 있게 용기를 주어서 고마워요. 그리고 글 쓰는 과정 내내 엄청난 버팀목이 되어줘서 고마워요. 또한 사라와 남편 험프리에게, 《미루는 습관을 이기는 힘》으로 탄생하게 된 그 초창기 개념들을 듣고 소중한 피드백을 안겨주어서 고마워요.

팬 맥밀런 팀, 그중에서도 특히 제 담당 편집자인 매트 콜에게 큰 감사를 전합니다. 당신은 그 초기 계획에서 잠재력을 보았고, 제 첫 번째 책으로 엮어낼 수 있도록 글 쓰는 과정의 모든 단계에서 저를 인도해 주었습니다. 언제나 제가《미루는 습관을 이기는 힘》을 쓰고 있다는 사실을 상기시켜주고, 학문적인 글쓰기에서 벗어나 이 책을 읽을 독자들을 위해 이야기를 들려줄 수 있게 도와줘서 고마워요. 당신의 편집은 이 책의 격을 높여주었어요. 그리고 이 책이 어때야 하는지에 대해 저와 같은 비전을 공유해 줘서 정말로 감사해요. 빅토리아 덴, 레슬리 멀킨, 그리고 사만다 플렛처를 비롯해 이 책에 흐름을 입힐 수 있도록 도와준 편집자와 감수자들에게 큰 감사를 보냅니다. 조시 터너, 제이미 포레스트를 포함해 홍보와 마케팅팀에게, 시간을 들여 제 책을 널리 알려주어서 고맙습니다. 팬맥밀런사 전체에게, 저를 새로운 저자로 선정해 주고 제 아이디어들이 인쇄되어 나올 만큼 충분하다고 믿어주어 감사합니다.

저는 이 책을 박사논문과 함께 썼고 당시에는 본업도 따로 있었습니다. UCL의 프리온 학과에 있는 우리 박사연구실에 큰 감사를 보내고 싶습니다. 이들은 언제나 제가 연구실을 벗어나 창의적인 프로젝트를 할 수 있게 응원해 주었지요. 또한 알츠하이머 협회의 조사 커뮤니케이션 팀에게 감사합니다. 이분들은 제 첫 번째 작업에 우호적인 환경을 조성해 주고 언제나 제 책이 잘 되고 있는지 물어주었습니다. 또한 BBC와 BBC 라디오 케임브리지셔 팀에 있는 동료들에게도 고마움이 큽니다. 언제나 제 작업을 격려해 주었고, 지난해에 제가 글을 쓰고 편집하는 와중에 이사와 이직을 해야 할 때도 몹시 훌륭한 인맥을 제공해 주기도 했지요.

저는 이곳저곳을 돌아다니며 이 책을 썼는데, 리버풀에 있는 어린 시절의 집일 때도 있고 옥스퍼드에 있는 파트너의 기숙사였을 때도 있었고, 또 런던에 있는 동생의 집이라든가 버뮤다에 있는 파트너의 본가, 그리고 달랑 책상 하나와 의자 하나만 놓인 케임브리지의 빈 아파트일 때도 있었습니다. 이 모든 공간은 이제 언제나 《미루는 습관을 이기는 힘》의 일부를 간직하게 되었고, 저와 제 이 빠진 찻잔을 자신들의 공간에 기꺼이 맞이해 준 사람들에게 너무나 감사합니다.

가족과 친구들은 제 인생을 든든하게 받쳐주는 기둥이며, 저는 아무리 바빠도 언제나 그들의 지지를 받고 있습니다.

학교 친구들, 댄스팀 친구들, 그리고 나의 지, 제 문제에 귀를 기울여주고 제가 노력하는 과정에서 꾸준히 응원단장이 되어주어서 고마워요. 우리가 함께 보낸 시간이 제멋대로든 이상하든 아니면 평온하든 간에, 그 시간 동안 저는 일은 잠시 잊고 제가 하는 일 때문이 아니라 그냥 존재 자체로 사랑받고 있음을 상기할 수 있었어요.

제 파트너의 가족들, 바브와 렌, 브라이언, 진, 그리고 실비아는 매년 제가 집에 머물면서 몇 주씩 푹 쉴 수 있게 해주었고, 그렇게 해서 숨 쉴 공간을 내어줬어요. 이 책의 안부를 물어주고, 부엌 한구석에서 로제와인을 마시며 까다로운 문제들을 털어놓을 수 있게 해주어서 정말로 감사해요.

제 친척들, 사랑하는 이모와 삼촌들, 사촌들, 제부 제즈, 그리고 당연하지만 토니 할아버지에게 고마워요. 가족 모임이 있을 때마다 제 작업에 따스한 관심을 쏟아주었죠. 그리고 종이 위에 생각한 줄을 쓰기도 전부터 이 책에 대한 계획에 귀를 기울여줬다는 사실을 소중하게 생각하고 있어요. 리사 이모, 이모의 끊임없는 응원과 사랑에 감사해요. 개리 삼촌, 삼촌의 쾌활한 정신은 우리 추억 속에 살아 있어요.

《미루는 습관을 이기는 힘》은 슬프게도 더 이상 우리와 함께 있을 수 없는 세 명의 가족에게 바치려고 해요. 이분들 없이 이 책은 결코 탄생하지 못했을 거예요.

모이라 고모. 1960년대에 의사로 활동한 몇 안 되는 여성 중한 명이자 고정관념에 맞서 싸우던 최초의 래비 박사. 저는 정신의학에서 쌓은 고모의 업적을 보며 뇌와 행동에 매료되었고, 고모의 따스한 마음씨와 평생 나에 대한 확고한 응원 덕에 저 역시 여성과학자가 될 수 있다는 자신감을 얻었어요. 제 롤 모델이 되어줘서 고마워요.

마이크 삼촌. 제가 아는 가장 재미있고 창의적인 사람. 저는 매해 삼촌이 주는 생일 카드와 크리스마스 카드에 담긴 낙서와 그림을 똑같이 그릴 수 있을 때까지 베끼곤 했지요. 이 책에 담긴 삽

화는 모두 삼촌 덕이에요. 제게 미술이 얼마나 재미있고, 다른 사람들의 마음을 따스하게 만들어 줄 수 있는지 보여줘서 고마워요.

실리아 할머니. 허튼소리는 절대 참지 않고 나로서는 감히 견줄 수도 없는 신랄한 말투를 지닌 강하고 사랑스러운 할머니. 신경 과학을 연구하겠다는 제 욕망은 알츠하이머 질환을 앓는 할머니와 할머니의 어머니, 형제들을 돕고 싶은 데에서 비롯되기도 했어요. 박사 공부를 하지 않았더라면 이 책은 쓰이지 못했겠죠. 저는 언제까지나 할머니의 이름을 걸고, 알츠하이머 질환이 없는 세상을 만들기 위해 계속 싸울 거예요.

엄마, 아빠, 그리고 로잔나까지, 우리 가족들. 영상 통화와 티타임, 그리고 긴 대화 시간을 통해 저는 이 책을 쓰는 내내 언제나 나를 믿고 계속 나아가는 명료함, 집중력, 결단력을 얻을 수 있었어요. 조언이 필요할 때마다 우리 가족들은 언제나 함께 있었고, 축하할 때나 어려운 시기를 겪을 때나 항상 함께하며 제가 하는 모든 일을 지지해 줘서 고마워요.

그리고 마지막으로, 제 최고의 친구이자 파트너인 매트에게 가장 깊은 감사를 보냅니다. 문제가 무엇이든 언제나 제가 해낼 수 있다고 느끼게 해주는 당신. 그리고 저를 매일 웃음 짓게 하는 당신. 이 프로젝트와 다른 모든 일이 진행되는 동안 언제나 귀를 기울여주고, 인내를 가져주고, 내 곁에 있어 줘서 고마워요. 제 인생에 당신이 함께한다는 것에 더없이 감사해요.

참고문헌

각 장에서 언급한 연구 사례뿐만 아니라, 기타 출처, 기사 등을 포함하여
《미루는 습관을 이기는 힘》을 작성하는 데 도움이 된 다른 도서 목록도 추
가했습니다. 맘껏 즐기세요!

1장 당신의 정신을 소개합니다

1   Tseng, J., & Poppenk, J., 'Brain meta-state transitions demarcate thoughts across task contexts exposing the mental noise of trait neuroticism', *Nature Communications, 11(1)*, 3480 (2020)
2   Ponce de León, M. S., Bienvenu, T., Marom, A., Engel, S., Tafforeau, P., Alatorre Warren, J. L., Lordkipanidze, D., Kurniawan, I., Murti, D. B., Suriyanto, R. A., Koesbardiati, T., & Zollikofer, C. P. E., 'The primitive brain of early Homo', *Science, 372*(6538), 165–171 (2021)
3   Neubauer, S., Hublin, J.- J.,& Gunz, P., 'The evolution of modern human brain shape', *Science Advances, 4*(1) (2018)
4   de Zeeuw, C. I., Lisberger, S. G., & Raymond, J. L., 'Diversity and dynamism in the cerebellum', *Nature Neuroscience, 24*(2), 160–167 (2021)
5   Constandi, M., 'Phineas Gage and the effect of an iron bar through the head on personality', *The Guardian* (2010)
6   Annese, J., Schenker-Ahmed, N. M., Bartsch, H., Maechler, P., Sheh, C., Thomas, N., Kayano, J., Ghatan, A., Bresler, N., Frosch, M. P., Klaming, R., & Corkin, S., 'Postmortem examination of patient H.M.'s brain based on histological sectioning and digital 3D reconstruction', *Nature Communications, 5*(1), 3122 (2014)
7   Adolphs, R., 'The Biology of Fear', *Current Biology, 23*(2), R79–R93 (2013)
8   Nummenmaa, L., Glerean, E., Hari, R., & Hietanen, J. K., 'Bodily maps of emotions', *Proceedings of the National Academy of Sciences, 111*(2), 646–651 (2014)
9   Willyard, C., 'How gut microbes could drive brain disorders', Nature, 590(7844), 22–25(2021)

Gawdat, Mo, *Solve for Happy* (Bluebird, 2017)

Thiagarajan, Tara, 'Deconstructing a Thought', sapienlabs.org (2017)

Society for Neuroscience, '3D Brain', brainfacts.org (2017)

Alzheimer's Society, 'Frontotemporal Dementia', alzheimers.org.uk

Lago-Baldaia, I., Fernandes, V. M., & Ackerman, S. D., 'More Than Mortar: Glia as Architects of Nervous System Development and Disease', *Frontiers in Cell and Developmental Biology*, 8 (2020)

Kahneman, Daniel, *Thinking, Fast and Slow* (Penguin, 2011)

Sudhof, T. C., 'Towards an Understanding of Synapse Formation', *Neuron*, *100*(2), 276–293 (2018)

2장 행동의 근원을 찾아서

1   Reser, D., Simmons, M., Johns, E., Ghaly, A., Quayle, M., Dordevic, A. L., Tare, M., McArdle, A., Willems, J., & Yunkaporta, T., 'Australian Aboriginal techniques for memorization: Translation into a medical and allied health education setting', *PLOS ONE*, *16*(5), e0251710 (2021)

2   von Bartheld, C. S., Bahney, J., & Herculano-Houzel, S., 'The search for true numbers of neurons and glial cells in the human brain: A review of 150 years of cell counting', *Journal of Comparative Neurology*, *524*(18), 3865–3895 (2016)

3   Cellier, D., Riddle, J., Petersen, I., & Hwang, K., 'The development of theta and alpha neural oscillations from ages 3 to 24 years', *Developmental Cognitive Neuroscience*, *50*, 100969 (2021)

4   Stein, R., & Swan A., 'Personality Tests with Deep-Sounding Questions Provide Shallow Answers about the "True" You', *The Conversation US* (2018)

5   Polderman, T. J. C., Benyamin, B., de Leeuw, C. A., Sullivan, P. F., van Bochoven, A., Visscher, P. M., & Posthuma, D., 'Meta- analysis of the heritability of human traits based on fifty years of twin studies', *Nature Genetics*, *47*(7), 702–709 (2015)

6   Zwir, I., Arnedo, J., Del-Val, C., Pulkki-Råback, L., Konte, B., Yang, S. S., Romero-Zaliz, R., Hintsanen, M., Cloninger, K. M., Garcia, D., Svrakic, D. M., Rozsa, S., Martinez, M., Lyytikäinen, L.- P., Giegling, I., Kähönen, M., Hernandez-Cuervo, H., Seppälä, I., Raitoharju, E., Cloninger, C. R. et al., 'Uncovering the complex genetics of human character', Molecular Psychiatry, 25(10), 2295–2312(2020)

7   Bleidorn, W., Hill, P. L., Back, M. D., Denissen, J. J. A., Hennecke, M., Hopwood, C. J., Jokela, M., Kandler, C., Lucas, R. E., Luhmann, M., Orth, U., Wagner, J., Wrzus, C., Zimmermann, J., & Roberts, B., 'The policy relevance of personality traits', *American Psychologist*, *74*(9), 1056–1067 (2019)

8   Dias, B. G., & Ressler, K. J., 'Parental olfactory experience influences behavior and neural structure in subsequent generations', *Nature Neuroscience*, *17*(1), 89–96 (2014)

Mora-Bermudez, F., Badsha, F., Kanton, S., Camp, J. G., Vernot, B., Kohler, K., Voigt, B., Okita, K., Maricic, T., He, Z., Lachmann, R., Paabo, S., Treutlein, B., & Huttner, W. B., 'Differences and similarities between human and chimpanzee neural progenitors during cerebral cortex development', *ELife, 5* (2016)

Shultz, D, 'Humans can outlearn chimps thanks to more flexible brain genetics', science.org (2015)

Basic Biology, 'Introduction to genetics', basicbiology.net (2020)

Tottenham, N., 'The Brain's Emotional Development', *Cerebrum: The Dana Forum on Brain Science* (2017)

Wessel, L., 'Early Experience Shapes the Brain for Life', brainfacts.org (2019)

Mattson, M. P., 'Superior pattern processing is the essence of the evolved human brain', *Frontiers in Neuroscience, 8* (2014)

Hedman, A. M., van Haren, N. E. M., Schnack, H. G., Kahn, R. S.,& Hulshoff Pol, H. E., 'Human brain changes across the life span: A review of 56 longitudinal magnetic resonance imaging studies', *Human Brain Mapping*, 33(8), 1987–2002 (2012)

Begus, K., & Bonawitz, E., 'The rhythm of learning: Theta oscillations as an index of active learning in infancy', *Developmental Cognitive Neuroscience, 45,* 100810 (2020)

Packard, P. A., Steiger, T. K., Fuentemilla, L., & Bunzeck, N., 'Neural oscillations and event-related potentials reveal how semantic congruence drives long-term memory in both young and older

humans', *Scientific Reports, 10(1)*, 9116 (2020)

Williamson, J. M., & Lyons, D. A., 'Myelin Dynamics Throughout Life: An Ever-Changing Landscape?', *Frontiers in Cellular Neuroscience, 12* (2018)

Thomason, M. E., & Marusak, H. A., 'Toward understanding the impact of trauma on the early developing human brain', *Neuroscience, 342*, 55–67 (2017)

Dubois, J., Eberhardt, F., Paul, L. K., & Adolphs, R., 'Personality beyond taxonomy', *Nature Human Behaviour, 4(11)*, 1110–1117 (2020)

Lacal, I., & Ventura, R., 'Epigenetic Inheritance: Concepts, Mechanisms and Perspectives', *Frontiers in Molecular Neuroscience, 11* (2018)

3장 변화하도록 설계된 뇌

1   Crego, A. C. G., Štoček, F., Marchuk, A. G., Carmichael, J. E., van der Meer, M. A. A., & Smith, K. S., 'Complementary Control over Habits and Behavioral Vigor by Phasic Activity in the Dorsolateral Striatum', *The Journal of Neuroscience*, 40(10), 2139–2153 (2020)

2   Lally, P., van Jaarsveld, C. H. M., Potts, H. W. W., & Wardle, J., 'How are habits formed: Modelling habit formation in the real world', *European Journal of Social Psychology*, 40(6), 998–1009 (2010)

3   Korteling, J. E., Brouwer, A.- M.,& Toet, A., 'A Neural Network Framework for Cognitive Bias', *Frontiers in Psychology*, *9* (2018)

4   Grupe, D. W., & Nitschke, J. B., 'Uncertainty and anticipation in anxiety: an integrated neurobiological and psychological perspective', *Nature Reviews Neuroscience*, *14*(7), 488–501 (2013)

5   Magistretti, P. J., & Allaman, I., 'A Cellular Perspective on Brain Energy Metabolism and Functional Imaging', *Neuron*, *86*(4), 883–901 (2015)

6   Petruo, V. A., Mückschel, M., & Beste, C., 'On the role of the prefrontal cortex in fatigue effects on cognitive flexibility– a system neurophysiological approach', *Scientific Reports*, *8*(1), 6395 (2018)

추가 자료 및 출처

Amaya, K. A., & Smith, K. S., 'Neurobiology of habit formation', *Current Opinion in Behavioral Sciences*, *20*, 145–152 (2018)

Humeau, Y., & Choquet, D., 'The next generation of approaches to investigate the link between synaptic plasticity and learning', *Nature Neuroscience*, *22*(10), 1536–1543 (2019)

Averbeck, B. B., & Costa, V. D., 'Motivational neural circuits underlying reinforcement learning', *Nature Neuroscience*, *20*(4), 505–512 (2017)

Malvaez, M., & Wassum, K. M., 'Regulation of habit formation in the dorsal striatum', *Current Opinion in Behavioral Sciences*, *20*, 67–74 (2018)

Davis, M., Walker, D. L., Miles, L., & Grillon, C., 'Phasic vs Sustained Fear in Rats and Humans: Role of the Extended Amygdala in Fear vs Anxiety', *Neuropsychopharmacology*, *35*(1), 105–135 (2010)

Social Change, 'An introduction to habit theory', social-change.co.uk (2020)

Mendelsohn, A. I., 'Creatures of Habit: The Neuroscience of Habit and Purposeful Behavior', *Biological Psychiatry*, *85*(11), e49–e51 (2019)

Mateos-Aparicio, P., & Rodriguez-Moreno, A., 'The Impact of Studying Brain Plasticity', *Frontiers in Cellular Neuroscience*, *13* (2019)

Luetz, J. M., Margus, R., & Prickett, B., 'Human Behavior Change for Sustainable Development:', *Perspectives Informed by Psychology and Neuroscience*, 419–434 (2020)

Lewis, M., 'Why we're hardwired to hate uncertainty', theguardian.com (2016)

Peters, A., McEwen, B. S., & Friston, K., 'Uncertainty and stress: Why it causes diseases and how it is mastered by the brain', *Progress in Neurobiology*, *156*, 164–188 (2017)

Grupe, D. W., & Nitschke, J. B., 'Uncertainty and anticipation in anxiety: an integrated neurobiological and psychological perspective', *Nature Reviews Neuroscience*, *14*(7), 488–501 (2013)

Scholvinck, M. L., Howarth, C., & Attwell, D., 'The cortical energy needed for conscious perception', *NeuroImage*, *40*(4), 1460–1468 (2008)

4장 더 많은 것을 갈구하며

1   Epton, T., Currie, S., & Armitage, C. J., 'Unique effects of setting goals on behavior change: Systematic review and meta-analysis', *Journal of Consulting and Clinical Psychology*, 85(12), 1182–1198 (2017)
2   Ludwiczak, A., Osman, M., & Jahanshahi, M., 'Redefining the relationship between effort and reward: Choice-execution model of effort-based decisions', *Behavioural Brain Research, 383*, 112474 (2020)

추가 자료 및 출처

Satpute, A., Ochsner, K. N., & Badre, D., 'The Neuroscience of Goal-Directed Behavior', Goal-Oriented Behavior, Chapter 2: 49–85 (2012)

Duan, L. Y., Horst, N. K., Cranmore, S. A. W., Horiguchi, N., Cardinal, R. N., Roberts, A. C., & Robbins, T. W., 'Controlling one's world: Identification of sub-regions of primate PFC underlying goal-directed behavior', *Neuron, 109*(15), 2485–2498. e5 (2021)

Yoshida, K., Drew, M. R., Mimura, M., & Tanaka, K. F., 'Serotonin-mediated inhibition of ventral hippocampus is required for sustained goal-directed behavior', *Nature Neuroscience, 22*(5), 770–777 (2019)

Uddin, L. Q., 'Cognitive and behavioural flexibility: neural mechanisms and clinical considerations', *Nature Reviews Neuroscience, 22*(3), 167–179 (2021)

Shilton, A. C., 'You Accomplished Something Great. So Now What?', nytimes.com (2019)

Fontane Pennock, S., 'The Hedonic Treadmill– Are We Forever Chasing Rainbows?', positivepsychology.com (2016)

Armenta, C., Bao, K. J., Lyubomirsky, S., & Sheldon, K. M., 'Is Lasting Change Possible? Lessons from the Hedonic Adaptation Prevention Model', *In Stability of Happiness* (Elsevier, 2014), pp 57–74

Schippers, M. C., Morisano, D., Locke, E. A., Scheepers, A. W. A., Latham, G. P., & de Jong, E. M., 'Writing about personal goals and plans regardless of goal type boosts academic performance', *Contemporary Educational Psychology, 60*, 101823 (2020)

5장 당신만의 목적을 정의하라

1   Brosch, T., & Sander, D., 'Neurocognitive mechanisms underlying value-based decision-making: from core values to economic value', *Frontiers in Human Neuroscience, 7* (2013)
2   Brosch, T., Coppin, G., Scherer, K. R., Schwartz, S., & Sander, D., 'Generating value(s): Psychological value hierarchies reflect context-dependent sensitivity of the reward system', *Social Neuroscience, 6*(2), 198–208 (2011)
3   Georgellis, Y., Tsitsianis, N., & Yin, Y. P., 'Personal Values as Mitigating Factors in the Link Between Income and Life Satisfaction: Evidence from the European Social Survey', *Social Indicators Research, 91*(3), 329–344 (2009)

4 Hill, P. L., Sin, N. L., Turiano, N. A., Burrow, A. L., & Almeida, D. M., 'Sense of Purpose Moderates the Associations Between Daily Stressors and Daily Well-being', *Annals of Behavioral Medicine*, *52*(8), 724–729 (2018)

5 Park, C. L., Knott, C. L., Williams, R. M., Clark, E. M., Williams, B. R., & Schulz, E., 'Meaning in Life Predicts Decreased Depressive Symptoms and Increased Positive Affect over Time but Does not Buffer Stress Effects in a National Sample of African-Americans', *Journal of Happiness Studies*, *21*(8), 3037–3049 (2020)

6 Sutin, A. R., Luchetti, M., Aschwanden, D., Stephan, Y., & Terracciano, A., 'Sense of purpose in life, cognitive function, and the phenomenology of autobiographical memory', *Memory*, *29*(9), 1126–1135 (2021)

7 Buchman, A. S., 'Effect of Purpose in Life on the Relation Between Alzheimer Disease Pathologic Changes on Cognitive Function in Advanced Age', *Archives of General Psychiatry*, *69*(5), 499 (2012)

8 Lee, M.- A.,& Kawachi, I., 'The keys to happiness: Associations between personal values regarding core life domains and happiness in South Korea', *PLOS ONE*, *14*(1), e0209821 (2019)

추가 자료 및 출처

Thierry, G., 'Life's purpose rests in our mind's spectacular drive to extract meaning from the world', theconversation.com (2018)

Brooks, A. C., 'The Meaning of Life Is Surprisingly Simple', theatlantic.com (2021)

Martela, F., & Steger, M. F., 'The three meanings of meaning in life: Distinguishing coherence, purpose, and significance', *The Journal of Positive Psychology, 11(5), 531–545 (2016)*

Taylor, S., 'The meaning of life– a psychologist's view', theconversation.com *(2020)*

6장 내면을 들여다보고 인식하라

1 Ackerman, C., 'What Is Self-Awareness and Why Is It Important?[+5 Ways to Increase It]', positivepsychology.com (2020)

2 Philippi, C. L., Feinstein, J. S., Khalsa, S. S., Damasio, A., Tranel, D., Landini, G., Williford, K., & Rudrauf, D., 'Preserved Self-Awareness following Extensive Bilateral Brain Damage to the Insula, Anterior Cingulate, and Medial Prefrontal Cortices', *PLOS ONE*, *7*(8), e38413(2012)

3 Deleniv, S., 'The "me" illusion: How your brain conjures up your sense of self', *New Scientist* (2018)

4 Danckert, J., & Merrifield, C., 'Boredom, sustained attention and the default mode network', *Experimental Brain Research*, *236*(9), 2507–2518(2018)

5 NHS, 'Overview –Cognitive behavioural therapy (CBT)', nhs.uk (2019)

6 Hinwar, R. P., & Lambert, A. J., 'Anauralia: The Silent Mind and Its Association With Aphantasia', *Frontiers in Psychology*, *12* (2021)

7 Wolman, D., 'The split brain: A tale of two halves', *Nature*, *483*(7389), 260–263 (2012)

8   Gazzaniga, M., *The Ethical Brain* (Dana Press, 2005)

9   Breines, J. G., & Chen, S., 'Self- Compassion Increases Self-Improvement Motivation', *Personality and Social Psychology Bulletin*, *38*(9), 1133–1143 (2012)

10 Tang, Y.- Y., Hölzel, B. K., & Posner, M. I., 'The neuroscience of mindfulness meditation', *Nature Reviews Neuroscience*, 16(4), 213–225 (2015)

추가 자료 및 출처

Sahakian, B. J., Langley, C., Stamatakis, E. A., & Spindler, L., 'Consciousness: how the brain chemical "dopamine" plays a key role– new research', theconversation.com (2021)

Riehl, J., 'The Roots of Human Self-Awareness', neurosciencenews.com (2012)

Jabr, F., 'Does Self-Awareness Require a Complex Brain?', scientificamerican.com (2012)

Vago, D. R., & Silbersweig, D. A., 'Self- awareness, self-regulation, and self-transcendence (S- ART): a framework for understanding the neurobiological mechanisms of mindfulness', *Frontiers in Human Neuroscience, 6 (2012)*

7장 목표에 집중하되 나침반처럼 바라보라

1   Lindsay, G. W., 'Attention in Psychology, Neuroscience, and Machine Learning', *Frontiers in Computational Neuroscience*, *14* (2020)

2   Wimmer, R. D., Schmitt, L. I., Davidson, T. J., Nakajima, M., Deisseroth, K., & Halassa, M. M., 'Thalamic control of sensory selection in divided attention', *Nature*, *526*(7575), 705–709 (2015)

3   Ibid.

4   Ranganathan, V. K., Siemionow, V., Liu, J. Z., Sahgal, V., & Yue, G. H., 'From mental power to muscle power– gaining strength by using the mind', *Neuropsychologia*, *42*(7), 944–956 (2004)

5   Basu, R., Gebauer, R., Herfurth, T., Kolb, S., Golipour, Z., Tchumatchenko, T., & Ito, H. T., 'The orbitofrontal cortex maps future navigational goals', *Nature*, *599*(7885), 449–452 (2021)

6   Taylor, S. E., Pham, L. B., Rivkin, I. D., & Armor, D. A., 'Harnessing the imagination: Mental simulation, self-regulation, and coping', *American Psychologist*, *53*(4), 429–439 (1998)

7   Wang, G., Wang, Y., & Gai, X., 'A Meta-Analysis of the Effects of Mental Contrasting With Implementation Intentions on Goal Attainment', *Frontiers in Psychology*, *12* (2021)

8   Ibid.

추가 자료 및 출처

The Picower Institute, 'Scientists identify specific brain region and circuits controlling attention', neurosciencenews.com (2020)

Cepelewicz, J., 'To Pay Attention, the Brain Uses Filters, Not a Spotlight', quantamagazine.org (2019)

van Ede, F., & Nobre, A. C., 'Toward a neurobiology of internal selective attention', *Trends in Neurosciences, 44(7), 513–515 (2021)*

Nandy, A., Nassi, J. J., Jadi, M. P., & Reynolds, J., 'Optogenetically induced low-frequency correlations impair perception', ELife, 8 (2019)

Rosen, J., 'Bat Brain Behavior Offers Insights Into How Humans Focus Attention', hub. jhu.edu (2016)

Pillay, S., 'Can Visualizing Your Body Doing Something Help You Learn to Do It Better?', scientificamerican.com (2015)

Chu, M., 'Research Reveals That Publicly Announcing Your Goals Makes You Less Likely to Achieve Them', inc.com (2017)

Tang, M. F., Ford, L., Arabzadeh, E., Enns, J. T., Visser, T. A. W., & Mattingley, J. B., 'Neural dynamics of the attentional blink revealed by encoding orientation selectivity during rapid visual presentation', Nature Communications, 11(1), 434 (2020)

8장 '미래의 나'에 걸맞게 행동하라

1   Hulsey, T. L., & Hampson, P. J., 'Moral expertise', *New Ideas in Psychology, 34*, 1–11 (2014)

2   Kuhl, J., Quirin, M., & Koole, S. L., 'Being Someone: The Integrated Self as a Neuropsychological System', *Social and Personality Psychology Compass, 9*(3), 115–132 (2015)

3   Sui, J., & Gu, X., 'Self as Object: Emerging Trends in Self Research', Trends in *Neurosciences, 40*(11), 643–653 (2017)

4   Charng, H.- W., Piliavin, J. A., & Callero, P. L., 'Role Identity and Reasoned Action in the Prediction of Repeated Behavior', *Social Psychology Quarterly, 51*(4), 303 (1988)

5   McCarthy, M. B., Collins, A. M., Flaherty, S. J., & McCarthy, S. N., 'Healthy eating habit: A role for goals, identity, and self-control?', *Psychology & Marketing, 34*(8), 772–785 (2017)

6   Gardner, B., de Bruijn, G.- J., & Lally, P., 'Habit, identity, and repetitive action: A prospective study of binge-drinking in UK students', *British Journal of Health Psychology,* 17(3), 565–581 (2012)

7   Verplanken, B., & Sui, J., 'Habit and Identity: Behavioral, Cognitive, Affective, and Motivational Facets of an Integrated Self', *Frontiers in Psychology, 10* (2019)

8   Barnett, G., Boduszek, D., & Willmott, D., 'What works to change identity? A rapid evidence assessment of interventions', *Journal of Applied Social Psychology, 51*(7), 698–719 (2021)

9   Grosse Wiesmann, C., Friederici, A. D., Singer, T., & Steinbeis, N., 'Two systems for thinking about others' thoughts in the developing brain', *Proceedings of the National Academy of Sciences, 117*(12), 6928–6935 (2020)

추가 자료 및 출처

Snippe, M. H. M., Peters, G.- J. Y., & Kok, G., 'The operationalization of self-identity in reasoned action models: a systematic review of self-identity operationalizations in three decades of research', *Health Psychology and Behavioral Medicine*, 9(1), 48–69 (2021)

Emamzadeh, A., 'How Identity Change Happens', psychologytoday.com(2021)

Ruhl, C., 'Theory of Mind', simplypsychology.org (2020)

Ereria, S., 'How the brain builds a sense of self from the people around us – new research', theconversation.com (2020)

Clear, J., *Atomic Habits: Tiny Changes, Remarkable Results* (Cornerstone Digital, 2018)

9장 우선순위를 정하라

1   Stawarz, K., Gardner, B., Cox, A., & Blandford, A., 'What influences the selection of contextual cues when starting a new routine behaviour? An exploratory study', BMC *Psychology*, 8(1), 29 (2020)

2   Kirgios, E. L., Mandel, G. H., Park, Y., Milkman, K. L., Gromet, D. M., Kay, J. S., & Duckworth, A. L., 'Teaching temptation bundling to boost exercise: A field experiment', *Organizational Behavior and Human Decision Processes*, 161, 20–35 (2020)

추가 자료 및 출처

Fogg, B. J., *Tiny Habits: The Small Changes that Change Everything* (Virgin Digital, 2019)

Milkman, K., *How to Change: The Science of Getting from Where You Are to Where You Want to Be* (Ebury Digital, 2021)

Society for Personality and Social Psychology, 'How we form habits, change existing ones', ScienceDaily (2014)

van der Weiden, A., Benjamins, J., Gillebaart, M., Ybema, J. F., & de Ridder, D., 'How to Form Good Habits? A Longitudinal Field Study on the Role of Self-Control in Habit Formation', *Frontiers in Psychology*, 11 (2020)

10장 노력에 보상하라

1   Vandewalle, D., Nerstad, C. G. L., & Dysvik, A., 'Goal Orientation: A Review of the Miles Traveled and the Miles to Go', *Annual Review of Organizational Psychology and Organizational Behavior*, 6(1), 115–144 (2019)

2   Ibid.

3   Walton, M. E., & Bouret, S., 'What Is the Relationship between Dopamine and Effort?', *Trends in Neurosciences*, 42(2), 79–91 (2019)

4   Nicola, S. M., 'The Flexible Approach Hypothesis: Unification of Effort and Cue-Responding Hypotheses for the Role of Nucleus Accumbens Dopamine in the

Activation of Reward-Seeking Behavior', *Journal of Neuroscience, 30*(49), 16585–16600 (2010)

5   Milkman, K. L., Gromet, D., Ho, H., Kay, J. S., Lee, T. W., Pandiloski, P., Park, Y., Rai, A., Bazerman, M., Beshears, J., Bonacorsi, L., Camerer, C., Chang, E., Chapman, G., Cialdini, R., Dai, H., Eskreis-Winkler, L., Fishbach, A., Gross, J. J., Duckworth, A. L. et al., 'Megastudies improve the impact of applied behavioural science', *Nature, 600*(7889), 478–483 (2021)

추가 자료 및 출처

Clear, J., *Atomic Habits: Tiny Changes, Remarkable Results* (Cornerstone Digital, 2018)
Grogan, J. P., Sandhu, T. R., Hu, M. T., & Manohar, S. G., 'Dopamine promotes instrumental motivation, but reduces reward-related vigour', *ELife, 9* (2020)

11장 결정을 내려라

1   Broche-Pérez, Y., Herrera Jiménez, L. F., & Omar-Martinez, E., 'Neural substrates of decision-making', *Neurología (English Edition), 31*(5), 319–325 (2016)

2   Coutlee, C. G., & Huettel, S. A., 'The functional neuroanatomy of decision making: Prefrontal control of thought and action', *Brain Research, 1428*, 3–12 (2012)

3   Lavin, C., Melis, C., Mikulan, E., Gelormini, C., Huepe, D., & Ibanez, A., 'The anterior cingulate cortex: an integrative hub for human socially driven interactions', *Frontiers in Neuroscience, 7* (2013)

4   Torregrossa, M. M., Quinn, J. J., & Taylor, J. R., 'Impulsivity, Compulsivity, and Habit: The Role of Orbitofrontal Cortex Revisited', *Biological Psychiatry, 63*(3), 253–255 (2008)

5   Job, V., Dweck, C. S., & Walton, G. M., 'Ego Depletion: Is It All in Your Head?', *Psychological Science*, 21(11), 1686–1693 (2010)

6   Ersner-Hershfield, H., Wimmer, G. E., & Knutson, B., 'Saving for the future self: Neural measures of future self-continuity predict temporal discounting', *Social Cognitive and Affective Neuroscience*, 4(1), 85–92 (2009)

7   Kapogli, E., & Quoidbach, J., 'Stranger or a clone? Future self-connectedness depends on who you ask, when you ask, and what dimension you focus on', *Current Opinion in Psychology, 43*, 266–270 (2022)

8   Ganschow, B., Cornet, L., Zebel, S., & van Gelder, J.- L., 'Looking Back From the Future: Perspective Taking in Virtual Reality Increases Future Self-Continuity', *Frontiers in Psychology, 12* (2021)

추가 자료 및 출처

Robbins, M., *The 5 Second Rule: Transform your Life, Work, and Confidence with Everyday Courage* (Mel Robbins Production Inc, 2017)
Beaton, C., 'Humans are bad at predicting futures that don't benefit them', theatlantic.

com (2017)

Eyal, N., 'Have We Been Thinking About Willpower the Wrong Way for 30 Years?', hbr.org (2016)

Jones, D., 'Your true self: The future is a foreign person', *New Scientist* (2017)

Hershfield, H. E., Goldstein, D. G., Sharpe, W. F., Fox, J., Yeykelis, L., Carstensen, L. L., & Bailenson, J. N., 'Increasing Saving Behavior Through Age-Progressed Renderings of the Future Self', *Journal of Marketing Research*, 48(SPL), S23–S37 (2011)

Pataranutaporn, P., Danry, V., Leong, J., Punpongsanon, P., Novy, D., Maes, P., & Sra, M., 'AI- generated characters for supporting personalized learning and well-being', *Nature Machine Intelligence*, 3(12), 1013–1022 (2021)

12장 신념을 키워라

1   Lu, H., Li, X., Wang, Y., Song, Y., & Liu, J., 'The hippocampus underlies the association between self-esteem and physical health', *Scientific Reports*, 8(1), 17141 (2018)

2   Will, G.- J., Rutledge, R. B., Moutoussis, M., & Dolan, R. J., 'Neural and computational processes underlying dynamic changes in self-esteem', *ELife*, 6 (2017)

3   NHS, 'Raising low self-esteem', nhs.uk (2020)

4   Bandura, A., *Self-efficacy: the exercise of control* (New York: W.H. Freeman and Company, 1997)

5   Stajkovic, A. D., & Luthans, F., 'Self- efficacy and work-related performance: A meta-analysis', *Psychological Bulletin*, 124(2), 240–261 (1998)

6   Chemers, M. M., Hu, L., & Garcia, B. F., 'Academic self-efficacy and first year college student performance and adjustment', *Journal of Educational Psychology*, 93(1), 55–64 (2001)

7   Chrousos, G. P., Mentis, A.- F. A., & Dardiotis, E., 'Focusing on the Neuro-Psycho-Biological and Evolutionary Underpinnings of the Imposter Syndrome', *Frontiers in Psychology*, 11 (2020)

8   Ibid.

9   Shahar, G., Henrich, C. C., Blatt, S. J., Ryan, R., & Little, T. D., 'Interpersonal relatedness, self-definition, and their motivational orientation during adolescence: A theorical and empirical integration', *Developmental Psychology*, 39(3), 470–483 (2003)

10 Neureiter, M., & Traut-Mattausch, E., 'An Inner Barrier to Career Development: Preconditions of the Impostor Phenomenon and Consequences for Career Development', *Frontiers in Psychology*, 7 (2016)

11 Kim, J. J., Parker, S. L., Doty, J. R., Cunnington, R., Gilbert, P., & Kirby, J. N., 'Neurophysiological and behavioural markers of compassion', *Scientific Reports*, 10(1), 6789 (2020)

12 Dunne, S., Sheffield, D., & Chilcot, J., 'Brief report: Self-compassion, physical health and the mediating role of health-promoting behaviours', *Journal of Health Psychology*, 23(7), 993–999 (2018)

13 Breines, J. G., & Chen, S., 'Self- Compassion Increases Self-Improvement Motivation',

Personality and Social Psychology Bulletin, *38*(9),1133–1143 (2012)

추가 자료 및 출처

van Schie, C. C., Chiu, C.- D., Rombouts, S. A. R. B., Heiser, W. J., & Elzinga, B. M., 'When compliments do not hit but critiques do: an fMRI study into self-esteem and self-knowledge in processing social feedback', *Social Cognitive and Affective Neuroscience*, *13*(4), 404–417 (2018)

Suvilehto, P., & Latomaa, T., 'Writing with horses: poetry with therapeutic art activities supporting self-expression in a case study', *Journal of Poetry Therapy*, *31*(4), 224–243 (2018)

Ackerman, C., 'What Is Self-Efficacy Theory? (Incl 8 Examples & Scales)', positivepsychology.com (2018)

Ohlin, B., '5 Steps to Develop Self-Compassion & Overcome Your Inner Critic', positivepsychology.com (2016)

Robson, D., 'Why self-compassion– not self-esteem– leads to success', bbc.com/ worklife (2021)

13장 꾸물거림을 타파하라

1   Sirois, F., & Pychyl, T., 'Procrastination and the Priority of Short-Term Mood Regulation: Consequences for Future Self', *Social and Personality Psychology Compass*, *7*(2), 115–127 (2013)

2   Steel, P., & König, C. J., 'Integrating theories of motivation', The Academy of *Management Review*, *31*(4), 889–913 (2006)

3   Zhang, S., Liu, P., & Feng, T., 'To do it now or later: The cognitive mechanisms and neural substrates underlying procrastination', *WIREs Cognitive Science*, *10*(4) (2019)

4   Zhang, W., Wang, X., & Feng, T., 'Identifying the Neural Substrates of Procrastination: a Resting-State fMRI Study', *Scientific Reports*, *6*(1),33203 (2016)

5   Ibid.

6   Wypych, M., Michałowski, J. M., Droździel, D., Borczykowska, M., Szczepanik, M., & Marchewka, A., 'Attenuated brain activity during error processing and punishment anticipation in procrastination – a monetary Go/ No - go fMRI study', *Scientific Reports*, *9*(1), 11492 (2019)

7   Michałowski, J. M., Wiwatowska, E., & Weymar, M., 'Brain potentials reveal reduced attention and error-processing during a monetary Go/ No-Go task in procrastination', Scientific Reports, 10(1), 19678 (2020)

8   Schlüter, C., Arning, L., Fraenz, C., Friedrich, P., Pinnow, M., Güntürkün, O., Beste, C., Ocklenburg, S., & Genc, E., 'Genetic variation in dopamine availability modulates the self-reported level of action control in a sex-dependent manner', *Social Cognitive and Affective Neuroscience*, *14*(7), 759–768 (2019)

9   Steel, P., 'The nature of procrastination: A meta-analytic and theoretical review of quintessential self-regulatory failure', *Psychological Bulletin*, *133*(1), 65–94 (2007)

10 Lieder, F., Chen, O. X., Krueger, P. M., & Griffiths, T. L., 'Cognitive prostheses for goal achievement', *Nature Human Behaviour, 3*(10), 1096–1106 (2019)

11 Schutte, N. S., & del Pozo de Bolger, A., 'Greater Mindfulness is Linked to Less Procrastination', *International Journal of Applied Positive Psychology, 5*(1–2), 1–12 (2020)

추가 자료 및 출처

Dietrich, D., 'Overcoming pandemic procrastination', Mayo Clinic (2021)

Jamieson, J. P., Black, A. E., Pelaia, L. E., Gravelding, H., Gordils, J., & Reis, H. T., 'Reappraising stress arousal improves affective, neuroendocrine, and academic performance outcomes in community college classrooms', *Journal of Experimental Psychology: General, 151*(1), 197–212 (2022)

Feng, Z., Nagase, A. M., & Morita, K., 'A Reinforcement Learning Approach to Understanding Procrastination: Does Inaccurate Value Approximation Cause Irrational Postponing of a Task?', *Frontiers in Neuroscience, 15* (2021)

Ling, T., 'The puzzling psychology of procrastination and how to stop it', sciencefocus. com (2021)

Exadaktylos, F., & van den Bergh, J., 'Energy- related behaviour and rebound when rationality, self-interest and willpower are limited', *Nature Energy, 6*(12), 1104–1113 (2021)

14장 동기부여는 잊어라

1 di Domenico, S. I., & Ryan, R. M., 'The Emerging Neuroscience of Intrinsic Motivation: A New Frontier in Self-Determination Research', *Frontiers in Human Neuroscience, 11* (2017)

2 Simpson, E. H., Gallo, E. F., Balsam, P. D., Javitch, J. A., & Kellendonk, C., 'How changes in dopamine D2 receptor levels alter striatal circuit function and motivation', *Molecular Psychiatry, 27*(1), 436–444 (2022)

3 Volkow, N. D., Wise, R. A., & Baler, R., 'The dopamine motive system: implications for drug and food addiction', *Nature Reviews Neuroscience, 18*(12), 741–752 (2017)

4 Trifilieff, P., & Martinez, D., 'Imaging addiction: D2 receptors and dopamine signaling in the striatum as biomarkers for impulsivity', *Neuropharmacology, 76*, 498–509 (2014)

5 di Domenico, S. I., & Ryan, R. M., 'The Emerging Neuroscience of Intrinsic Motivation: A New Frontier in Self-Determination Research', *Frontiers in Human Neuroscience, 11* (2017)

6 Gyurkovics, M., Kotyuk, E., Katonai, E. R., Horvath, E. Z., Vereczkei, A., & Szekely, A., 'Individual differences in flow proneness are linked to a dopamine D2 receptor gene variant', *Consciousness and Cognition, 42*, 1–8 (2016)

7 Alcaro, A., Huber, R., & Panksepp, J., 'Behavioral functions of the mesolimbic dopaminergic system: An affective neuroethological perspective', *Brain Research Reviews, 56*(2), 283–321 (2007)

8   Ulrich, M., Keller, J., Hoenig, K., Waller, C., & Gron, G., 'Neural correlates of experimentally induced flow experiences', *NeuroImage, 86,* 194–202 (2014)

9   di Domenico, S. I., & Ryan, R. M., 'The Emerging Neuroscience of Intrinsic Motivation: A New Frontier in Self-Determination Research', *Frontiers in Human Neuroscience, 11* (2017)

10 Deng, H., Xiao, X., Yang, T., Ritola, K., Hantman, A., Li, Y., Huang, Z. J., & Li, B., 'A genetically defined insula-brainstem circuit selectively controls motivational vigor', *Cell, 184*(26), 6344-6360. e18 (2021)

11 Müller, T., Klein-Flügge, M. C., Manohar, S. G., Husain, M., & Apps, M. A. J., 'Neural and computational mechanisms of momentary fatigue and persistence in effort-based choice', *Nature Communications, 12*(1), 4593 (2021)

12 Beshears, J., Dai, H., Milkman, K. L., & Benartzi, S., 'Using fresh starts to nudge increased retirement savings', *Organizational Behavior and Human Decision Processes, 167,* 72–87 (2021)

13 Valdez, P., 'Circadian Rhythms in Attention', *The Yale Journal of Biology and Medicine, 92*(1), 81–92 (2019)

추가 자료 및 출처

Ling, T., 'Your motivation is at rock bottom. Here's how neuroscience can help', sciencefocus.com (2021)

Zinchenko, O., Savelo, O., & Klucharev, V., 'Role of the prefrontal cortex in prosocial and self-maximization motivations: an rTMS study', *Scientific Reports, 11*(1), 22334 (2021)

Zhang, X., Guan, W., Yang, T., Furlan, A., Xiao, X., Yu, K., An, X., Galbavy, W., Ramakrishnan, C., Deisseroth, K., Ritola, K., Hantman, A., He, M., Josh Huang, Z., & Li, B., 'Genetically identified amygdala–striatal circuits for valence-specific behaviors', *Nature Neuroscience, 24*(11), 1586–1600 (2021)

Hori, Y., Nagai, Y., Mimura, K., Suhara, T., Higuchi, M., Bouret, S., & Minamimoto, T., 'D1- and D2-like receptors differentially mediate the effects of dopaminergic transmission on cost–benefit evaluation and motivation in monkeys', *PLOS Biology, 19*(7), e3001055 (2021)

Correia, P. A., Lottem, E., Banerjee, D., Machado, A. S., Carey, M. R., & Mainen, Z. F., 'Transient inhibition and long-term facilitation of locomotion by phasic optogenetic activation of serotonin neurons', *ELife, 6* (2017)

MacInnes, J. J., Dickerson, K. C., Chen, N., & Adcock, R. A., 'Cognitive Neurostimulation: Learning to Volitionally Sustain Ventral Tegmental Area Activation', *Neuron, 89*(6), 1331–1342 (2016)

Hamid, A. A., Pettibone, J. R., Mabrouk, O. S., Hetrick, V. L., Schmidt, R., vander Weele, C. M., Kennedy, R. T., Aragona, B. J., & Berke, J. D., 'Mesolimbic dopamine signals the value of work', *Nature Neuroscience, 19*(1), 117–126 (2016)

Berke, J. D., 'What does dopamine mean?', *Nature Neuroscience, 21(6),* 787–793 (2018)

Lüscher, C., Robbins, T. W., & Everitt, B. J., 'The transition to compulsion in addiction',

Nature Reviews Neuroscience, 21(5), 247–263 (2020)

15장 반발을 예상하라

1   Hollands, G. J., Bignardi, G., Johnston, M., Kelly, M. P., Ogilvie, D., Petticrew, M., Prestwich, A., Shemilt, I., Sutton, S., & Marteau, T. M., 'The TIPPME intervention typology for changing environments to change behaviour', *Nature Human Behaviour, 1*(8), 0140 (2017)

2   Garnett, E. E., Balmford, A., Sandbrook, C., Pilling, M. A., & Marteau, T. M., 'Impact of increasing vegetarian availability on meal selection and sales in cafeterias', *Proceedings of the National Academy of Sciences, 116*(42), 20923–20929 (2019)

3   Hollands, G. J., Shemilt, I., Marteau, T. M., Jebb, S. A., Lewis, H. B., Wei, Y., Higgins, J. P. T., & Ogilvie, D., 'Portion, package or tableware size for changing selection and consumption of food, alcohol and tobacco', *Cochrane Database of Systematic Reviews, 2018*(11) (2015)

4   Vohs, K. D., Redden, J. P., & Rahinel, R., 'Physical Order Produces Healthy Choices, Generosity, and Conventionality, Whereas Disorder Produces Creativity', *Psychological Science, 24*(9), 1860–1867 (2013)

5   Li, Z., Liu, N., & Li, S., 'Environmental Orderliness Affects Self-Control and Creative Thinking: The Moderating Effects of Trait Self-Control', *Frontiers in Psychology, 11* (2020)

6   Guarana, C. L., Barnes, C. M., & Ong, W. J., 'The effects of blue-light filtration on sleep and work outcomes', *Journal of Applied Psychology, 106*(5), 784–796 (2021)

7   Keeler, K. R., & Cortina, J. M., 'Working to the Beat: A Self-Regulatory Framework Linking Music Characteristics to Job Performance', *Academy of Management Review, 45*(2), 447–471 (2020)

8   Emery, L. F., Gardner, W. L., Finkel, E. J., & Carswell, K. L., ' "You've Changed": Low Self-Concept Clarity Predicts Lack of Support for Partner Change', Personality and Social Psychology Bulletin, 44(3), 318–331 (2018)

9   Fivecoat, H. C., Tomlinson, J. M., Aron, A., & Caprariello, P. A., 'Partner support for individual self-expansion opportunities', *Journal of Social and Personal Relationships, 32*(3), 368–385 (2015)

10 Kim, E. J., & Lee, K. R., 'Effects of an examiner's positive and negative feedback on self-assessment of skill performance, emotional response, and self-efficacy in Korea: a quasi-experimental study', *BMC Medical Education, 19*(1), 142 (2019)

11 Casal, S., DellaValle, N., Mittone, L., & Soraperra, I., 'Feedback and efficient behavior', *PLOS ONE, 12*(4), e0175738 (2017)

12 Wing, R. R., & Jeffery, R. W., 'Benefits of recruiting participants with friends and increasing social support for weight loss and maintenance', *Journal of Consulting and Clinical Psychology, 67*(1), 132–138 (1999)

13 Shteynberg, G., & Galinsky, A. D., 'Implicit coordination: Sharing goals with similar others intensifies goal pursuit', *Journal of Experimental Social Psychology, 47*(6), 1291–1294 (2011)

14 Klein, H. J., Lount, R. B., Park, H. M., & Linford, B. J., 'When goals are known: The

effects of audience relative status on goal commitment and performance', *Journal of Applied Psychology*, *105*(4), 372–389 (2020)

15 Lee, D. S., & Ybarra, O., 'Cultivating Effective Social Support Through Abstraction', *Personality and Social Psychology Bulletin*, *43*(4), 453–464 (2017)

16 Huang, S., Lin, S. C., & Zhang, Y., 'When individual goal pursuit turns competitive: How we sabotage and coast', *Journal of Personality and Social Psychology*, *117*(3), 605–620 (2019)

16장 휴식으로 재충전하라

1 Diekelmann, S., & Born, J., 'Slow-wave sleep takes the leading role in memory reorganization', *Nature Reviews Neuroscience*, *11*(3), 218–218 (2010)

2 Li, Z., Sheth, A. B., & Sheth, B. R., 'What drives slow wave activity during early non-REM sleep: Learning during prior wake or effort?', *PLOS ONE*, *12*(10), e0185681 (2017)

3 Marshall, L., Helgadóttir, H., Mölle, M., & Born, J., 'Boosting slow oscillations during sleep potentiates memory', *Nature*, *444*(7119), 610–613 (2006)

4 Aeschbach, D., Cutler, A. J., & Ronda, J. M., 'A Role for Non-Rapid-Eye-Movement Sleep Homeostasis in Perceptual Learning', *Journal of Neuroscience*, *28*(11), 2766–2772 (2008)

5 Lee, Y. F., Gerashchenko, D., Timofeev, I., Bacskai, B. J., & Kastanenka, K. v., 'Slow Wave Sleep Is a Promising Intervention Target for Alzheimer's Disease', *Frontiers in Neuroscience*, *14* (2020)

6 Kastanenka, K. v., Calvo-Rodriguez, M., Hou, S. S., Zhou, H., Takeda, S., Arbel-Ornath, M., Lariviere, A., Lee, Y. F., Kim, A., Hawkes, J. M., Logan, R., Feng, D., Chen, X., Gomperts, S. N., & Bacskai, B. J., 'Frequency- dependent exacerbation of Alzheimer's disease neuropathophysiology', *Scientific Reports*, *9*(1), 8964 (2019)

7 Bellesi, M., Riedner, B. A., Garcia-Molina, G. N., Cirelli, C., & Tononi, G., 'Enhancement of sleep slow waves: underlying mechanisms and practical consequences', *Frontiers in Systems Neuroscience*, *8* (2014)

8 Cabral, J., Kringelbach, M. L., & Deco, G., 'Exploring the network dynamics underlying brain activity during rest', *Progress in Neurobiology*, *114*, 102–131 (2014)

9 Kamp, T., Sorger, B., Benjamins, C., Hausfeld, L., & Goebel, R., 'The prestimulus default mode network state predicts cognitive task performance levels on a mental rotation task', *Brain and Behavior*, *8*(8), e01034 (2018)

10 Kühn, S., Ritter, S. M., Müller, B. C. N., van Baaren, R. B., Brass, M., & Dijksterhuis, A., 'The Importance of the Default Mode Network in Creativity: A Structural MRI Study', *The Journal of Creative Behavior*, *48*(2), 152–163 (2014)

11 Yeshurun, Y., Nguyen, M., & Hasson, U., 'The default mode network: where the idiosyncratic self meets the shared social world', *Nature Reviews Neuroscience*, *22*(3), 181–192 (2021)

12 Lee, K. E., Williams, K. J. H., Sargent, L. D., Williams, N. S. G., & Johnson, K. A., '40-second green roof views sustain attention: The role of micro-breaks in attention restoration', *Journal of Environmental Psychology*, *42*, 182–189 (2015)

13 Engelmann, C., Schneider, M., Kirschbaum, C., Grote, G., Dingemann, J., Schoof, S., & Ure, B. M., 'Effects of intraoperative breaks on mental and somatic operator fatigue: a randomized clinical trial', *Surgical Endoscopy*, 25(4), 1245–1250 (2011)

14 Zetlin, M., 'For the Most Productive Workday, Science Says Make Sure to Do This', inc.com (2019)

15 Facer-Childs, E. R., Campos, B. M., Middleton, B., Skene, D. J., & Bagshaw, A. P., 'Circadian phenotype impacts the brain's resting-state functional connectivity, attentional performance, and sleepiness', *Sleep*, 42(5) (2019)

16 Mandolesi, L., Polverino, A., Montuori, S., Foti, F., Ferraioli, G., Sorrentino, P., & Sorrentino, G., 'Effects of Physical Exercise on Cognitive Functioning and Wellbeing: Biological and Psychological Benefits', *Frontiers in Psychology*, 9 (2018)

17 Tang, Y.- Y., Hölzel, B. K., & Posner, M. I., 'The neuroscience of mindfulness meditation', *Nature Reviews Neuroscience*, 16(4), 213–225 (2015)

18 Bodas, M., Siman-Tov, M., Peleg, K., & Solomon, Z., 'Anxiety- Inducing Media: The Effect of Constant News Broadcasting on the Well-Being of Israeli Television Viewers', *Psychiatry*, 78(3), 265–276 (2015)

19 Skylar, J., 'Endless scrolling through social media can literally make you sick', nationalgeographic.com (2021)

BRAINTENANCE

미루는 습관을 이기는 힘

1판 1쇄 인쇄 2024년 1월 17일
1판 1쇄 발행 2024년 1월 25일

지은이 줄리아 라베이
옮긴이 김문주

발행인 양원석 **책임편집** 이아람
디자인 김유진, 김미선
영업마케팅 양정길, 윤송, 김지현, 정다은, 박윤하
해외 저작권 임이안

펴낸 곳 ㈜알에이치코리아
주소 서울시 금천구 가산디지털2로 53, 20층(가산동, 한라시그마밸리)
편집문의 02-6443-8855 **도서문의** 02-6443-8800
홈페이지 http://rhk.co.kr
등록 2004년 1월 15일 제2-3726호

ISBN 978-89-255-7546-9 (03190)